名词研究论丛

（第一辑）

储泽祥　张金圈　主编

WUHAN UNIVERSITY PRESS
武汉大学出版社

图书在版编目(CIP)数据

名词研究论丛.第一辑/储泽祥,张金圈主编.—武汉:武汉大学出版社,2021.8

ISBN 978-7-307-22275-5

Ⅰ.名…　Ⅱ.①储…　②张…　Ⅲ.现代汉语—名词—学术会议—文集　Ⅳ.H146.2-53

中国版本图书馆 CIP 数据核字(2021)第 071735 号

责任编辑:宋丽娜　　责任校对:李孟潇　　版式设计:马　佳

出版发行:**武汉大学出版社**　(430072　武昌　珞珈山)

(电子邮箱:cbs22@whu.edu.cn　网址:www.wdp.com.cn)

印刷:武汉中科兴业印务有限公司

开本:720×1000　1/16　印张:24　字数:356 千字　插页:2

版次:2021 年 8 月第 1 版　2021 年 8 月第 1 次印刷

ISBN 978-7-307-22275-5　定价:96.00 元

目　　录

“好脸”的使用倾向及其成因分析①

储泽祥

（中国社会科学院语言研究所/辞书编纂研究中心）

1. 引言

《现代汉语词典》（第7版）明确标示“多用于否定式”的名词或名词性固定短语一共有12个。列举如下：

1）【吹灰之力】形容很小的力量（多用于否定式）：不费～。

2）【二话】名词。别的话；不同的意见（指后悔、抱怨、讲条件等，多用于否定式）：～没说｜～不提｜尽管吩咐就是了，我决无～。

3）【分晓】义项③：名词。道理（多用于否定式）：没～的话。

4）【毫发】名词。毫毛和头发，比喻极小的数量（多用于否定式）：～不爽｜不差～。

5）【好脸】（～儿）名词。和悦的脸色（多用于否定式）：你一天到晚没个～，是谁得罪你啦？

6）【好气儿】名词。好态度（多用于否定式）：老人看见别人浪费财物，就没有～。

7）【聊赖】名词。精神上或生活上的寄托、凭借等（多用于否定定

① 本文发表于《华文教学与研究》2021年第1期，原题为《“好脸”与否定式》。

式):无~|百无~。

8)【屁】义项③:名词。泛指任何事物,相当于“什么”(多用于否定或斥责):你懂个~|别翻了,包里~都没有。

9)【善类】名词。善良的人(多用于否定式):此人行迹诡秘,定非~。

10)【声息】义项①:名词。声音(多用于否定式):院子里静悄悄的,没有一点儿~。

11)【死活】义项①:名词。活得下去活不下去(多用于否定式):这种做法简直是不顾别人的~。

12)【踪影】名词。踪迹形影(指寻找的对象,多用于否定式):毫无~|好几天看不见他的~。

这12个名词或名词性固定短语,倾向用在否定式中,其具体情形及使用倾向的成因分析,有人做过个案研究,如王虎、段成文(2018)研究了“声息”,段成文(2018、2019)分别考察了“踪影”和“二话”。王虎、段成文(2018)考察了“声息”在现代汉语中的使用情况,并描写了“声息”的历时发展演变轨迹,发现“声息”一词趋向否定用法是从明清到当代渐变而成的,深层原因是“声息”语义程度轻,组合对象多是表示量小或否定的词汇,清代“悄无声息”成语形成后进一步推动否定用量增加。

如果能对上述12个名词或名词性固定短语做全面的研究,给出统一的解释,那固然是大好事,但稳妥的做法还是逐一进行考察,然后再寻找它们之间的共性。本文只选择“好脸”作为考察对象,既观察它用于否定式的情况,又观察它用于肯定式的情况,在这个基础上再寻找它倾向否定式的原因。

从语言实际看,“好脸/好脸儿/好脸色/好脸子”四种说法都能表示和悦的脸色,为简便起见,叙述时用“好脸”做代表。为集中讨论倾向否定式的问题,本文暂时忽略这四种说法的细微差别。

排除下面的两种情况:

(1)唉!可惜呀!长得这么一张好脸。

(2)京剧演出，讲究“脸”。“给好脸”是基本功。

例(1)的“好脸”指漂亮的脸蛋；例(2)的“好脸”指好脸谱。这两种“好脸”都不是“和悦脸色”的意思。

本文所有例句均来自CCL和BCC语料库，除了历时文献的例句之外，不再注明详细出处。现代汉语的少数例句做了压缩。

2.“好脸”出现在否定式和肯定式中的总体情况

我们从CCL、BCC语料库中搜集到“好脸/好脸儿/好脸色/好脸子”用于否定式149例(87.6%)，肯定式21例(12.4%)。

显然，“好脸”明显倾向否定式(87.6%)。具体情况下文第3、4部分会分别介绍。

有两个特殊例句未计入：

(3)梁大牙能不能给他好脸，那就只有天知道了。

(4)在长达数十年中，商洛人去西安见我，我从来好烟好茶好脸好心地相待，不敢一丝怠慢，商洛人让我办事，我总是满口应允，尽力而为。

例(3)是肯定、否定并列式(“能不能”)，不好归入肯定式或否定式；例(4)是“好烟好茶好脸好心”多项NP连用、带“地”做状语(储泽祥，1999)，但“好脸(地)”不能做状语，因此例(4)里的情形不是“好脸”的通常用法，不纳入考察的范围。

3.“好脸”所在否定式的结构类别

“好脸”是情感类的二价名词，与给出好脸的人(N1)和好脸所针对的人(N2)在语义上构成依存关系，或者说“好脸”与这两者之间存在隐含的谓词性配价关系(袁毓林，1992；许晓华，2012)。“好脸”主要用在下面四类否定式中，N1 或者 N2 可以省略，但一定可以在上下文中看得出“好脸”与 N1、N2 之间的语义依存关系。

3.1 “N1+不/没+给(N2)好脸(看)”

“好脸”最容易出现在其中的否定式是“N1+不/没+给(N2)好脸(看)”。例如：

(5)有些“检查团”到工厂走马观花，解决不了什么实际问题，却一定要厂长、书记出面接待，否则就“不给好脸”。

(6)对谁看不惯，就绝不会给他好脸色看。

(7)刘宝英原是村里出了名的恶媳妇，结婚多年没有给过公婆一次好脸色，一不顺心就摔盆子砸碗。

(8)春梅心里不痛快，在家里打闺女，骂牲口，不给人好脸子。

例中否定式的中心动词是给予义动词，主要是“给”。“好脸”后边如果出现动词，通常是“看”“瞧”等。下面的情形也可以归入第1类。

(9)田平的父亲对田平干这一行可从没施舍过好脸色。

(10)他认为对付女人最好的办法就是不要理她，不要给她好脸色看。

(11)千万，千万你对我要严厉，别给我好脸，免得我错会了意，错表了情。

(12)一些干部“眼睛向上”，心中没有了群众，不进群众门、不听群众话，遑论给好脸、说好话了。

(13)门对门谁也不认识谁，每天碰见的许多人这辈子也许就见这么一次，有些人就想：我干吗给他好脸子看？冷漠、疏离，人与人之间隔上无形的墙，“人越多的地方越寂寞”，成了一种现代病。

例(9)的“施舍”是给予义动词；例(10)(11)里“不要”“别”是用于祈使的否定式。例(12)(13)里“好脸”所在的小句包含了否定意义，如“遑论”表示“谈不上”，“我干吗给他好脸子看?”是反问句，意思相当于否定性的陈述句“我不给他好脸子看”。

3.2 “N1+(对N2)+不会有/没好脸”

仅次于“N1+不/没+给(N2)好脸(看)”的是“N1+(对N2)+不会有/没好脸”。例如：

(14)勉强接收的地方政府，对于平添这个包袱当然不会有好脸。

(15)两口子闹矛盾，对孩子不会有好脸色。

(16)车站有个老同志，个性强，脾气孬，工作靠情绪，对人没好脸。

(17)回家就撕下面具，累得话也不想说，对自己的孩子粗声恶气，没一点好脸色。

(18)每当被老师“传”去，我的火气就压不住，回来就对他进行体罚，他母亲也天天对他没个“好脸”。

(19)昨儿晚间，妈曾没好脸地数落她：“都快二十的大闺女了，你‘野’到大城市回来才几天，又要到山边子去‘野’?”

(20)失业在家，妻子开始闹情绪，整天没个好脸色，看什么都不顺眼，磕磕碰碰的，一会儿埋怨，一会儿叹气。

这种情况的“不会有好脸”“没好脸”，表面上是对存在进行否定，实际上是否定动作或事件，即否定“给好脸”的动作或事件。下面的例子能显示出否定的真正对象：

(21)本来聚会高高兴兴的，怎么一回来就没好脸?

(22)老婆见又来了一屋人，屋里烟气冲天，痰迹遍地，当然不会有好脸色，只是点点头，就进了厨房。

(23)下岗后整天闷闷在家，总感到这事不如意，那事不顺心，妻子也没好脸对他。

(24)她这种行为简直是对旅店方面的侮辱，接待员肯定不会有好脸色给她看的。

“不会有好脸”“没好脸”只是表示动作或事件发生后的结果，实际上包含着动作或事件的发展变化过程。如例(21)里“一回来就没好脸”，说明“没好脸”是发生变化的结果；例(22)里“老婆”因为一进家门看到家里乌烟瘴气的状况，所以“不会有好脸色”，因果关系中也包含了脸色变化的结果。例(23)(24)里“妻子也没好脸对他”“不会有好脸色给她看”，“对他”“给她看”都表示“给好脸”的动作，该动作才是否定的实际对象。

3.3 “N2+看见义动词的否定式+(N1的)+好脸”

以看见义动词的否定式为中心，可以把“好脸”与N1、N2组合在同一个否定句中。例如：

(25)我们这是挨呲挨惯了，一辈子就没见过好脸儿，有点变态，你千万别往心里去。

(26)有的虽没有挂“华人不得入内”的牌子，但中国人入内，是见不到好脸的。

(27)现在吃你们一点饭，就看不到你们的好脸色，吃饭的时候，故意让孩子看着我，叫我难以下咽。

(28)跑了几次工商部门咨询政策，不是被推来推去，就是没碰见过好脸，几次下来也开始打退堂鼓。

例中，带“好脸”做宾语的都是看见义动词的否定式，如“没见过”“见不到”“看不到”“没碰见”。看见义动词的否定式也可以带小句宾语(多是“N1给(N2)好脸”一类的“给”字句)，例如：

(29)阴云密布，细雨绵绵；时而薄雾弥漫，天地浑然，就是不见太阳给个好脸。

3.4 “N2+获取义动词的否定式+(N1的)+好脸”

以获取义动词的否定式为中心，也可以把“好脸”与N1、N2组合在同一个否定句中。例如：

(30)在职业院校引导学生自信并不容易，因为进入职业院校求学的学生，绝大部分是传统应试教育的“失败”者，常常得不到老师、同学和家长的“好脸”。

(31)不仅和老伴之间经常争吵，即便是儿女回家看望也得不到他一张好脸。

(32)工资交给她们，自己没有花过零钱。虽然这样，也没有换得她们一个好脸。

(33)“豁儿”就是在这样的环境中长大的，她从来没有得过家人的一个好脸色，她娘手里的条帚疙瘩几乎天天都落在她的头上！

例中，带“好脸”做宾语的都是获取义动词的否定式，如“得不到”“没有换得”“没有得过”。

第3、4类里，N1可以出现在“好脸”的定语位置，如例(27)里“你们的好脸色”、例(32)里“她们一个好脸”、例(33)里“家人的一个好脸色”。

4. “好脸”出现在肯定式中的情况

4.1 “好脸”所在肯定式的类别及其与否定式的对照情况

否定可以分为对照否定和非对照否定。对照否定既有否定式，也有与其对照的肯定式；非对照否定与之不同，它只有否定式，没有与其对照的肯定式。“好脸”多用在否定式中，并不意味着“好脸”绝对不能用在肯定式中，我们搜集到21例肯定式。如果以“好脸”所在否定式的四个类别来观察、比较肯定式的情况，会发现不能简单地断言“好脸”所在的否定式属于对照否定或非对照否定，必须视具体情况而定。前文已经讨论的“好脸”所分布的四种否定式，简单回顾如下：

否定式A：“N1+不/没+给(N2)好脸(看)”。如：他不给行贿者好脸。

否定式B：“N1+(对N2)+不会有/没好脸”。如：他常年对我没好脸。

否定式C：“N2+看见义动词的否定式+(N1的)+好脸”。如：我常年看不到他的好脸。

否定式D：“N2+获取义动词的否定式+(N1的)+好脸”。如：我常年得不到他的好脸。

“好脸”能出现于其中的肯定式，包括下列3种情况：

肯定式a：“N1+给(N2)好脸(看)”。与否定式A相对照，这种情形最多，例如：

(34)我每逢一劝你给珍珠个好脸儿，你就马上一撇嘴不理我啦！

(35)她以为自己刚刚为侯姓人家做了一件大事，论功行赏，母亲也该给她个好脸看。

(36)给父母好脸色，关键是要常思养育之恩，常怀恭敬之心，常省自身之过，始终对父母怀有深切的爱心和敬意。

肯定式c：“N2+看见义动词+(N1的)+好脸”。与否定式C相对照。例如：

(37)大孩子知道自己的欢呼得到了赏识，总算看到了父亲的难得的好脸子。

肯定式d：“N2+获取义动词+(N1的)+好脸”。与否定式D相对照。例如：

(38) 这样，大赤包和冠晓荷可就得了意，像淘气无知的孩子似的，得到个好脸色便加倍的讨厌了。

我们没有发现与否定式 B 相对照的肯定式说法，也就是说，没有“有好脸”的说法。否定式与肯定式简单对照如下：

否定式 A	否定式 B	否定式 C	否定式 D
肯定式 a	—	肯定式 c	肯定式 d

在很大程度上可以这么认为：“好脸”多用于否定式，是因为没有“有好脸”及其相关的说法，如“对人有好脸”“有好脸对你”“有好脸给你看”等都不能说(在作用相当于否定的反问句里可以成立)。

4.2 “好脸”所在肯定式的语义语用特征

“好脸”用于肯定式，主要是“给好脸”为核心的肯定句。肯定式里的“给好脸”，没有进入现实时间流程，“给”后不能带“了”“着”“过”，不能用来描述人物，常常用于议论环境。例如：

(39) 一时一事给父母好脸色不难做到，难的是处处事事都是如此，尤其是当老人久病在床的时候。

(40) 咱不是得先做出点成绩人家才能给好脸么？要不怎么巴结得上，万一你大奸似忠呢？得给人时间观察。

(41) 哎，咱女人的弱点啊，就是给个好脸，不知道登鼻子上脸，给个冷眼倒上赶着。

这三例是比较典型的议论语句。有时候议论具体表现为想法、看法或对通常情况的总结。例如：

(42) 廉仲也不坏，有点傻造化，希望以后能多给他点好脸子看！

(43) 大嫂是名门闺秀，犯不上和她生这份气。给她个好脸子，先让她回房去，有什么话，还愁没有人替大嫂出这口气？

(44)一边儿走，文博士一边儿清算：原想去给唐振华个好脸，她反又臭硬起来；好吧，对唐家父女和对老楚一样，从此不再搭理。

(45)张同廷其实也喜欢暴同花，但认为老婆是花钱娶来的，高兴时给她个好脸，不高兴就打几下，也算不了什么。

例(42)的“希望”、例(44)的“想”，都能表明它们所带的小句宾语是说话人的想法；例(43)是说话人的建议；例(45)“认为”表明它后边的内容是“张同廷”的看法。

对通常情况进行总结，所得出的结论明显具有议论色彩。例如：

(46)但凡给他几次好脸，立刻不知道姓什么了，不是诲人不倦，就是对人爱搭不理的。

(47)如今平时去串门还爱搭不理，逢年过节得提了点心匣子才给个好脸看。

“好脸”所在的否定式，虽然用于议论环境也很多，如例(12)(13)，但也能用于陈述现时的人物，如例(8)(16)，或用于描写现时的人物，如例(21)(22)。“好脸”所在的肯定式不能描述现时的人物。

另外，肯定式里的“好脸”甚至“给好脸”，因为没有进入现实时间流程，意义容易抽象化。“好脸”本指和悦的脸色，即脸上和蔼愉悦的表情，是对待别人时的态度在面部表情上的体现，属于动态的、不稳定的状态。“好脸”抽象化以后，就由和悦的表情变成了良好的态度，稳定性增强，从而具备了一定的指称性，有可能出现在主宾语位置。例如：

(48)社会管理中，要产生亲近感、形成和谐氛围，管理者同样需要一张“好脸”。可以说，“给好脸”也是社会管理的基本功。

(49)用“好脸”把法讲清、把理讲明、把情讲到，人民群众自然口服心服。

(50)给父母好脸色是最基本的孝道，也是最难做到的。

例(48)里“好脸”做动词“需要”的宾语，“给好脸”做主语；例(49)里“好脸”做介词“用”的宾语；例(50)里“给父母好脸色”也是做主语。这些句子里的“好脸”，都适合理解为和悦表情背后的良好态度。

5. “好脸”使用偏向的成因分析

“好脸”偏向用于否定式，可以具体到最主要的两个方面，那么，其成因分析也应该具体到这最主要的两个方面：第一，为什么“有好脸”不能说，而“没好脸”常说；第二，为什么“给好脸”没有“不/没给好脸”那么常见。

5.1 已有的思路或分析

从历时角度找原因。王虎、段成文(2018)分析“声息”的使用偏向时就描写了“声息”的历时发展演变轨迹，发现“声息”一词趋向否定用法是从明清到当代渐变而成的，认为清代“悄无声息”成语形成后进一步推动了否定用量的增加。“好脸”在历时文献中出现较晚，频率也很低。下面两例是比较早的用法：

(51)寄姐那副好脸当时不知收在何处，那一副急性狠心取出来甚是快当……(《醒世姻缘传》第八十回)

(52)平常甚么规矩咧、礼节咧，一天到晚闹不清楚，我看他向来没有把好脸色给媳妇瞧一瞧。(《二十年目睹之怪现状》第八十九回)

明清以来，“好脸”都是倾向用于否定句。因此，从历时角度寻找使用倾向的成因，对“好脸”来说是不可取的。

从反义词角度找原因。如果某个词多用于肯定式，那么它的反义词可能多用于否定式。按照推想，与“好脸”相反的是“坏脸”，但“坏脸”不成词，不仅如此，“坏”和“脸”的组配也十分困难(语料库里偶尔可以见到“好脸”与“坏脸”对举的用例)。偏正短语“坏脸色”可以说，虽然生病导致的“坏脸色”与“好脸”构不成反义，但“坏脸色”指不高兴或厌恶的表情时，与“好脸”意思基本相反，本文一共收集到21个这样的例子。例如：

(53)四太太便觉得自己过分了些，本来嘛，她骨子里其实并不讨厌别人说二太太的闲话，只是她不希望这话由李妈口中说出，也许李妈是年纪大了，要说话的欲望就强烈了。所以四太太给李妈坏脸色看之后，又于心不忍。

(54)黑昊漠的面色一缓，把嫔儿抱在腿上坐好，幸好嫔儿的神经不是普通的大条，一点都不畏惧他的坏脸色。

例(53)里的“坏脸色”用于肯定式；例(54)里的“坏脸色”用于否定式。虽然“坏脸色”主要用于肯定式，但“坏脸色”整体上使用频率低(好脸：坏脸色=170：21)，用低频用法来说明高频用法，说服力不够，更何况“坏脸”不能成词，“坏脸色”是短语不是词，与“好脸”并不能互为反义词。

利用相关的分析结论来解释成因。李先银(2012)、陈伟(2019)认为，抽象名词的肯定形式表领属(如“有魅力”)，组配受到限制；而它的否定形式表存现(如“没有魅力”)，组配比较自由。这个覆盖面比较广泛的规则并不能延伸到“好脸”。首先，“有好脸”不说；其次，“没好脸”不是否定存现，而是否定动作或事件(“没好脸”相当于“不会给好脸/没给好脸”)。

综上所述，分析“好脸”使用偏向的成因，必须另找出路。

5.2 “好脸”的互动性和“给好脸”的不可持续性

“好脸”指互动过程中呈现出来的和悦脸色，是对待别人时的态度在面部表情上的体现，因此，“好脸”具有互动性。“好脸”与N1、N2的依存关系包含着互动性，N1与N2是互动的双方。看下面的例子：

(55) 她对丈夫只哼儿哈儿的带理不理，对大女儿反倒拿出好脸，以便诱她答应婚事，别犯牛脾气。

(56) 他的好脸色是看人给的，不屑给一群怎么都看不顺眼的人。

例中，“她”与“大女儿”、“他”与“人”是互动的双方。例(55)“拿出好脸”的基本意思还是“给好脸”，“拿出”相当于“故意装出”。

“好脸”具有互动性特征，一个人独处时(没有互动时)无所谓“好脸”，这限制了“某人有好脸”的说法。“好脸”与“笑脸”明显不同，前者指和蔼愉悦的表情，后者指含笑的面容，这种语义上的差别倒是其次，关键是一个人独处时可以“有笑脸”。例如：

(57) 他有一张胖胖的笑脸，就像一个面包师傅。

(58) 炊事员一色白大褂，个个有笑脸儿。

(59) 他们没有笑脸，彼此没有交谈，默默地做着自己要做的一切。

例(57)里“有一张胖胖的笑脸”是个人的长相，没有互动性，“好脸”不能这样用。例(58)(59)里“笑脸”也有互动性，前一例是肯定式，后一例是否定式。像例(58)那样的用法，“好脸”为什么也不具备？这要从“有+N”的特征来寻找原因。“有+N”无论是表示存在(“有月亮”)还是表示领属(“有钱/力气/魅力/感情”)(陈伟，2019)，N都是可以稳定在个人独处情况下的、可以长期持续存在的事物，但“好脸”是指对待别人时和蔼愉悦的面部表情，是离开互动就会消逝的、不能稳定在个人独处情况下的表情，这不符合“有+N”组配对N的要求。因此，“有好脸”不能说。

“好脸”是互动时做出来的表情，这是肯定式“给好脸”的表述基础。“好脸”是“给”的结果，这里的“给”是瞬时动词。因此，“给好脸”是不能持续的。否定说法“不/没给好脸”“没好脸”表示状态，是能持续的。比较：

每天都不给好脸　　整年都没好脸　　几十年都没好脸　　没给

老实人一个好脸

*每天都给好脸　*整年都给好脸　*几十年都给好脸　给老实人一个好脸

虽然肯定式“给好脸”可以说，但因为不能持续，远不及否定式“不/没给好脸”“没好脸”那么常见。如果不涉及持续，如用于祈使时，可以说“给老实人一个好脸”。

应该说明的是，“给好脸”不能持续，但次数却是开放的，如例(46)里的“给他几次好脸”。“给”的前边用上“多”，也能表示次数多，如“多给老实人好脸看”。

6. 结语

“好脸”倾向用于否定式的原因，表面上看是“有好脸”不能说而“没好脸”常说，“给好脸”没有“不/没给好脸”那么常见。实际上，“好脸”具有互动性，“给好脸”具有不可持续性，这是“好脸”偏向否定式的深层原因。

◎参考文献

[1]陈伟:《汉语抽象名词肯定与否定形式的不对称性研究》，载《励耘语言学刊》2019年第2期。

[2]储泽祥:《“连用”手段下的多项NP》，载《中国语文》1999年第2期。

[3]段成文:《用于否定的名词“踪影”探究》，载《河北科技师范学院学报》2018年第4期。

[4]段成文:《用于否定的名词“二话”探究》，载《九江学院学报》2019年第1期。

[5]李先银:《容器隐喻与“有+抽象名词”的量性特征》，载《语言教学与研究》2012年第5期。

[6]王虎，段成文:《用于否定的名词“声息”探究》，载《湖南工程学院学

报》2018 年第 4 期。
[7] 许晓华：《二价名词的词典释义和配例》，载《辞书研究》2012 年第 4 期。
[8] 袁毓林：《现代汉语名词的配价研究》，载《中国社会科学》1992 年第 3 期。
[9] 中国社会科学院语言研究所词典编辑室：《现代汉语词典》（第 7 版），商务印书馆 2016 年版。

“而今”的词汇化及其动因①

丁志丛

（湖南科技大学人文学院，湖南省汉语方言与文化科技融合研究基地）

1. 本文要研究的问题及现状分析

现代汉语中，“而今”是一个常用的时间名词。《现代汉语词典》（第7版）解释为：“而今〈名〉如今”（P344），“如今”释义为“现在”，举例如“事到如今，只好不了了之。｜如今再用老眼光看问题可不行了。”并特别指出：“现在”可以指较长的一段时间，也可以指极短的时间，“如今”只能指较长的一段时间。（P1110）

其实，“现在”“如今”“而今”等看似差不多的时间名词，在实际语料中的语用频率有很大的差异。在《人民日报》（1995年）大约100万字的语料中，“现在”出现了319次，“至今”出现了75次，“迄今”出现了32次，“如今”出现了58次，“当今”出现了31次，“而今”仅出现了8次。我们发现，“而今”的低频率使用与其语义内涵有关，其出现的语境和其他时间词有别，一般是和“过去”的事件对举，表示相反相对的语义关系时，才会用“而今”。这和“而今”词义的形成有很大关系。

关于“而今”，有两篇文章进行了探讨。李小平、曹瑞芳（2018）利用已

---

① 本篇受湖南省教育厅科学研究项目“汉语有标转折复句的历时演变研究（19C0778）”资助。

有文献和新的专题调查材料展示了现代汉语方言中表“现在”义的“而今”一词的读音及用字情况，随后运用语音历史层次演变思路分析“而”和“今”的读音演变由来，并辨析了“而”和“今”的用字情况。杨玉环(2019)认为，“而今”一词造字之初是两个独立的词。“而”是一个象形字，原为胡须的意思，“今”是一个指事字，本义为“含物于口，不吐不咽”。随着汉语词汇双音化趋势不断加强，“而”和“今”的词性、词义及功能都发生了一些变化，二者逐步复合为一个词——“而今”。这两篇文章从方言用字语音和历时来源的角度对“而今”一词进行了探讨，富有启发性。但是，对于“而今”成词的来源，还语焉不详，尤其是对“而”和“今”如何由两个独立的词复合化为一个词的过程和机制，没有很好地揭示出来。故本文欲从历时的角度，探讨“而今”的词汇化过程及其原因。

“而”和“今”本来是两个独立的词，表示不同的意义。到了先秦时期，“而今”结合为一个整体一起出现，其中“而”是转折连词，表示承上逆接关系，“今”是时间名词，与过去的某个时间点或时间段相对，二者因为句法位置临近，构成跨层结构“而今”，经常用于后分句的句首位置，具有承上逆接的联接作用，同时也表示时间。后来“而今”出现的频率越来越高，出现的句法位置也更加多样化，因为句法位置经常后移至主谓之间甚至动词之后，导致“而”的承上逆接功能逐渐丧失，致使其转折义弱化甚至脱落，只保留“今”的时间义，进而重新分析为一个时间复合词，在双音化条件的作用下，最终演化为相当于“如今”“现在”的双音节时间名词。下面，我们从历时角度对“而今”一词的演变过程进行梳理分析，并揭示其词汇化的机制。

2. “而今”从跨层结构到复合词的演变过程

2.1 先秦至晚唐的跨层结构“而今”

先秦时期，“而”主要用为连词，可以表示并列、顺承、转折等多种语义关系,“今”是时间名词,表示“现在”。“而”和“今”一般分开使用,分别做不同的句法成分,表示不同的句法语义关系。但是此时期已有合用为“而今”的用例,其意义相当于“然而今天”,只能看成一个跨层结构。“而”承上逆接,与上文相反相对,表示转折义;“今”表示当下的时间,与过去相对。正是因为“而”和“今”分别表示后文与前文所述的情况在逻辑事理和时间上相反相对,具有[+相反相对]的语义特征,因此可以相连用为“而今”,这是二者能够邻接而用为跨层结构的语义基础。也正因为如此,“而今”一般是在表示当下境况与过去相反相对的语境中使用。具体来看,“而今”出现的语境有多种情况:

(1)众罔两问于景曰:“若向也俯而今也仰,向也括而今也被发;向也坐而今也起,向也行而今也止,何也?”(《庄子》卷九)

(2)耕三年,韩、魏、齐、燕负亲以谋赵,襄子往见张孟谈而告之曰:“昔者知失之地,赵氏分则多十城,复来,而今诸侯孰谋我,为之奈何?”(《战国策》卷十八)

(3)人莫不欲富贵全寿,而未有能免于贫贱死夭之祸也,心欲富贵全寿,而今贫贱死夭,是不能至于其所欲至也。(《韩非子·解老第二十》)

(4)丘吾子曰:“吾少时好学,周遍天下,后还,丧吾亲,是一失也;长事齐君,君骄奢失士,臣节不遂,是二失也;吾平生厚交,而今皆离绝,是三失也。”(《孔子家语》卷第二)

(5)齐庄子请攻越,问于和子。和子曰:“先君有遗令曰:‘无攻越,越猛虎也。’”庄子曰:“虽猛虎也,而今已死矣。”(《吕氏春秋·顺民》)

(6)鲁庄公及宋人战于乘丘,县贲父御,卜国为右。马惊,败绩。公队,佐车授绥。公曰:“末之,卜也!”县贲父曰:“他日不败绩,而今败绩,是无勇也!”遂死之。(《礼记·檀弓上》)

(7)子墨子言曰:“……我以为必忠信之士喜,不忠不信之士惧。……然则此尚贤者也，与尧舜禹汤文武之道同矣。"而今天下之士君子，居处言语皆尚贤，逮至其临众发政而治民，莫知尚贤而使能，我以此知天下之士君子，明于小而不明于大也。(《墨子》卷二)

从上例可以看出，"而今"出现的句法环境可以是一个句子的两个谓词结构之间，如例(1)(2)；复句的分句之间，如例(3)(4)(5)；句子之间，如例(6)；段落之间，如例(7)。虽然"而今"出现的句法环境多种多样，但是其表示的语义关系是一致的，即"而"是转折连词承上逆接，与上文相反相对，表示转折义；"今"表示当下的时间，与"向""昔"等表示"过去"的时间词相对。"而"虽然可以表示并列、顺承、转折等多种语义关系，但是在上面的例句中都是表示转折关系。如例(5)中"虽猛虎也，而今已死矣"。"而"和"虽"搭配使用，先让步后转折，清楚表明"而"的转折连词用法。"今"是时间名词，意为"如今、现在"。例(6)"而今败绩，是无勇也"和例(7)"而今天下之士君子"的句法结构位置相同，都位于句首位置，承前文的论述，表达相反相对之意，因此，可以很明确地看出"而今"是一个跨层结构，就是"然而今天"的意思。"而"承前逆接表转折义，"今"和"古、以往、过去"相对表时间义。因此，"而今"的前面一定会出现与现在情况相反相对的意思表示，形成"而今"出现的语境。

"而今"的这种用法一直持续到秦汉魏晋至晚唐时期，句法结构和语义关系没有大的变化。以下各时期举例示之。

秦汉时期：

(8) 还过颍川，谓左右曰："吾与寇恂并列将帅，而今为其所陷，大丈夫岂有怀侵怨而不决之者乎？今见恂，必手剑之！"(《后汉书》卷一六)

(9) 五帝三王，任贤使能，以登至平。而今不治者，岂斯民异哉？咎在朕之不明，亡以知贤也。(《全汉文》卷七)

魏晋时期：

（10）古之为屋足以蔽风雨，而今则被以朱紫，饰以金玉；古之为衣足以掩身形，而今则玄黄黼黻，锦绮罗纨；古之为乐足以定人情，而今则烦乎淫声，惊魂伤和；古之饮食足以充饥虚，而今则焚林漉渊，宰割群生。岂可以事之有过，而都绝之乎？（《抱朴子外篇》卷四十八）

（11）邻人卒亡，父怒，使往吊之。式不得已，适出门，便见此吏。吏曰："吾令汝三年勿出，而今出门，知复奈何？吾求不见，连累为鞭杖，今已见汝，无可奈何。后三日，日中，当相取也。"（《搜神记》卷五）

南北朝：

（12）什奏曰："比日潜龙出游，豕妖表异。龙者阴类，出入有时，而今屡见，则为灾眚。必有下人谋上之变。宜克己修德，以答天戒。"（《出三藏记集》卷十四）

（13）古人皆呼伯父叔父，而今世多单呼伯叔。从父兄弟姊妹已孤，而对其前，呼其母为伯叔母，此不可避者也。（《颜氏家训》卷二）

唐代：

（14）谢安尝问子敬："君书何如右军？"答云："故当胜。"安云："物论殊不尔。"子敬答曰："世人哪得知。"夫古质而今妍，数之常也；爱妍而薄质，人之情也。（《法书要录》卷二）

（15）成公绥《啸赋》："动唇有曲，发口成音。"而今之啸者，开口卷舌，略无蹙舌之法。（《封氏闻见记》卷五）

（16）古之序者，期以申导志义，不为富厚，而今也反是。（《柳宗元集》卷二十二）

(17)则宜统会以齐之也。向之离而今之合，其得失也远甚。(《柳宗元集》卷二十六)

从以上用例可以看出，从先秦到晚唐时期，"而今"一直是用为跨层结构，在表示当下境况与过去相反相对的语境中使用。

2.2 宋辽金时期词汇化途中的"而今"

宋辽金时期，"而今"出现的句法环境发生了变化，除了如前文所示出现在主谓短语之间、分句之间、句子之间、段落之间，还可以出现在主谓之间构成状中结构、名词前面构成定中结构，甚至位于谓语动词之后构成动宾结构。句法位置的改变，导致"而""今"和其他类别词语搭配关系发生改变，句法关系的变化引起语义关系的改变，其突出表现就是"而"的承上逆接功能逐渐丧失，其转折语义关系逐渐失却，表义功能弱化；相反，"今"的时间义得以凸显，导致"而今"慢慢融合为一个双音节时间名词。如：

(18)移根应费仙家药。漫回头、关山信断，堡城笳作。问讯而今平安否，莫遗玉箫惊落。(《全宋词·王广文》)

(19)鲸口吸，银瓶泻。蝇头字，篝灯写。数而今铁笔，谁如公者。便合去开丞相阁，未应牵入耆英社。(《全宋词·刘过》)

(20)折脚铛中，二时粥饭随缘过。东行西坐。不识而今我。坏尽田园，终日且婆和。(《全宋词·向子諲》)

(21)杜郎俊赏，算而今、重到须惊。纵豆蔻词工，青楼梦好，难赋深情。(《全宋词·姜夔》)

(22)人未散，月将沈。更期明夜到而今。归来尚向灯前说，犹恨追游不称心。(《全宋词·无名氏》)

(23)谁怜白头柱史，独出函关。君如春柳，到而今、也带苍颜。凭寄语，江州司马，琵琶且止休弹。(《全宋词·刘过》)

(24)看那梅生翠实，柳飘狂絮，没个人共折。把而今、愁烦滋味，教向谁说。(《全宋词·李甲》)

(25)何曾一霎离心上，怎得而今在眼前。鱼不断，雁相连。可无小字寄芳笺。(《全宋词·向子諲》)

(26)箫声一去无消息，但回首、天海茫茫。旧日风烟草树，而今总断人肠。(《全宋词·刘克庄》)

(27)奏酲薄。梦中球马豪如昨。豪如昨。月明横笛，晓寒吹角。古来成败难描摸，而今却悔当时错。当时错。铁衣犹在，不堪重著。(《全宋词·刘克庄》)

例(18)“问讯(对方)而今平安否”中的“而今”位于主谓之间，做状语，主要是表示时间，相当于“如今”。例(19)“数而今铁笔”，例(20)“不识而今我”中的“而今”做定中短语的定语，相当于“而今的铁笔”“而今的我”。做定语、状语是时间名词的重要功能之一。例(21)“算而今、重到须惊”，例(22)“更期明夜到而今”，例(23)“到而今、也带苍颜”，例(24)“把而今、愁烦滋味”中的“而今”要么做动词的宾语，要么做介词的宾语，相当于“如今、现在”。做宾语是时间名词的主要功能。例(25)“怎得而今在眼前”中的“而今”在主谓谓语句中充当小主语，这个位置不仅使“而”的转折连词功能大大削弱，而且更加凸显了“今”的时间名词功能，“而今”整体只能理解为时间名词了。而在例(26)“旧日风烟草树，而今总断人肠”，例(27)“古来成败难描摸，而今却悔当时错”中，“而今”与“旧日”“古来”对举出现，虽仍然有很强的古今对比转折义存在，但是因为“旧日”和“古来”已经是双音化的时间名词了，导致“而今”被相同的语境进一步类推同化，可以理解为双音节时间名词。

从宋代的这些词作中的用例可以看到，因为语境的变化，句法关系的改变，“而今”已经逐渐由跨层结构词汇化为双音节时间名词，其转折义已经逐渐弱化甚至消失，只保留时间义。尤其在刘克庄的词中，可以看到“而今”的句法位置的变化，由小句句首位置向宾语位置、定语位置和状语位置变化，导致“而今”的意义由“然而今天”向“如今”变化，逐渐词汇化为一个名词。

2.3　元明时期跨层结构和词汇化并存的“而今”

元明时期，跨层结构和词汇化的“而今”呈现出长期并存的局面。表现为跨层结构的“而今”多用在文言散文中，词汇化的“而今”主要出现在诗词中，因为诗词格律化的韵律特征，要求两个音节为一个音步，加速了“而今”的双音化，在句法位置的变化中，导致语义关系的变化，在韵律化的促动下，导致双音化的实现。先看文言散文中的用例。

(28)若夫韩淮阴，少年乞食漂母，人皆笑嗤。及为将，料敌制胜无遗策，卒能佐汉祖定天下，身享南面之乐。岂昔之拙而今之巧邪？材有所长，志有所不为也。(《归潜志》卷第十二)

(29)东坡云。王莽败时。省中黄金三十万斤。陈平以四万斤间楚。近世金不以斤计。虽人主未有以百金与人者。何古多而今少也。(《敬斋先生古今黈》卷十一)

(30)齐书云：明帝病笃，敕台省求白鱼为药。此乃神农药，古方盛用，而今人罕知也。(《本草纲目》虫部第四十一卷)

(31)鸿训奏：皇上责备文臣极是，但是皇祖静摄以来至先帝，时已二十年，边备废弛已久，一时猝难整顿。上曰：而今何如？辅臣等俱奏，而今比前大不相同。(《崇祯朝野纪》江上遗民李逊之辑)

以上用例中，“而今”依然是跨层结构，“而”是转折连词，“今”是时间名词，如例(28)“岂昔之拙而今之巧邪”，例(29)“何古多而今少也”，例(30)“古方盛用，而今人罕知也”均表示现在与过去相反相对的情况，前后对比非常鲜明。尤其是例(31)的“而今”，既可以理解为跨层结构，也可以重新分析为双音节时间名词。“而今何如”“而今比前大不相同”可以理解为“然而今天何如”“然而今天比以前大不相同”，“今”与“前”对举，“而”

则承前表示转折关系；又可以理解为“今天何如”“今天比以前大不相同”，“而”的转折义消失，隐含其中，只凸显“今”的时间义。而且从句法结构关系来看，此两例中的“而今”都可以看作主语，凸显的是时间义，承上逆接的转折义弱化以致消失了。

在以下诗词用例中，“而今”都可以理解为双音化的复合时间名词：

(32)调燮之余总是闲，闲中游戏到毫端。而今亦有丹青手，犹在蟠溪把钓竿。(《归潜志》卷六)

(33)信断江南望驿尘，十年辜负岭头春。而今重到覃怀地，却与梅花作主人。华塔当年隐蛰龙，轰雷掣电满云中。而今却请还山去，折脚铛边煮晓风。(《元诗选·过覃怀》)

(34)班姬流落到而今，闻道翻身入道林。歌扇舞裙忘旧业，药炉经卷半新吟。闲眠白昼三杯醉，静对青松一曲琴。更看他年栖隐处，蓬山楼阁五云深。(《元诗选初集·耶律中书令楚材》)

在诗词双音节为一个韵步的韵律化促动下，上例中的“而今”虽然从语境来看仍然有前后古今对比的语义关系隐含其中，但是只能作为一个韵律单位出现，不宜看作跨层结构，只能看作一个双音词。

2.4 明清时期完成词汇化的“而今”

到了明清民国时期，白话小说盛行，口语化进一步加强了汉语的双音化，在散文、小说或诗歌中“而今”的用例越来越多，最终形成双音化的复合词，完成了词汇化的历程。例如：

(35)青史几番春梦，红尘多少奇才。不须计较与安排，领取而今见在。(《初刻拍案惊奇》卷一)

(36)滕生大笑道：“好也！好也！天生缘分。我有个亲戚是珠商，有的是好珠。我而今下在他家，随你要多少是有的。”(《初刻

拍案惊奇》卷六)

(37)刘元普道:“老夫只恐命里无嗣,不欲耽误人家幼女。谁知夫人如此用心,而今且唤他出来见我。”(《初刻拍案惊奇》卷二十)

(38)又题败荷脊令图云:“飞唤行摇类急难,野田寒露欲成团。莫言四海皆兄弟,骨肉而今冷眼看。”(《戒庵老人漫笔》卷四)

(39)石老鼠冷笑道:“你这小孩子就没良心了!想着我当初挥金如土的时节,你用了我不知多少!而今看见你在人家招了亲,留你个脸面,不好就说,你倒回出这样话来!”(《儒林外史》第二十四回)

(40)科名不来,学问在我,原不是折本的买卖。愚兄而今已发达矣,人亦共称愚兄为善读书矣,究竟自问胸中担得出几卷书来?(《郑板桥集》书信卷)

(41)赵我佩词:“记得去时言,约在梅开后。风信而今过海棠,到底归来否。”(《左庵词话》卷上)

(42)欧洲各国自二百年以来,皆过渡时代也,而今则其停顿时代也。中国自数千年以来,皆停顿时代也,而今则过渡时代也。(《梁启超文集·过渡时代论》)

(43)匡超人道:“阿叔莫要性急。放着弟兄两人在此,怎敢白赖阿叔的房子住!就是没钱典房子,租也租两间出去住了,把房子让阿叔。只是而今我父亲病着,人家说,病人移了床,不得就好……”(《儒林外史》第十六回)

以上各例中的“而今”出现的句法位置多种多样,都已经词汇化为双音节复合词了,尤其是例(43)中“而今”的前面出现了转折连词“只是”,表明“而”的转折义已经完全丧失,“而今”只表示时间了。但是我们看到,“而今”出现的语境仍然要有相反相对的语义关系才可以。

2.5 当代文献中的“而今”与“语义俯瞰”现象

当代文献中，我们在《人民日报》(1995年)100万字的语料中仅发现8例“而今”的用例。这些用例中“而今”很少独立出现，均是与前文中的“当年”“以往”“过去”“几年前”“1980—1989”对举出现，已经完全是一个时间复合词了，表示“现在、如今”的意义。例如：

(44)新年前夕，记者再度走访位于黄泛区腹地的豫东周口地区，当年风起沙飞、盐碱连片的不毛之地，而今是中原的米粮仓。(《人民日报》1995-01-07)

(45)记者这次到黄泛区采访，留下一个深刻印象：以往地方领导介绍的大多是如何在农业上巧做文章，而今谈的多是加速农区工业化和对外开放。(《人民日报》1995-01-07)

(46)位于西陵峡口、三峡大坝所在地的宜昌市，过去曾被视为山乡僻壤，仅有一个公共广场式的体育场，而今平地拔起一座现代化的东山体育村。(《人民日报》1995-01-10)

(47)几年前，会下中国象棋的芬兰人还寥寥无几，而今中国象棋已成为许多芬兰人特别是青少年的新型棋类游戏。(《人民日报》1995-01-05)

(48)界首市黄牛市场过去是享誉全国的四大牲畜市场之一，而今，其他三个市场随着大牲畜逐步退出役使而悄然消亡，而界首牲畜市场以阜阳得天独厚的黄牛资源为后盾，不仅没有萎缩，反而越滚越大，越办越旺。(《人民日报》1995-01-10)

(49)1980—1989年的第一、二批OECF贷款，曾帮助中国成功建设了众多大项目，而今，在东西南北，第三批贷款项目正遍地开花，加紧兴建。(《人民日报》1995-01-11)

从上面的用例可以看到，“而今”的句法位置基本位于前后分句之间，后分句之首，有的前后都可以有停顿，只表示时间语义关系，从今昔对比的角度揭示当下与过去的变化。其前文语境中要出现与“而今”相对的“当年”“以往”“过去”“几年前”等时间词，这与其他时间名词如“今天”“现在”“如今”不同。我们认为这种不同的句法表现，与具体词汇的形成方式有关。“而今”从先秦时期的跨层结构开始，就一直是在表示当下境况与过去相反相对的语境中使用，虽然经历了漫长的历时变化形成一个复合词，“而”的转折逆接功能已经丧失，只凸显“今”的时间语义关系，但是其使用的语境仍然没有发生根本变化。储泽祥(2003)认为，“短语的固化，不仅语义上发生了变化，往往也伴随着句法功能上的变化，而短语的本原意义，仍然在一定程度上制约着固化形式出现的环境”。“而今”也是这样，从先秦时期的跨层结构到今天的时间名词，经历了漫长的演变过程，但是其所出现的语境没有大的变化，这也是“语义俯瞰”(储泽祥、曹跃香，2005)现象的一种表现。

3. “而今”词汇化的演变路径及其动因

董秀芳(2002)认为，双音词有三个主要的历史来源：一是从短语降格而来；二是从由语法性成分参与形成的句法结构中延伸而来；三是从本来不在同一个句法层次上的跨层结构中“投胎”出来。通过前面的分析我们可以看到，“而今”属于第三种情况。转折连词“而”和时间名词“今”因为具有［+相反相对］的共同语义特征，而在线性序列上连接使用构成跨层结构，后来因为使用中的泛化，使其句法位置改变引起意义变化和重新分析，在双音化的韵律促动下，形成一个双音化的时间复合词。

从句法结构上看，从先秦直到晚唐时期，“而今”都是跨层结构“而”“今”，“而”是转折连词，“今”是时间名词，二者是两个不同的词，只是句法结构临近在线性结构上排列在一起，并没有直接发生语义上的联系，因为有共同的[+相反相对]语义特征，为后来的复合化准备了条件。宋辽金时期，因为语用上的泛化，跨层架构“而”“今”的句法位置由主谓结构之间、复句后分句句首、段落之间后段落之首，主要表联接作用，泛化为主谓之间做状语、定中结构做定语、介宾结构做宾语、动宾结构做宾语。因为句法位置的改变，词类搭配的改变，跨层结构“而”“今”的语义慢慢发生变化，“而”的逆转联接义逐渐弱化，“今”的时间义得到强化，形成复合结构“而/今”，尤其是在宋代格律诗词中，双音节为一个韵步的韵律化影响，对“而今”的词汇化产生了重要作用。此后直到元明时期，跨层结构“而”“今”与复合结构“而/今”并存。到了明清民国时期，白话小说盛行，口语化进一步加强了汉语的双音化，其用例越来越多，最终形成双音化的复合词“而今”，完成了词汇化的历程。

从语音上看，跨层结构的“而”“今”都念本音，二者并重，中间可以有停顿。词汇化后，“而今”合为一个整体，“而”的语音弱化，念得轻短，“今”念得重，整体构成前轻后重的格局，凝固为一个整体，中间不允许有停顿，语音停顿只能在“而今”的前后，两个成分的句法边界消失，两个单音成分凝固为一个双音节单位。

因此，“而今”从先秦时期到现当代，经历了从跨层结构“而”“今”到复合结构“而/今”，再到跨层结构“而”“今”和复合结构“而/今”并存，再到重新分析为双音化时间名词“而今”的演变历程。在这个过程中，“而今”使用的语境一直没有大的变化，保持了其自身的独特性，表现出与其他时间名词不一样的句法特性。

4. 结语

“词汇化”指的是短语、句法结构、跨层等非词单位在历史的发展过程中逐渐凝固或者是变得紧凑而形成一个单词的过程（董秀芳，2002）。从非句法关系的跨层结构到凝固的词汇，“而今”的词汇化经过了很长的时间，其词汇化的主要动因是句法结构位置的变化，因为语言单位组合关系的改变，导致“而”表逆接的连词功能弱化以至丧失，“今”的时间义得到强化，同时在诗词文体韵律化、白话小说口语化的促动下，使“而今”由跨层结构最终词汇化为双音节时间名词。

“而今”的词汇化无疑是一种“固化”现象。储泽祥、曹跃香（2005）对固化进行了解释：“两个或几个紧挨在一起的语言单位，由于频繁使用而化为一个相对稳固的、整体性的语言单位。”“固化”其实也是一种语法化现象，刘坚等(1995)讨论了诱发语法化的四个因素：句法位置的改变、词义变化、语境影响及重新分析。“而今”的词汇化过程中最重要的诱发因素是句法位置的改变，句法位置的改变导致句法成分词义的变化，进而由跨层结构重新分析为时间名词。

◎参考文献

[1]中国社会科学院语言研究所词典编辑室：《现代汉语词典》(第7版)，商务印书馆2016年版。

[2]李小平，曹瑞芳：《汉语方言中“而今”的读音及用字问题》，载《语言科学》2018年第5期。

[3]杨玉环：《“而今”一词由来微探》，载《广州广播电视大学学报》2019年第1期。

[4]董秀芳：《词汇化：汉语双音词的衍生和发展》，四川民族出版社2002年版。

[5]许陆君，刘红妮：《“个中”的词汇化及成因分析》，载《山西大同大学学报(社会科学版)》2018年第3期。

[6]储泽祥：《“一个人”的固化及其固化过程》，载《华中师范大学学报(人文社会科学版)》2003年第5期。

[7]储泽祥，曹跃香：《固化的“用来”及其相关的句法结构》，载《世界汉语教学》2005年第2期。

[8]刘坚，曹广顺，吴福祥：《论诱发汉语词汇语法化的若干因素》，载《中国语文》1995年第3期。

量词"张""幅"称量图画类名词的语义特征比较

樊中元

（广西师范大学文学院）

1. 引言

作为量词，"张"和"幅"各自称量的对象范围不同，如可以说"一张（桌子、弓箭、嘴巴、比萨饼）"，而不能说"一幅（桌子、弓箭、嘴巴、比萨饼）"；可以说"一幅（场景、情景、旗帜）"，而不能说"一张（场景、情景、旗帜）"等。但"张"和"幅"具有共同的平面义特征，因而在称量某些具有平面特征的对象时具有部分重合。如可说"一张（地毯、画、窗帘）"，也可以说"一幅（地毯、画、窗帘）"。特别是在称量图画类名词时，两者经常可以互换而不影响意义，例如：

（1）我一直在监督她的老师，促使老师们也能在这张图画上添加色彩。（土一族《从普通女孩到银行家》）

（2）上联是："大道之行"，下联是："天下为公"。中间是一幅二尺多宽的中山先生故居的油画。（陈廷一《宋氏家族全传》）

例（1）中的"张"可换成"幅"，例（2）中的"幅"可换成"张"。正因为"张"和"幅"的平面语义共性及其在称量对象中的交叉重合关系，因而在实际运用中，有时就会产生两者在与名词组合中的错配。如下面两个例子中的“张”都应更换为“幅”：

(3) 在生命的千幅万幅记忆图景里，会有几张记得最深刻最牢固的，隔的时间越久，越清晰。(《散文》1993年第12期)

(4) 白鹿原刀裁一样的平顶的轮廓，恰如一张简洁到只有深墨和淡墨的木刻画。(陈忠实《原下的日子》)

目前，有关量词“张”和“幅”的研究主要在于两者的来源、语义及组合范围的分述，如刘世儒(1965)，孟繁杰、李如龙(2010)，刘韵柳(2017)等讨论了“张”的来源及其语义发展演变问题，说明了“张”(动词“拉开弓”)→“张开”→“可张开的事物”→“平面义”(量词)的语义演变过程。郭先珍(2002)、杜艳(2010)、秦志朋(2015)、何梅(2017)等从共时平面说明了“张”所称量名词的类别，并运用认知语言学的隐喻和转喻等理论解释“张”称量的不同事物之间产生内在联系的动因和机制。刘世儒(1965)，于璐(2008)，孟繁杰、李焱(2010)，郭晓沛(2013)也说明了“幅”由本义“布帛”而引申出称量平面事物的量词的语义演变过程，同时也对其称量的名词对象和语义特征进行了阐释。从目前的研究成果看，有关“张”和“幅”的分立研究成果较为丰富，对“张”“幅”各自的语义演变过程和动因及其称量名词的范围有比较明确的分析说明。但我们认为，由于“张”和“幅”有共同的语义特征及称量对象的重合，因而有必要对两者进行比较分析，以说明两者在语义和称量对象上的共性与差异。基于此，本文以“张”和“幅”称量图画类名词时的语义特征为比较对象，比较反映两者在称量图画类名词时的语义特征与组合范围的差异，目的是更好地使“张”“幅”有更规范和准确的运用，避免两者称量名词时的误组，特别是在汉语教学(包括对外汉语教学)中使学习者能对两者有比较清晰的语义辨析和组合范围的认知。

2. “张”“幅”称量图画类名词的语义特征比较

通过对语言事实的观察，我们认为“张”与“幅”的差异特征主要体现在以下几个方面。

2.1 实景与虚景

图画的本义指用线条或色彩构成的形象，如山水画、人物画等；“画”又可以比喻某种性质上似画的具体情景。比较：

(5) 过年张贴图画，既渲染节日气氛，又美化环境，同时寄托人们的美好理想和愿望。(林崇德《中国儿童百科全书》)

(6) 嫩蓝的青天，几支木杆，几痕细线连于杆与杆之间，线上是停着几个粗而有致的小黑点，那便是燕子，是多么有趣的一幅图画呀！(郑振铎《海燕》)。

例(5)中的“图画”是指用线条或色彩构成的形象，例(6)中的“图画”是指某种性质上似画的具体情景，是人的认知感觉行为结果。对于“图画”指称的不同含义，我们分别进行指称形式的区分：当“画(图画)”指称的意义是本义时，我们称之为虚景画；而用比喻义时，我们称之为实景画。区分虚景画和实景画，主要是说明“张”“幅”在称量名词时的语义特征和组合差异，也即虚景画和实景画与“张”和“幅”的组合产生制约的作用，具体来说，体现为“张”不能与表比喻义的实景画组合，而“幅”则可以和实景画及虚景画组合。例如：

(7) 清清的河水立刻活了起来，不安分的木屐拍打起一朵朵四溅的水花，水花长了翅膀，拍湿了细丫头花花绿绿的衣裙，河风将裙摆高高地鼓起，与两岸的青绿、与蓝天白云一起，倒在河波里组合成一幅水山风景画。(《散文》1993 年第 7 期)

(8)他的脑海里变幻着一幅幅壮丽的图画：跳一下……粘一下……金光灿烂平稳地升起来……从红灰色的雾层中显现出来……从中间窄的地方断开了……他将看到怎样的日出呢？(许谋清《孩子·大海·太阳》)

(9)这时候，我的脑里忽然闪出一幅神异的图画来：深蓝的天空中挂着一轮金黄的圆月，下面是海边的沙地，都种着一望无际的碧绿的西瓜，其间有一个十一二岁的少年，项带银圈，手捏一柄钢叉，向一匹猹尽力的刺去，那猹却将身一扭，反从他的胯下逃走了。(鲁迅《故乡》)

(10)在博格达峰的山腰上，有一个名叫“天池”的湖泊，海拔1900米，深约90米。池中的水都是冰雪融化而成，清澈透明，像一面大镜子。洁白的雪峰，翠绿的云杉倒映湖中，构成了一幅美丽的图画。(林崇德《中国儿童百科全书》)

以上例子中的图画是指真实的情景，是实景画，它们只能选择量词“幅”，而不能用“张”替换。而对于虚景画，能用“张”称量的也都能用“幅”称量。例如：

(11)他要从大学毕业了，到了开告别聚会时，一个同学拿出张画来给他看。(卞庆奎《中国北漂艺人生存实录》)

(12)在上海图书馆二楼展厅的个人画展现场，索罗明分别在一张人物画和一张动物画上认真地签上名字，然后又认真地向索要签名的上海男孩发问。(新华社2002年11月新闻报道)

以上两例的画类名词都指虚景画，它们都能换用量词“幅”来称量。

因此，在称量实景画和虚景画时，“张”和“幅”在语义上体现出的差异是：张[-实景、+虚景]、幅[+实景、+虚景]。

2.2 平面与突凹

绘画是通过色彩、线条和形体来模拟客观事物形象的。一般的绘画作品是存在于二度空间的静止的可视平面形象，但由于绘画工具材料和技法的不同，绘画作品在空间维度可呈现出或平面或突凹的不同特征。如果用笔在一张纸上勾画出一张素描，其维度是二维的、平面的，而用小刀或化学药品在木板、石板、铜板等板面上雕刻出来图画，其结果具有三维的突凹特征。具有平面和突凹特征区别的图画，在语言表达上，对量词“张”和“幅”的选择是有区别的。一般是具有平面特征的图画可用量词“张”或“幅”称量，而具有突凹特征的图画只能用“幅”而不能用“张”称量。例如：

(13)那时，老奉的画架上架着一张未完成的大油画，画面是一枚直径为一百八十公分的一分钱人民币。(铁凝《第十二夜》)

(14)他们三个人走进北房，看见好多人围着北边墙上贴着的一张大幅水彩画。(《赵树理文集》第二卷)

(15)蜂儿翻过来掉过去地看那面盾，虽是银的却已经旧了，上面雕的花纹和字码都洋味十足，那一层一层的花纹比织得最精致的苇席还要细致得多。蜂儿看到那是一幅西洋画，上面画了两个男人和一个女人……(徐小斌《银盾》)

(16)这个创意是不能小看的，因为粉笔灰撒在煤堆上，就与煤堆形成了一幅完整的山水画。(《小说月报》2002 年第 1 期)

(17)屯门一间小学的学生，用彩色绉纸搓成小粒子，模仿艺术家的名画塑，砌了拜占廷式镶嵌圣母像，有一幅是梵高的黄色麦田。另外一幅是玛蒂斯的红屋。(西西《名字南非》)

(18)凝视一张有关我身上的 X 光照片，一幅黑白木刻。(《诗刊》2000 年第 1 期)

例(13)(14)中“油画”“水彩画”是具有平面特征的画，量词使用“张”，但也可用“幅”。而例(15)(16)(17)中的“幅”却不能用“张”替换，因为这三例中的图画都具突凹性。例(18)中，前面的“照片”具有平面特征，用了量词“张”，而后面的“木刻(画)”具有突凹特征，用了“幅”。前后对比，明显地反映了“张”与“幅”的搭配差别。

因此，在称量具有平面特征或突凹特征的图画时，"张"和"幅"在语义上体现出的差异是：张[+平面、-突凹]、幅[+平面、+突凹]。

2.3 隐显与质地

这是从图画的载体角度而言的。图画必须是以一定的物质材料作为载体的，它附着于载体，两者构成不可分割的统一体。隐显是指称量图画时，"幅"与"张"所寓含的载体信息的隐含和突显。两者的区别是："张"含有明显的载体信息，而"幅"则载体信息隐含。比较：

画一幅画在纸上。

*画一张画在纸上。

由于"一张画"本身含有画在某载体上的信息，所以再说画在纸上则意义冲突。从这点看，"幅"仅表达画的内容，不突显载体形式；"张"则既表达了画的内容，也突显了画的载体形式，是内容和形式的结合。下面两个例子用"张"和用"幅"体现出来的附加信息有区别：

(19) 听说能手能把<u>一张画</u>揭成<u>两幅</u>，画儿韩莫非有此绝技。(邓友梅《寻访"画儿韩"》)

(20) 但在桌上的<u>一幅</u>上我突然住了手，<u>那幅画</u>是哥哥刚完成的<u>一张水彩写生</u>，画的正是摆着的那枝牵牛花。(《散文》1993 年第 1 期)

另外，载体的质地不同，也影响"张"与"幅"的使用。不同的载体形成不同形式的图画。最常见的载体形式是纸张，其他的还有布帛、墙壁、木板、陶瓷、玻璃、岩石等。纸张、布帛等是软质的，以它们为底质形成的画是软体画，可施以卷、折、叠、撕等动作，而墙壁、木板、岩石等是硬质的，以此为底质形成的画是硬体的，不可施以卷、折、叠、撕等动作。在量词的选择上，前者可用量词"张"与"幅"，而后者只能用"幅"。对比：

(21)a. 墙上贴了一张画　　　b. 墙上贴了一幅画

(22)a. ＊墙上画了一张画　　b. 墙上画了一幅画

例(21)中的“画”只是黏附在墙上，它是一个离散于墙的独立体，而且从动词“贴”可以看出，我们可以说“墙上贴了一张(幅)画，他把它揭下来，然后撕成碎片”。而例(22)中的“画”载体是墙，因此，“画”是硬体的。所以，例(22)a不能说，而例(22)b也不能做这样的扩展——“墙上画了一幅画，他把它卷起来带走”。基于软体画和硬体画对量词的选择的不同，下面例子中的“幅”都不能换成“张”。

(23)内蒙古阴山岩画中有一幅拜日图，一个人形，双臂举过头，双手合十，头上有一圆圈代表他所崇拜的太阳。(杜希宙等《中国历代祭礼》)

(24)其墓室壁画有40余幅，如《阙楼图》、《仪仗图》、《驯豹图》、《架鹰图》、《列戟人物图》、《侍女图》等。(徐改《中国古代绘画》)

如果和图画的载体形式联系起来，则图画的载体形式突显的图画类名词可用“张”称量，而不突显载体的图画类名词可用“幅”称量；而在载体的特征上，一般载体为软质的图画可用“张”和“幅”，而载体为硬质的图画只用“幅”，不用“张”。因此，在突显与质地特征上，“张”和“幅”称量图画类名词时在语义上体现出的差异是：张[+突显、+软质]、幅[±突显、±软质]。

2.4　画幅与边距

画幅指图画的尺寸大小。边距在这里指用于绘画的载体材料中，除了画幅以外向外延伸的部分。在绘画载体材料面积一定的情况下，画幅面积越大，则边距就越小；而画幅面积越小，则边距就越大。两者形成一个反比关系，如图1所示(阴影部分表示画幅，空白部分表示边距)。

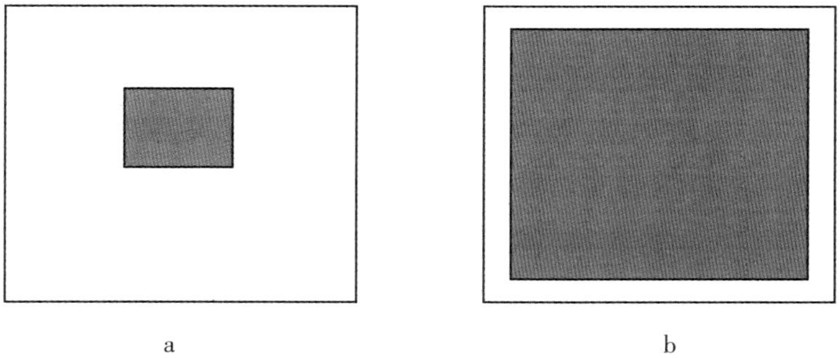

图 1　画幅与边距

画幅与边距的比例关系影响着量词“张”与“幅”的运用。当画幅比例足够小而边距比例足够大时，则倾向用“幅”，不用“张”，如图 1 中 a 图。而当画幅所占比例足够大而边距比例足够小时，用“幅”或“张”都可以，如图 1 中 b 图。两者形成的关系是：

	幅	>	幅、张
画幅：	小	⟶	大
边距：	大	⟵	小

比如报纸、杂志、图书中的插图，如果插图占据了整个版面或一个页面，则可称“张”称“幅”。如果插图只是整版或整页中的一个部分，则一般不说“一张”，而称“一幅”。所以一般不能说“这页有三张画”。比较：

(25) 还有药方一万多个，插图一千多幅。(《本草纲目》序)

(26) 工笔勾描，不像出自今人手笔，行笔气韵仿佛《本草纲目》中一张张绣像画。(《北京文学》2000 年第 10 期)

例(25)中的“插图”是附在每一页文字说明中的图画(可参见《本草纲目》原文)，例(26)中的“插图”作者应意指占据了一个页面的图画。

下面例子中的“幅”不能换成“张”。

(27)武汉《湖北日报》刊登了一幅湖广总督陈夔龙的漫画，陈夔龙看后说了声“讨厌得很”，该报就被查封。(丁淦林主编(《中国新闻事业史》)

(28)从创刊之日起，每日都刊登一幅或多幅新闻纪实图画。(丁淦林主编(《中国新闻事业史》)

从图画的画幅与边距角度看，则具有表示画幅大、边距小的图画类名词，可用“张”和“幅”称量，而具有表示画幅小、边距大的图画类名词，只用“幅”称量，可以表示为：张[+画幅大、+边距小]、幅[±画幅大、±边距小]。当然对于画幅和边距大小，则没有明确的界限限定，主要取决于人们的感知结果。

3. 结论

以上分别从实景与虚景、平面与突凹、隐显和质地、画幅与边距角度比较说明了量词“张”“幅”在称量图画类名词时所体现出来的系列特征差异。我们可总体表示为：

	实景与虚景	平面与突凹	隐显与质地	画幅与边距
张：	-实景	+平面	+突显、+软质	+画幅大、+边距小
幅：	±实景	±平面	±突显、±软质	±画幅大、±边距小

从以上“张”“幅”在称量图画类名词中所表现的语义特征差异看，两者对称量的图画类名词对象存在以下关系：

一是覆盖关系，由于两者的语义特征关系，决定了在称量画时，用“张”的地方完全可用“幅”替换，而用“幅”的地方却不一定能用“张”，这说明在称量范围上，“幅”的称量范围覆盖了“张”的称量范围。

二是标记关系，“幅”能称量所有的“画”，可称为无标记形式，而“张”对“画”的称量是有条件的，用“张”的时候，可以反映出画的虚景、平面、软质等特征，因而是有标记形式。

“张”与“幅”在称量图画类名词上体现出明显的语义特征和对象范围差别，我们认为这种差别主要源于两者词的本义及其语义演变过程中语法化程度的不同，总的来看，“张”的语义虚化程度没有“幅”高。对量词而言，语义虚化程度越高，对所能称量的名词语义要求限制就越少，因而所能称量的名词范围就越广；而语义虚化程度越低，对所能称量的名词语义要求限制就越多，因而所能称量的名词范围就越小。当然，对于“张”“幅”具体的语义演变、语义特征的形成以及与图画类名词组合的差异等问题，还可再进行深入的探讨。

◎参考文献

[1]杜艳：《量词“张”的语义认知分析》，载《海外华文教育》2010年第2期。

[2]郭晓沛：《量词“幅”的义项发展及用法的认知分析》，载《兰州学刊》2013年第2期。

[3]郭先珍：《现代汉语量词用法词典》，语文出版社2002年版。

[4]何梅：《汉语量词“张”的去范畴化研究》，贵州师范大学硕士学位论文，2017年。

[5]刘世儒：《魏晋南北朝量词研究》，中华书局1965年版。

[6]刘韵柳：《量词“张”语义演变的历时研究》，湖南大学硕士学位论文，2017年。

[7]孟繁杰，李如龙：《量词“张”的产生及其历史演变》，载《中国语文》2010年第5期。

[8]孟繁杰，李焱：《从历时角度看量词“幅”属性的演变》，载《汉字文化》2010年第2期。

[9]秦志朋：《现代汉语量词“张”的研究》，沈阳师范大学硕士学位论文，2015年。

[10]邵敬敏：《量词的语义分析及其与名词的双向选择》，载《中国语文》1993年第3期。

[11]于璐：《量词“幅”的义项分析》，载《甘肃社会科学》2008年第4期。

义类词素缺省用品词的编码机制及其释义问题

吉益民

（宿迁学院中文系）

1. 引言

根据义类词素①出现与否，汉语用品词的编码结构可以分为义类明示和义类缺省两种类型，前者如“钱包”“茶杯”“太阳镜”“水果刀”等，后者如“拂尘”“开关”“随身听”“尿不湿”“耳挖子”等。其中，义类明示用品词的编码结构含有上位义类词素，词义结构具有双项组合性，二者构成“功用种差+义类”词义结构模式；而义类缺省用品词的编码结构不含有指称对象所隶属的上位义类词素，整体词义编码结构由纯功用性种差词素或者由功用性种差词素外加虚词素组合而成，相关用品词可称为义类词素缺省用品词。对于后者来说，其词义编码结构中所缺省的上位义类词素在词义解码结构层面还需要还原归位。例如：

---

① 刘叔新(2005)主张区分词素和语素，认为词素是词的构成要素，是词或词干的直接组成成分，不一定是最小的音义结合成分；而词内的语素只从是否最小的音义结合成分来确定。因此，要建立词汇学，要分析词的构造，就完全有必要采用有别于“语素”的术语“词素”。本文接受其观点，统一用“词素”分析用品词的构造成分。

拂尘 $\frac{\text{掸尘土和驱除蚊蝇的}}{\text{t4}}\frac{\text{用具}}{\text{L}}$ （转引自符淮青，1982）

其中，上位义类缺省、功用凸显的述宾结构“拂尘”属于编码性词义结构，而“掸尘土和驱除蚊蝇的用具”所体现出来的“t4（功用性种差）+L（类词语）”语义结构形式则属于解码性词义结构。考察发现，有关该类用品词编码特点及其生成理据的探究还比较薄弱，且部分词条在辞书中的释义还存在一定问题。因此，本文拟重点探究义类词素缺省用品词词义结构的编码机制及其释义问题。

2. 义类词素缺省用品词的编码类型

由于上位义类词素缺省，该类用品词的词义表达完全依赖种差词素的选择与组配。考察发现，能够承担相关概念语义表达职能的能指符号都是谓词性功用种差表达形式，谓词性复合结构具有表述功能，可以通过对相关用品的功能描述来间接指称表达对象，内蕴转喻造词机制。罗常培（2004）在考察云南路南撒尼人的方言词特点时就发现，当地人用“以其所知喻其所未知”的方法造出了一些似是而非的描写词（descriptive forms），如他们把带子叫作“系腰”（直译叫“腰系”），帽子叫作“蒙头”（直译叫“头蒙”），戒指叫作“约指”（直译叫“手指关闭”），都是根据这三种东西的具体功用造成词语。由此可见，人类语言的造词机制具有一定的共通性，都有重视形象表意的一面。当然，较之撒尼人的“描写词”，汉语中的义类词素缺省用品词的概念化方式得到了一定程度的改进，规约化程度更高。根据音节结构特点，义类词素缺省用品词主要分为双音节和三音节两种类型。

2.1 双音节义类词素缺省用品词

根据构成词素的性质及其语义关系，双音节义类词素缺省用品词可以分为"V+O""O+V"和"V+V"三种结构类型。参照符淮青(1997)的分析模式，该类用品词中的义类词素缺省统一用"∅"表示。具体分析见表1。

表1 双音节义类词素缺省用品词结构类型分析

	结构类型	例词
双音节义类词素缺省用品词	T(V+O)+∅	护膝 顶针 围脖 靠背 拂尘 披肩 绑腿
	T(O+V)+∅	牙刷 手套 耳塞 肚兜 发卡 茶托 画夹
	T(V+V)+∅	开关 离合① 铺盖 摆设

上述三种类型结构形式有别，建构机制趋同，都是通过对相关用品的具体功用的描述来指代用品本身，凸显的是用品的功用性特征，属于转喻造词。相关问题留待下文详述，这里重点分析词义结构的编码机制。从解码层面来看，该类词语在词条释义时都需要补出其相应的上位义类成分。例如：

【护膝】名 保护膝部的用品。(《现代汉语词典》第6版，本文中以下简称《现汉》)

【牙刷】名 刷牙的刷子。(《现汉》)

【开关】名 ❶电器装置上接通和截断电路的设备。通称电门。❷设在流体管道上控制流量的装置，如油门开关、气门开关。(《现汉》)

对比上述词条的编码和解码时发现，"护膝"来源于种差"保护膝部"的减缩提取，且"护+O(器官)"已具有词语模的性质，由其滋生的词条实例还有"护腿、护腰、护腕、护齿、护耳"等，释义时需要统一补出义类成分

① 即离合器。在现实语言生活中，尤其是口语交际中，"离合"大有取代"离合器"的趋势，我们认为，不能简单将其视为"离合器"的省略，因为与"开关"相似，功用凸显已成为其独立指称的一个重要动因。

“用品”。词条“牙刷”释义中补出了义类成分“刷子”，而义类词语“刷子”本身就是由功能性词素“刷”添加“子”后缀而成，且词条“牙刷”还与其异序表达形式“刷牙”相关联，功用至上的编码机制于此体现得尤为明显。肖娅曼(2007)称该类复合名词为“述宾逆序复合名词”，认为该类词是与汉语句法对立的 OV 逆序复合法的产物，正序(VO 式)和逆序(OV 式)整体语义有别，正序 VO 结构整体语义表示陈述，逆序 OV 结构整体语义表示指称。至于“开关”词条，反义动词性词素组合描述的是相关用品的使用特点。该功用种差具有概括性，可以将具有相同功用特点的所有对象收纳进来，而不管它们属于哪一种设备装置，体现出本质操控的词义编码原则。

2.2 三音节义类词素缺省用品词

在义类词素缺省用品词中，三音节词为数不多，但其建构形式更为复杂多变。根据词素构成及其性质，可分为附加型三音节义类词素缺省用品词和复合型三音节义类词素缺省用品词两种类型。其中附加型三音节义类词素缺省用品词以“子”缀用品词为代表，即由后缀成分“子”参与建构的一种三音节义类词素缺省用品词，诸如“耳挖子”“鞋拔子”“牙剔子”“毛镊子”等都属于这种类型。肖娅曼(2007)认为，该类词的内在语义结构为“OV+子”，是在“OV”的基础上添加“子”后缀而成，“子”缀有“小”的附加意义。我们认为，这里的附加词素“子”不仅有指小功能，而且是名物化的一种重要手段，类似“骗—骗子”的性质变化。后附了“子”缀的“OV”，其整体结构性质已由陈述转为指称，“子”是指称符号的形式标记。

而复合型三音节义类词素缺省用品词则由纯功用性种差词素组建而成，因其音节加长，可容纳的信息量增大，表达方式更为灵活自由，功用描述也更为形象生动，且大多具有民俗词源特点，讲究形象表意，不求抽象概括，有些还存在过度词汇化现象。该类词语是最典型的功能描述词。关于该类词语的编码与解码概况，我们可以通过百度百科和《现汉》的相关解释说明进行比较分析，见表 2。

表 2　复合型三音节义类词素缺省用品词释义比较表(百度百科与《现汉》)

复合型三音节义类词素缺省用品词	释义(得名理据)	
	百度百科	《现汉》
随身听	指携带型袖珍播放机，属于电子产品的一个种类。该词汇最初出自日本索尼公司(Sony)的一个品牌，中文名称由 Walkman 转变而来	指体积很小，可以随身携带使用的具有播放、收听或录音功能的设备
尿不湿	指一种抛弃式的尿裤，以不织布、纸、棉等材料制成，有幼儿专用与成人专用两种，由于吸水性强，被俗称为“尿不湿”	用高吸水性材料制成的一次性尿布，可黏合成内裤的形状，也有片状的，多用于婴幼儿和卧床病人
千斤顶	是一种用钢性顶举件作为工作装置，通过顶部托座或底部托爪在行程内顶升重物的轻小起重设备，有机械式和液压式两种	一种顶起重物的工具，常用的有液压式和螺旋式两种。简称“千斤”
不求人	一种器物名，俗称“孝顺子”“抠痒刨”“老头乐”，以骨、角、竹或木削为人爪状，也有选用碧玉、象牙制成，有柄，用以搔痒	未收录
热得快	俗名“电乌龟”，是生活中常用的一种电加热器，可以用来烧开水、热牛奶、煮咖啡等，快捷而方便	未收录

表 2 显示，相关词条在两种平台的解码情况不尽相同。相比之下，百度百科收词更为全面，释义更为通俗。如“不求人”和“热得快”均未能进入

《现汉》，这在一定程度上也反映出该类用品词具有“草根”特点，专业权威辞书对其未能给予足够重视。相关问题留待下文详述。我们这里重点关注的是该类词的建构特点，即民间“草根”智慧在造词过程中是如何体现的。就“不求人”来说，其词义编码至少可以折射出这样一种现实生活经验：当你瘙痒难耐时，有了这个器具，便可以自行解决而无需求助他人。正是基于这一生活经验，还滋生出“孝顺子”和“老头乐”等曲折生动的表达形式，而“抠痒刨”和“痒痒挠”则更接近概念性表达。出于不同的生活背景和造词动机，同样的用品可以有不同的表达形式，这是相关用品过度词汇化的原因之所在。而这些具有“草根性”的义类词素缺省用品词都具有一个共性特点，即它们反映的都不是抽象逻辑真理，而是现实经验真理，一种基于生活经验的感性认识。将最能体现相关用品使用价值的功能要素编进词义表达结构形式，而概念范畴中的义类成分要素则内隐在功能描述性词义表达结构形式之中。

3. 义类词素缺省用品词的编码理据

上述分析已经展现出功用性种差在义类词素缺省用品词词义编码层面的选择和组配概况。这里我们需要继续深究的是，为什么功用性种差元素在词义编码层面会处于优先地位，可以单独承担起相关用品的指称功能？相关问题需要纳入认知语言学理论视阈进行系统探究。因为语言符号来源于人类认知过程中的概念化和范畴化，是人类认知加工的结果。人类语言符号并不是对现实世界图景的简单临摹，二者之间并非直接对应关系，有认知中介参与其间。“现实—认知—语言”三者之间已经构成一种互有牵连的信息加工处理模式，语言符号是人们在对现实世界感知体验的基础上通过认知加工逐步形成的，是主客观互动的结果。（王寅，2005）由此推断，作为词汇系统中的一个小类，义类词素缺省用品词功用种差的优先编码也与这种信息加工处理模式有关。

3.1 功用种差优先编码的现实基础

体验主义认知观勾勒出了人类语言与客观世界之间的关联模式，认为有认知中介参与其中，但追本溯源，客观现实世界乃是认知加工、概念形成和语符建构等系列智性活动得以开展的重要基础。义类词素缺省用品词功用种差的优先编码也是客观世界中具体事物情状特征的现实反映。因为所有用品都由人工制成，具有一定的功能用途，合目的性和合效用性是该类物品的本质特征。关于用品的现实功用问题，我国古代先哲已有精彩论述，如《易·系辞上》称“备物致用，立成器，以为天下利”，意指根据器物的结构原理加以利用，创造出人造的器具而利于天下民众，其中的“备物致用”便是对各类用品本质特征的准确概括，意为一切人造用品都以其功能和效用为最大价值和最终目的。而亚里士多德“四因说”中的“目的因”和Pustejovsky(1995)特质角色(qualia roles)分析中的“功能角色”也都道出了同样的思想。因为人类有别于其他动物的重要标志之一就是会制造工具进行劳动，而工具发明创制的根本目的就在于为人类所用，以减轻劳动负担，提高生存能力。因此，功用性便成为各类工具最重要的本质属性，也是各类工具的价值之所在。由此可见，各类用品因人工研制而具有一定的功能用途已经成为一种客观现实，这种客观现实对相关用品的认知加工和符号建构具有决定性的影响，其建构过程中的“功用优先”由此而生。

3.2 功用种差优先编码的认知理据

对于义类词素缺省用品词来说，其功用种差优先编码的理据动因主要体现在转喻造词方面。上述分析显示，所有义类词素缺省用品词的种差选择都具有排他性，即统一诉诸功用性种差成分，而无法置换为其他性质的种差成分，其中蕴含着转喻造词认知加工机制。基本认知理据是：“功用⟷人造用品”之间具有较强认知连通性，且功用性概念语义在人造用品认知域中具有凸显地位，认知连通性和认知凸显性赋予功用性种差成分可以代表其依存实体的身份资质。于是，“披肩、绑腿、拂尘、肚兜、耳塞、开关、尿不湿、随身听”等词条都可以转指具有相应功用特点的具体用品。与之相反，形状和质料等种差成分皆非其关联用品的本质属性，二者不具有直接认知连通性，因此未能获得代表其关联实体的身份资质。这是所有义类词素缺省用品词统一采用功用性种差编码方式的原因之所在。需要注意的是，由于转喻造词毕竟不是一种逻辑表达，而是一种经验表达，出于不同的经验体会、认知视角和造词动机，同样的所指对象可能会生发出不同的能指符号，致使同一事物的表达出现过度词汇化现象。上述分析的挠痒工具的命名就集中体现了这一特点。其中“抠痒刨”和“痒痒挠”偏重概念性，是对具体实物功用的直接说明，语义表达较为显豁；而“不求人”“孝顺子”和“老头乐”则偏重修辞性，是对具体实物功用的间接描写，语义表达较为隐晦。概念性表达与修辞性表达并存，致使挠痒工具的命名出现多样杂陈现象。这种过度词汇化现象折射出的正是人类认识活动的能动性和创造性，以及造词过程的复杂性。因为，“词也并不是浮现在感觉面前的某个事物的等价品，而是语言创造力量在发明词语的某个特定时刻对这个事物的理解”(洪堡特，1997)。研究发现，对于复合型三音节义类词素缺省用品词来说，因其音节加长，容量增大，转喻造词过程中除了更为形象地展现出相关用品的功用特点外，还携带着特定的主观表达意图。尤其是商业性用品词，其转喻造词过程就是一种商业宣传过程。诸如“尿不湿”“随身听”“千斤顶”之类的商业用品词，词义编码具有描写性和断言性特点，旨在通过特殊命名突出其最大商用价值，以获得良好的广告宣传效应。这种义类词素缺省用品词可以说是一种商业广告宣传词，内蕴一定的商业营销动机。

4. 义类词素缺省用品词的释义问题

4.1　释义体例问题

如上所述，义类词素缺省用品词词义编码结构中所缺省的上位义类词素在词义解码结构层面还需要还原归位，形成“功用性种差+类词语”释义结构模式。因此，考察辞书中相关词条的释义问题，可以从这两个要素入手。就词条释义中的“功用性种差”来说，谭景春（2012）认为，《现汉》的修订特别注意到用品词释义中用途义和目的义的增补，因为在用品词的构成要素中，“用途”最重要，不可或缺。而义类词素缺省用品词的编码形式本身就是对相关用品的功能描述，释义时一般只要将其编码形式解码还原即可，如“护腕”之类的“护 X”词条的功用性种差要素就是“保护 X”。但考察发现，《现汉》中仍有部分义类词素缺省用品词的释义或未能严格执行相关标准，或在执行时出现偏差。例如：

【披肩】名 ❶披在肩上的服饰。❷妇女披在上身的一种无袖短外衣。（《现汉》）

【摆设】（~儿）名 摆设的东西（多指供欣赏的艺术品）。（《现汉》）

词条“披肩”的编码呈现的是相关用品的使用特点，而不是功用特点，因此在释义时还需要补出其“功用性种差”，但《现汉》未能严格执行“功用至上”的释义原则，只给出了“披在肩上”和“披在上身”的使用特点说明，“用于遮挡风尘或装饰美化”之类的功能性特点未见其详。而词条“摆设”则有循环释义之嫌，释义中的“功用性种差”与被释词条简单重复，也违背了“以长释短”释义原则。（谭景春，2015）建议将释义中的功用性种差“摆设”扩展为“摆放陈列在大厅、书房之类的地方”，以方便读者认识、理解。

至于释义中“类词语”的选用问题，由于在义类词素缺省用品词编码过程中义类成分统一阙如，需要在解码过程中予以增补，但《现汉》在增补过程中也出现了部分释义用词乱用现象。例如：

【手套】名 套在手上的物品。（《现汉》）

【护腕】名 保护腕关节的用品。（《现汉》）

【枕头】名 躺着的时候，垫在头下使头略高的东西。（《现汉》）

上述三个词条都是人造用品类名词，原本可以统一用“用品”作为它们共用类词语，但《现汉》分别冠以“物品”“用品”和“东西”，显得释义用词随意，执行标准不一，影响了辞书编纂和使用的规范性和准确性。

4.2 “草根性”用品词的入典问题

关于“草根性”用品词的入典，也是我们需要关注的问题。所谓“草根性”用品词，是指具有民俗词源特点、表意间接曲折、依凭感性经验得以建构的一系列用品词，复合型三音节义类词素缺省用品词是其典型代表。上述在考察分析相关用品词时我们已经发现，百度百科和《现汉》两种平台的收词释义情况不尽相同。其中百度百科收词更为全面，释义更为通俗。当然，这种差异主要是源于两种平台性质有别，《现汉》是纸质专业权威辞书，经过专家论证，讲究严谨科学；而百度百科是普及性在线知识平台，杂取旁收，讲究雅俗共赏。因此，实际可比性并不是很强。但就某些词条来说，百度百科却也能给我们提供一个参照视角，可以让我们去反观《现汉》中的收词释义问题。上述提及的“不求人”和“热得快”未能进入《现汉》就是值得我们思考和讨论的问题。专业权威辞书在收词过程中需要执行一定的标准，其中词条在实际语言生活中的使用状况应该是最为重要的判断标准。就此而言，《现汉》没有收录“不求人”和“热得快”，似有收词疏漏之嫌。因为这两个“草根性”用品词所表达的对象都是极为常见的日常生活用品，在实际语言生活中已经获得了一定的流通量和知晓度，且二词还没有相应的概念性表达形式，《现汉》中未见相关词条。综合考量发现，“不求人”和“热得快”已经具备入典条件。《现汉》收词疏漏启示我们，辞书收词应该以实际语言生活中的使用状况为标准，“从词语的重要性、常用性和收词的系统性和平衡性方面考虑”（韩敬体，2006），而不应该拘泥于相关词条的出身来历，重“雅”轻“俗”。

◎参考文献

[1]符淮青：《名物词的释义》，载《辞书研究》1982年第3期。

[2]符淮青:《“词义成分—模式”分析(表名物的词)》,载《汉语学习》1997年第1期。

[3]韩敬体:《增新删旧,调整平衡——谈〈现代汉语词典〉第5版的收词》,载《中国语文》2006年第2期。

[4]刘叔新:《汉语描写词汇学》,商务印书馆2005年版。

[5]罗常培:《语言与文化》,北京出版社2004年版。

[6]谭景春:《词典释义中的语义归纳与语法分析——谈《现代汉语词典》第6版条目修订》,载《中国语文》2012年第6期。

[7]谭景春:《谈谈词典释义的三条基本原则——以《现代汉语词典》第6版释义修订为例》,载《辞书研究》2015年第2期。

[8]肖娅曼:《OV式与汉语的一种指称性语法手段》,载《汉语学习》2007年第5期。

[9]王寅:《再论语言的体验性——认知语言学的语言体验观》,载《山东外语教学》2005年第2期。

[10]威廉·冯·洪堡特:《论人类语言结构的差异及其对人类精神发展的影响》,姚小平译,商务印书馆1997年版。

[11] Pustejovsky J. *The Generative Lexicon*. Cambridge, Mass.: The MIT Press, 1995.

对外汉语视角下汉语、印尼语方位词“上”“下”对比分析

金　鑫　黄柳柳

（湖南师范大学国际汉语文化学院/汉语国际推广研究院）

1. 引言

汉语与印尼语属于不同语系，两种语言的方位词在句法结构、语义功能方面也呈现差异。看似简单的方位词，印尼留学生在实际使用过程中却常常出现错误。通过对北京语言大学 HSK 动态作文语料库的搜索，发现印尼留学生存在如下偏误：

（1）* 外祖父住在一个小镇，那里的人都很热情。

（2）* 病人也在精神好的状态要求帮助他更快摆脱痛苦。

（3）* 在法院上看来，如果这样的案子是妻子的要求那就不关法院的事了。

（4）* 虽然在物质和教育上没有缺少过，但在家庭温暖亲情里却非常缺乏。

例（1）和（2）句是方位词“上”“下”的遗漏，例（3）句是方位词“上”的赘用，例（4）句则是方位词“上”与其他方位词“中”“里”等的误用。

汉语的“上”“下”与印尼语的“atas”（上）“bawah”（下）这两对方位词在

句法结构和语义关系方面有怎样的联系和区别，哪些因素导致印尼留学生习得汉语方位词产生偏误，本文将围绕这两个问题展开论述。

2. 汉语与印尼语方位词“上”“下”空间义用法异同比较

关于汉语方位词“上”“下”的语义研究成果较为丰富，缑瑞隆(2004)、白丽芳(2006)、蓝纯(1999)等学者对方位词“上”“下”的空间定位和隐喻用法进行了研究。

对于方位词“上”“下”的空间关系，各学者有着大同小异的分类，储泽祥(1997, 2004)运用参照物与目的物的空间关系分类来研究汉语的空间意义，即汉语方位概念一般涉及目的物和参照物，并且两种物体可以表示为三种不同的位置关系：接触关系、离析关系、包容关系。本文也采用此种方式比较和分析汉语的“上”“下”与印尼语的“atas”(上)“bawah”(下)空间意义关系的异同。国外学者在空间以及空间认知研究方面也有较多成果，如Talmy(1983)、Langacker(1987)、Lakoff 和 Turner(1989)、Lakoff(2003)。

1.1 接触关系

第一类是接触关系，目的物附着于参照物的表面，两者相接触。例：

(5) Dia tidur di (atas) sofa.
他 睡 在(上) 沙发(汉语：他睡在沙发上。)

(6) Ada bebek di permukaan danau.
有 鸭子 在 表面 湖 (汉语：鸭子在湖面上。)

(7) Ada pena di bawah buku.
有 笔 在 下 书 (汉语：书下有一支笔。)

由以上三例可以看出，印尼语在表达接触关系时，对于一些常见事物表面常常省略方位词“atas”(上)，如例(5)中的方位词“上”可隐可现，例(6)中“上”必须隐去，“湖面”这个词已经能清楚表达“鸭子只能在湖面的上表面”这一唯一的情况，并且按照常理，鸭子只可能在表面上，而不是别的方位，所以无需用方位词表达。

表接触关系的方位词“bawah”(下)可隐可现，但一般出现。如例(7)中书下有一支笔，其实是有第三方作为依托，隐含的依托方是桌子或者其他平面，这种隐含的关系在中文里也是一样的。在印尼语中，笔和书这两者不具有明确单一的放置方位，而是具有多种方位可能，放在书上或者书下、书里时，就必须要加方位词“bawah”。

刘丹青(2002)认为，壮侗语的方位词只在语义需要时使用，如果语义不需要，前置词就足以介引处所题元。壮侗语族和马来语族都属于南岛语系，具有很多相同点，名词短语按思维习惯有一种常用的方位方向时(一般是“上”方向)，就习惯隐去方位词。印尼语在表达“在+处所”时，一般不需要加方位词，可以直接用“在+事物名词”表达，如 di sungai(在河里)、di garasi(在车库)，但是有时候加上方位词，是使事物化的东西方所化，或者一个物体与参照物有很多种空间位置的可能时，专门强调它的位置以做区别，如 di atas buku(在书本上)、di dalam kamar(在房间里)。中文里双参照关系的“地上”和“地下”、“天花板上”和“天花板下”在印尼语中也省略，如 di lantai(在地上)、di langit-langit(在天花板上)。

接触关系在印尼语中处于最普遍最一般的单一方位时，一般省略方位词，听话者能根据自己的思维判断出所表达的具体方位。如果有多种方位关系，需要加上方位词，说得越具体越好。

1.2 离析关系

第二类是离析关系，目的物在参照物以外的某个空间，两者不相接触。例：

(8) Dia meloncat ke atas pelana.
他 跳 向 上 马鞍 (汉语：他跳上马鞍。)

(9) Ada barang-barang di bawah meja.
有 东西 在 下 桌子(汉语：桌子下堆有杂物。)

(10) Dia suka duduk di bawah pohon.
　　她 喜欢 坐 在 下 树 (汉语:她喜欢坐在树下。)

无论是“atas”(上)还是“bawah”(下),在印尼语中表示离析关系时,都必须出现方位词“atas”(上)、“bawah”(下)。这种方位词的必现是区分语义的必要成分,如果不加方位词,就会造成误解,如例(9)中不加方位词,句义就会更接近上面说的接触关系和最常出现的方位情况。若省略了方位词,例(9)中的“di meja”按印尼人最普遍的思维习惯理解成“有东西在桌子上”,例(10)中的垂下关系如果不加方位词,则变成接触关系的“她喜欢坐在树上”。

1.3 容入关系

第三类是容入关系,目的物被包容在参照物内部。例:

(11) Ada noda hitem di tembok.
　　有 点 黑 在 墙 (汉语:墙上有黑点。)

(12) Aku membaca buku di kereta api.
　　我 看 书 在 火车 (汉语:我在火车上看书。)

(13) Kamar di lantai bawah.
　　房间 在 层 下 (汉语:楼下的房间。)

(14) Kota ini ada banyak gudang bawah tanah.
　　城市 这 有 许多 仓库 下 地 (汉语:这座城市有很多地下仓库。)

从以上例句可以看出,“atas”(上)在表示容入关系时,必须省略方位词,若是加上方位词“atas”,就会造成歧义,变成“整个墙体的上方”和“整个火车的上顶端”。而“bawah”(下)在表示容入关系时必须有方位词来区分语义。

由此可以总结出,印尼语方位词“atas”(上)、“bawah”(下)在表示接触、离析、容入三种空间关系时，与汉语方位词“上”“下”的差异，其使用情况见表 1。

表 1 汉语、印尼语方位词“上”“下”的隐现对照表

	上	atas	下	bawah
接触关系	+	+/−	+	+/−
离析关系	+	+	+	+
容入关系	+/−	−	+	+

由表 1 可看出，印尼语方位词“atas”(上)只表示接触和离析两种关系，并且表示接触时，多数靠名词短语的语义和思维习惯中的方位可能来选择隐现，但习惯上隐去。“bawah”(下)则可以表示接触、离析、容入三种关系，虽然表示接触关系时可隐可现，但大多数时候出现。

通过比较，两种语言在表达空间方位时，因为思维习惯和表达习惯的不同，主要在接触关系和容入关系时有隐现的差异，使得印尼学生在使用时容易出现汉语方位词的遗漏偏误。

3. 汉语与印尼语方位词“上”“下”隐喻用法的异同比较

“上”“下”是隐喻映射范围较广的一对方位词，已有不少学者对中日、中英或者汉语方位词从认知语言学和语言类型学方面进行过研究，但从汉语、印尼语隐喻认知的角度分析方位词的异同点的成果还较为少见。

3.1 汉语与印尼语“上”“下”相同的隐喻用法

由于人类对空间的认知和表达在有些方面是相通的，因此，汉语和印尼语除了“上”“下”在表达空间意义时有很多相似之处以外，在表达这两个方位词所拓展出的隐喻义时，也有一些相同之处。

3.1.1 数量隐喻的相同用法

两种语言的方位词都能隐喻数量的变化，数量较多者为上，数量较少者为下。隐喻不仅是一种语言现象，还是人类将某一领域的经验用来说明或理解另一类领域的经验的一种认知活动。“上”“下”方位词随着两种语言历史的发展，都由其纯空间基本词义拓展出了丰富的隐喻义，因此，“上”“下”方位隐喻也有其认知经验基础。以数量为目标域的认知经验基础是，当人们往容器里添水时，水面就会上升；反之倒出水时，水面就会下降。例如，30%以上(30% ke atas)、三岁以下(di bawah umur 3 tahun)，由对译可以看出，印尼语中数量多的用 atas，数量少的用 bawah。

3.1.2 表社会地位隐喻的相同用法

社会地位较高为上，社会地位较低为下。社会地位高的人或事一般放于较高位置，反之，社会地位低的人或事被放在较低的位置。例如，汉语和印尼语在表达社会地位时分别用词：上级领导(pimpinan atasan)、下级干部(kader bawahan)、报告上级(melapor ke atasan)、下级组织(organisasi bawahan)。可以看出，两种语言在表达社会地位高时会使用“上”和“atas”，表达社会地位低时用“下”和“bawah”。

3.2 汉语与印尼语方位词“上”“下”不同的隐喻用法

汉语、印尼语中的“上”“下”方位词隐喻存在许多共同点，但由于不同民族认知世界的侧重点和文化价值取向存在差异，所以它们的隐喻用法也不尽相同。

3.2.1 汉语方位词“上”“下”特有的隐喻用法

3.2.1.1 表示状态、品质等级的隐喻

汉语中品质好、等级高的通常被看作“上”，品质差、等级低的通常被看作“下”。中国人日常生活中常把好的事情、状态、品质与“上”联系在一

起，把不好的、消极的事情、状态，差的品质与“下”相联系。一般认为，“上”“下”方位概念是与太阳的上升、下降有关，太阳上升带来光明和希望，太阳下山带来黑暗。人在状态好的时候挺胸抬头、身体直立，状态不好时卧病在床。

汉语、印尼语方位词“上”“下”表状态、品质等级的隐喻用法，见表2。

表2　汉语、印尼语方位词“上”“下”表状态、品质的隐喻用法比较

汉语	印尼语
上等料子	bahan bermutu **tinggi**
水平低下	Taraf rendah
上乘	Bermutu **ungggul**

由表2中对译可以看出，印尼语中表示品质等级上、下的词汇中，用“unggul”(优质)、“tinggi”(高)、“satu”(一等)来体现上等品质的意思，印尼语的“上”“下”似乎并没有包含有关品质上、下等的隐喻义。

3.2.1.2　表示时间的隐喻

空间概念和时间概念联系密切，反映在日常语言中，用来表示时间概念的模式在本质上都是空间的。汉语中把时间看作垂直直线运动事物，原本用于表达空间位置高低的“上”和“下”也用来表达时间关系，时间较早为“上”，较晚为“下”；“上”为先，“下”为后。中国人将可预见的将来的事件用“下”表示，如“当下”“下个月”“下一个问题”；而对于过去的事件则用“上”表示，如“上个月”“上个世纪”。从这里可以看出，中国人重视过去、敬仰经验和年龄，把过去放在较高的空间位置。这一定程度上与中华文明一脉相承有很大关系，中国人对历史和先辈的尊重体现在生活的方方面面。

汉语、印尼语方位词“上”“下”表时间的隐喻用法，见表3。

表3　汉语、印尼语方位词“上”“下”表时间隐喻用法比较

汉语	印尼语
上世纪	abad lalu
下世纪	abad berikutnya
上个月	bulan lalu
下个月	bulan depan
上一年	tahun lalu
下一年	tahun depan

印尼语中把时间看作水平流动的而非垂直型模式。由对译可以看到，印尼语中的时间词汇并没有出现“atas”（上）和“bawah”（下），“上”的时间表述为“lalu”（过去的），即“后方，后面”的意思，“上世纪”“上个月”“上一年”都是指过去的世纪、过去的那个月、过去的那一年；而“下周”“下个月”“下一年”则用“depan”（将来的），即“前面、前方”的意思，来表述将来要到来的时间。印尼语表述时间喜欢用序数词和“过去的”和“将来的”来体现。将来在“前”、过去在“后”的认知基础能在人类的空间体验中找到依据，早出发的人在前面，晚出发的人在后面，所以“前”与“早”相联系，“后”与“晚”相联系。

3.2.1.3　抽象空间的隐喻

方位词“上”一般用于表示具体的空间方位，同时由于隐喻机制的作用，将具体的方位投射到表示抽象的空间、范围等方面，主要有两类：一是“上”用在名词后面，表示范围；二是“上”用在名词后，表示抽象的空间。

汉语、印尼语方位词“上”表抽象空间隐喻用法比较，见表4。

表4　汉语、印尼语方位词“上”表抽象空间隐喻用法比较

汉语	印尼语
范围类：在原则问题上	mengenai masalah prinsip

续表

汉语	印尼语
理论上	di **bidang** teori
政治上	di **bidang** politik
抽象空间：在心上	di **dalam** hati
实际上	**dalam** kenyataannya
社会上	**dalam** masyarakat
世界上	**dalam** dunia

从表4的对译中可以看出，汉语用“上”来表示抽象空间，而在印尼语中并没有使用“atas”，而是运用方位词“里”(dalam)来表示。

汉语中“下”在表达抽象范围概念时，无法单独附着在抽象名词后，要与“在”组成介宾结构，且大多表示“情况”“条件”，如“在……前提下”“在……指导下”，有依从、遵从的意思，这种时候所处的地位一般较低，所以用“下”表示隐喻。

汉语、印尼语方位词“下”表抽象概念隐喻用法比较，见表5。

表5　汉语、印尼语方位词“下”表抽象概念隐喻用法比较

汉语	印尼语
在正式场合下	dalam acara acara resmi
在艰苦的环境下	dalam keadaan yg sukar
在友好的气氛下	dalam suasana yg bersahabat
在……指导下	di bimbing oleh...
在友好的前提下	di bawah premis ramah
用作动态：下结论	menarik kesimpulan
下作料	memasukkan bumbu
下命令	memberi perintah
下定义	memberi definisi

从表5的对译中可以看出，在印尼语中，在抽象名词里，方位词“下”多数用方位词“里”(dalam)来表示，只有“di bawah premis”(在……前提下)出现了方位词“下”(bawah)，而作为动词时的“下”也有相应的词语，如“menarik”(做出)、“memasukkan”(放入)、“memberi”(给出)来表示汉语中“下”的意思，并没有直接使用“bawah”(下)。

3.2.2 印尼语方位词“上”“下”特有的隐喻义

在印尼语中，通过翻阅词典《印尼语大词典》(*Kamus Besar Bahasa Indonesia*)，我们看到，“atas”除了本义以外，还有若干个隐喻义：

(15)[前置词] 对，对于：

jawaban atas pertanyaan pers.

回答 上 问题 记者 (汉语：答记者问。)

(16)[前置词] 按照，根据：

atas nasihat dokter.

上 嘱咐 医生 (汉语：根据医生的嘱咐/遵医嘱。)

(17)[前置词] 由于，因为：

atas usaha bersama kita mencapai sukses.

上 努力 一起 我们 获得 成功 (汉语：由于共同努力，我们获得了成功。)

(18)介词，和某些动词搭配：dibagi atas... (汉语：分成……)，terdiri atas... (汉语：由……组成。)

(19)以……名义，代表：

Atas nama wali kota ia menyerahkan piala kpd kesebelasan A.

上 名义 市长 他 交给 奖杯 给 甲队

(汉语：他代表市长把奖杯授予甲队。)

特别要说明的是，例(16)(17)中印尼语“atas”(上)表示“根据”和“因为”时，只能用于褒义或中性的因素，比如“usaha”(努力)、“dorongan”

(鼓励)、“bantuan”(帮助)，并且导致了好的结果，而非坏的后果。

从以上隐喻义中可以看出，例(16)(17)中印尼语“atas”(上)表示“根据”和“因为”时，例(16)中的“根据医生的嘱托”在汉语中可以说成“在医生的嘱托下”，例(17)中“由于共同努力”在汉语中可以说成“在大家的共同努力下”。这样看来，“atas”(上)的这两种语义，就与汉语中“在……下”的语义重合了，只不过一个是用“上”来表达，一个是用“下”来表达，这两个对立的方位概念在不同的语言中表示相同的意义。

通过比较，我们发现汉语和印尼语的方位词“上”(atas)、“下(bawah)”在隐喻用法上存在差异，在隐喻品质、时间、抽象概念时有所不同，在表示抽象空间时也有明显差异，印尼语常省略方位词或使用别的方位词替代，这种差异容易造成印尼学习者在使用汉语方位词时产生方位词的混淆、赘用和遗漏偏误。

4. 方位词的差异对印尼留学生方位词习得的影响及教学对策

对比了两种语言方位词的差异之后，我们更容易找到偏误原因，同时可以提出相应的教学对策。

4.1 空间义使用的偏误

例(1)中方位词的遗漏，“住在一个小镇”应该改为“住在一个小镇上”。汉语中，名词加上后缀“上”所构成的处所词组，也常作存现句的主语；名词“小镇”与后缀方位词“上”构成处所词组，汉语中此结构需要加方位词来使名词处所化。

而印尼语在表达“在+处所”时，一般不需要加方位词，可以直接用“在+事物名词”表达，特别是按照思维习惯只有一种方位可能时，方位词通常省略。因此，印尼留学生出现方位词的遗漏是母语负迁移的影响。

在教学时应该把汉语中“介词+N/NP+方位词”的结构用法解释清楚，

把汉语的这种框式结构与印尼语表达方所的“介词+(方位词)+N/NP”的结构相比较，指出二者的差别，并且告诉学生汉语中此框式结构的方位词一般具有强制性，不能省略。方位词除了结构上的说明，还有空间意义上的说明，汉语中“上”的三种空间关系里能细分出十种空间位置，印尼语中“上”的空间位置只有五种，汉语中的“墙上”“天花板上”“海平线上”“身上”“车上”这样的结构在印尼语中都不需要加方位词“上”，教学中可以采用图示法或者实物教学法，让学生直观地明白汉语还有什么情况需要加方位词，并在记忆中留下空间方位图像，这样更容易使学生形成深刻的记忆。只有把空间位置图示和使用的语法结构说清楚，才能有效地避免产生方位词遗漏的偏误。

4.2 隐喻义使用的偏误

例(2)和例(3)中主要是方位词“上”“下”隐喻义的错误。例(2)中“在精神好的状态要求”应该改为“在精神好的状态下要求”；例(3)中“在法院上看来”应该改为“在法院看来”，都是与汉语中表示抽象范围或空间的隐喻有关。学生会将已学的知识进行总结，将所总结的规则运用到实际使用中，这些规则的错误导致在表达隐喻义时方位词遗漏或赘用的偏误。所以目的语规则泛化是产生此类偏误的原因。

方位词在语言发展的进程中不断衍生出的隐喻义受各地的文化内涵不同和认知角度不同而表现出差异性，在教学中可以结合中国的传统文化，适当讲解词语的文化背景，引起学生兴趣，也利于记忆。所以教学时要说清楚“名词+方位词”的固有格式是用于抽象范围或空间。

4.3 方位词的误用

例(4)中是方位词的误用偏误，“亲情里”应改为“亲情上”。此偏误多受到方位词隐喻不同的影响，“上”“下”方位词的使用多与“里”“中”等方位词混淆。此类表达在印尼语中都用“dalam”(里)表达，如“旅途上”印尼语为“dalam perjalanan”(旅途里)，“在友好的气氛下”印尼语为“dalam suasana yg bersahabat”(在友好气氛里)。此偏误主要是受母语负迁移的影响，由两种语言的隐喻认知角度不同造成的。

教学时可以先通过例句让学生思考“上”和“里”空间区域的区别，然后解释，在汉语中，两者的差别主要是“面”和“体”的差别，“上”主要指开放的空间与平面，“里”主要指封闭的容器与空间；“上”倾向于抽象类与平面义的事物，“里”倾向于具体空间方所与相关容器类的隐喻用法。强化汉语中“上”的使用条件，从具体空间概念出发逐步延伸到心理空间，让学生更好地掌握“上”用于抽象范围时的用法。

5. 结论

汉语和印尼语属于不同语系，受到认知以及词语选用差异的影响，方位词“上”“下”在空间义、隐喻义上都有所不同。印尼学生在使用汉语方位词“上”“下”时，受到母语负迁移和目的语规则泛化以及文化因素负迁移等方面的影响，会出现各种偏误。根据两种语言的异同找到偏误原因，归纳总结教学对策，在教学时介绍两者的共同点，区别两者的不同点，结合文化，融入固定的“介词+名词+方位词”结构教学，帮助学生理解和运用所学知识。

◎参考文献

[1]白丽芳:《“名词+上/下”语义结构的对称与不对称性》，载《语言教学与研究》2006年第4期。
[2]储泽祥:《现代汉语方所系统研究》，华中师范大学出版社1997年版。
[3]储泽祥:《汉语“在+方位短语”里方位词的隐现机制》，载《中国语文》2004年第2期。
[4]缑瑞隆:《方位词“上”“下”的语义认知基础与对外汉语教学》，载《语言文字应用》2004年第4期。
[5]韩玉强，刘宾:《汉语空间隐喻时间中的“前”、“后”认知》，载《修辞

学习》2007 年第 4 期。
[6]蓝纯:《从认知角度看汉语的空间隐喻》,载《外语教学与研究》1999 年第 4 期。
[7]刘丹青:《汉藏语言的若干语序类型学课题》,载《民族语文》2002 年第 5 期。
[8]区淑仪:《从认知角度对比汉语“在 NV 下”与马来语表原因义的“atas”(“上”)之来源》,载《国际汉语学报》2013 年第 5 期。
[9]吴玲娟,许婺:《英汉“上/下”方位隐喻的认知文化对比分析》,载《甘肃联合大学学报(社会科学版)》2007 年第 3 期。
[10]叶舒雅:《汉语介词短语“在+处所”与印尼语相关表述的比较研究》,浙江师范大学硕士学位论文,2011 年。
[11]赵艳芳:《语言的隐喻认知结构》,载《外语教学与研究》1995 年第 3 期。
[12]北京大学印度尼西亚语—汉语词典编写组:《印度尼西亚语—汉语大词典》,北京大学出版社 2002 年版。
[13]Lakoff G, Johnson M. *Metaphors We Live By*. University of Chicago Press 2003: 15-21.
[14]Lakoff, Turner. *More than Cool Reason: A Field Guide to Poetic Metaphor*. University of Chicago Press, 1989.
[15]Langacker R. W. *Foundations of Cognitive Grammar (Vol. 1): Theoretical Prerequisites*. Stanford University Press, 1987: 208-213.
[16] Talmy Leonard. *How Language Structures Space*. H. L. Pick, L. P. Acredoolo(eds.). *Spatial Orientation: Theory, Research and Application*, Plenum Press, 1983: 225-232.

依附义名词的语义特征与句法现象①

寇　鑫

（山东大学文学院）

1. 引言

名词语义往往被认为是描述离散状态，表示一种静态实体。在逻辑语义中，名词往往使用一阶谓词表达，只关联一个变量。比如“牛”，作为一种属性，表示为谓词 P，具备这种属性的个体 x，可以称之为“牛”，写作 P(x)。但同时，还存在着可以关联两个变量的名词类型，Partee(1987)称之为关系名词(relational nouns)。关系名词描述了两个个体之间的关系，比如“朋友”是一种关系 Q，Q 有两个论元，表述为 x 是 y 的朋友，写作 Q(x, y)。在配价语法的理论框架内，袁毓林(1994)首次提出一价名词的概念，指出名词也具有“价”，一价名词在语义上可以隐含所表示的事物与另一事物之间的依存关系。无论是关系名词还是一价名词，它们在概念上虽然选择了不同的术语，但其外延都是一致的，表现为比较固定的语义类型：亲属名词(“母亲”)、整体—部分名词(“头”)和属性名词(“性格”)。此外，袁毓林(1994)还从句法角度对一价名词的特点进行了挖掘，从而使这一概

① 本研究得到山东省社会科学规划研究项目“汉语定语小句与中心语语义类型的互动关系研究”(20DYYJ05)和山东大学基本科研业务费专项资金“汉语定语小句的语义类型和篇章功能研究”资助。

念不再局限于一种语义类型，而是具有语法价值的句法特征。比如，一价名词作中心语的“的”字领属结构中，一价名词不能省略；有一价名词出现的“的”字转指结构可以增加结构的歧义指数等。① 寇鑫、袁毓林(2017)关于现代汉语关系化类型的研究中也提到，一价名词可以触发一个领属关系句。例如：

(1)a. 面积等于45平方厘米的三角形

b. 三个边相等的三角形

c. 父母在外打工的小孩[就只能和爷爷奶奶一起生活]

该文认为例(1)a~c中的一价名词“面积”“边”“父母”分别触发了一个关系结构，使中心语和关系小句之间取得了语义联系。但在实际语料中我们也发现了一些非一价名词形成的关系结构：这些名词也可以作为小句主语，通过领属关系与中心语建立句法、语义联系。例如：

(2)a. 家具破旧的房间 → 这个房间的家具[非常]破旧。

b. 西装笔挺的中年人 → 那些中年人的西装[是]笔挺[的]。

例(2)a、b中的“家具”“西装”并非一价名词，但同样可以形成一个合格的领属关系句。这一点沈家煊(1999)和寇鑫、袁毓林(2017)也有所提及，认为是认知框架的激活机制所导致的，比如数量结构就可以进入领属关系小句中充当主语。但“家具”与“西装”怎样与“房间”和“中年人”取得认知激活上的联系，则没有更详细的讨论。张伯江(2018)，王倩倩、张伯江(2020)进行了更加广泛概括性的研究，认为定语小句(VP的NP)结构是一种语义上松散的并置关系。这一结论可以解释“家具”“西装”等非一价名词进入领属关系句的现象，但领有者关系化并不是完全自由的，很多“的”

① “一价名词”这一概念的解读存在不同意见。比如：王伟超(2020)提出一价名词的句法表现可能并不是受限于一价名词的语义特征，而是与语境条件和认知规律有关，认为不可让渡和可凸显性是一价名词的实质。本文不对一价名词这个概念本身进行修正。

字领属结构在关系化时会受到限制，并不是任何名词都可以进入领属关系句充当主语。例如：

(3) a. 那个人的水杯很漂亮。→ *水杯(很)漂亮的人
b. 那位女士的女儿很不听话。→ *女儿(很)不听话的那位女士

例(3)a中反映出汉语领属关系句的形成的确受到一定限制，而例(3)b中一价名词“女儿”构成的领属关系句并不合法，进一步说明了领有者关系化的合格性限制条件并非一价名词。因此，本文以此为契机，首先讨论领属关系结构“$N_{属}$+Adj+的+$N_{领}$”的合法条件，并据此提出不同于一价名词的新的名词语义类——“依附义名词”。

2. 领属关系结构“$N_{属}$+Adj+的+$N_{领}$”的语义条件

能够实现领有者关系化的名词具有一些语义上的特点，依据这些特点，我们可以将名词分为三类。

首先，“$N_{属}$+Adj+的+$N_{领}$”结构要求$N_{属}$具有[+无生]的特征。当$N_{属}$为有生名词时，“$N_{属}$+Adj+的+$N_{领}$”结构无法成立。例如：

(4) a. 表姐的宠物很听话。→ *宠物听话的表姐/人
b. 王老师的学生很努力。→ *学生努力的王老师/人
c. 这部电影的导演很有名。→ ? 导演有名的电影

在被领有者为有生实体的领属关系中，无论这种关系是“属于”(例(4)a)、“社会关系”(例(4)b)，还是“角色关系(隐含施事关系)”(例(4)c)，被领有者均不能出现在关系小句的主语位置。通常情况下，例(4)b、c中的“学生”和“导演”会被视为一价名词，它们可以为另一个名词提供论元空位，却不能如“整体—部分”“主体—属性”一价名词一样，形成合格的关系结构。此外，虽然例(1)中提到的亲属关系名词可以实现为领属关系小句，

但由于该结构中被领有者为“人”，因此也非常受限，如例(3)b。我们发现：除了一价名词“父母”可以作为领属关系小句的主语出现外，由亲属名词所激活的关系小句自然度普遍较低。例如：

(5)a.？妈妈聪明的孩子

b.？爸爸富有的人

c. ＊妹妹漂亮的男孩儿

d. ＊儿子不听话的父母

无论是例(4)a中的非一价名词被领有者，还是例(4)b、c和例(5)中的一价名词被领有者，凡是具有有生特征的被领有者，均不能实现关系化。故综合以上讨论可以发现，$N_{属}$的无生性是领属关系结构的一项语义限制条件。

除了带有生特征的$N_{属}$不能进入领属关系小句外，一些具有领属关系的无生$N_{属}$也不能进入这一格式。例如：

(6)a.？说明书详尽的机器

b. 商标模糊的机器

(7)a.？抽屉实用的书桌

b. 油漆斑驳的书桌

(8)a.？海报精美的图书

b. 腰封精美的图书

从可让渡/不可让渡关系或领属双方密切程度来看，例(6)(7)(8)中的a、b两组都没有明显差异。例(6)中“说明书”和“商标”对于机器来说均不可让渡；例(7)中“抽屉”和“油漆”都是“书桌”的一部分；例(8)中“海报”和“腰封”则都类似一价名词，在语义上是不自足的，需要依存于“图书”。但这三组例子中，b例在句法合格性上要明显优于a例。通过更为细致的分析可以发现，b例与a例的区别在于：b例中$N_{属}$与$N_{领}$之间的空间距离相对更近，即$N_{属}$是附着于$N_{领}$之上的，并且在一定时间段内不会

与 $N_{领}$ 分离，也即当 $N_{属}$ 与 $N_{领}$ 之间构成空间上相对稳定的附着关系时，才有可能生成更加自然的领属关系结构。这一点在例(9)a～c 和例(10)a～c 的对比中体现得更加明显。

(9)a. 外套一尘不染的中年人

b. 衣服整洁的小学生

c. 妆容精美的妇人

(10)a.? 办公桌一尘不染的中年人

b.? 床铺整洁的小学生

c.? 钱包精美的妇人

例(9)(10)中，$N_{属}$ 均不是典型的一价名词，且与 $N_{领}$ 之间为可让渡的领属关系。但由于例(10)中的 $N_{属}$ 与中心语“人”之间存在着空间距离，无法形成稳固的附着义。可见 $N_{属}$ 能否附着于 $N_{领}$ 是领属关系小句是否合法的重要语义条件。由此我们发现，在合格的领属关系小句结构中，$N_{属}$ 和 $N_{领}$ 之间的关系并不像 Taylor(1989)定义的典型领属关系那样，具有控制和占有的特征，也不以密切程度作为依据，如例(6)中的“说明书、商标”和“机器”。例(9)b、(10)b 中的“衣服”“床铺”和“小学生”，在领属关系的密切程度上都没有明显差异。但 $N_{属}$ 和 $N_{领}$ 间的附着义，则显示了领属关系结构中 $N_{属}$ 和 $N_{领}$ 通常具有“处所”关系，而非简单的“属于”关系。此外，通过对实例中领属关系结构的观察可以发现，表“主体-处所”的例句所占比例较大，在我们搜集的 98 例领属关系小句(谓词为形容词)实例中，中心语为处所名词的情况接近半数(42/98，42.86%)。例如：

(11)a. 植物茂盛的山丘

b. 地板光亮的大堂

c. 家具考究的屋子

除此之外，我们认为，一价名词中的“整体-部分”名词实际上也表现为附着关系。由于“部分类”名词通常是主体不可分割的一部分，因此其与整体间具有很强的附着性，这种附着义也许是“整体-部分”一价名词能够构成领属关系句的主要原因。

除有生义和附着义外，领属关系结构的自然度还受 $N_{属}$ 的其他语义因素制约。对比以下各例：

(12)a.? 松树苍劲挺拔的山丘 vs 树木苍劲挺拔的山丘

b.? 上衣整洁的学生 vs 衣着整洁的学生

c.? 衣柜考究的房间 vs 家具考究的房间

例(12)a~c 同组中各例均可与其中心语构成附着关系，但“松树”“上衣”“衣柜”作为 $N_{属}$ 的合格性和自然度都较低，而“树木”“衣着”“家具”的合格度明显更高。其中，“树木”“衣着”“家具”可视为“松树”“上衣”“衣柜”的上位范畴，而后者则属于生活中的基本范畴。通常认为，与基本范畴名词相比，描述上位范畴的名词更具抽象性特征。Joosten(2010)认为，说话人采用上位范畴名词时，意在降低个体成员的突显程度，着重表达成员间抽象出来的相似属性，因此往往是一种非特指(non-specific)的用法。所以对上位范畴名词的使用实际上是关注属性多于关注实体。而作为基本范畴出现的事物通常具有更高的个体性，可见所指明确、个体性强的成分较难进入领属关系小句，而描写属性的成分则可以得到这一结构的允准。

通过上述讨论可以得知，无生性、抽象性和附着性是生成合格领属关系结构的语义条件，只有具备其中一种语义属性的名词，才能够进入领属关系句。其中，无生性和抽象性是名词显著性的两个衡量标准(Givón(1976:152)、Hopper & Thompson(1980)、Deane(1987)、胡建华(2010)、Korzen(2015))，具有[+无生]和[+抽象]特征的名词往往属于低显著度的名词。

但带有附着特征的名词并不都是低显著性的名词。如例(6)~例(9)中的“商标”“油漆”“腰封”“外套”等，以及大多数“整体-部分”一价名词，都指向特定实体。这些能够与中心语建立稳固的“处所-主体”关系的名词，得益于附着义与中心语产生语义依存关系，从而形成领属关系结构。这是由附着义的特殊语言学意义形成的。Fox(1981)通过跨语言的研究发现，

“整体-部分”关系的实质是“邻近/接触”关系(contiguous)，而非“不可分离/不可让渡”等关系。这一点在句法上表现为传统中认为以“整体-部分”作为语义基础的句法结构，同样适用于可让渡但具有邻近/接触关系的“领属物-领有者”。可见，具有邻近/接触关系的领有者和被领有者很容易被感知为“整体-部分”关系，即使被领有者本身的词义是自足的。可见，空间位置上附着于某个主体的事物通常与主体具有紧密的依附关系，附着概念和“整体-部分”概念息息相关，因此附着物也常常用于陈述所附着主体的某方面特征。

从以上的分析中可以得出以下两点。第一，低显著性和附着性两对概念互相交织，共同对领属关系结构产生限制作用，当名词的附着性强时(比如不可让渡的一价名词)，对于名词的抽象性要求不高，名词可以是定指的确定个体；当名词的附着性较差时(可让渡、可分离，比如例(12)中的“松树”“上衣”“衣柜”)，名词同时需要提高抽象性(变为上位范畴的名词)，才能使整个结构更加合法。

第二，低显著性和附着性是两对不同的语义概念，它们描述了领有者和被领有者之间的不同关系。前者表现出被领有者在内涵上对领有者的依存，即说话人需要通过实体来理解和感知被领有者所表达的概念；后者则是通过空间距离上的依存关系来建立被领有者和其领有者的依存关系。但两者均表现出了被领有者对领有者的依附，具有抽象性和附着性的被领有者缺乏突出且独立的识别性，需要依靠其领有者才能被人感知。基于低显著性 $N_{属}$ 和附着性 $N_{属}$ 的这种共同点，我们将其统称为“依附义”名词。

带有依附义的 $N_{属}$ 能够进入领属关系小句也是由关系小句的基本功能导致的。由于这类被领有者紧密依附于领有者，因此它们常常可以作为领有者的属性特征对其进行描写或限定，这种功能正契合了关系小句的基本功能：刻画属性(characterizing)和识别个体(identification)(Fox & Thompson 1990)。领属关系小句需要对中心语的某个方面进行描述，为听话人提供中心语实体的属性和特征，那么能够进入关系小句的内容必然是说话人认为能够反映其属性、特征的方面。因此依附义 $N_{属}$ 更容易构成“$N_{属}$ +Adj+

的+$N_{领}$”的领属关系结构。

从领属关系结构的语义限制条件中，我们总结出了“依附义名词”。这类名词的语义结构不像一价名词或关系名词(relational nouns)一样强制包含对另一个名词成分的依存。大部分依附义名词在词汇意义上是自足与饱和的，比如“衣着”“树木”“家具”等；但另一方面，它们在语义上依赖其领有者，由于它们和领有者之间通过词义或语境建立了比较亲密的领有关系，使这类名词可以用于描述其领有者某个方面的固定特征。因此依附义并不包含典型一价名词和关系名词中的亲属名词。亲属名词虽然强制性地与某一主体相关联，但亲属很难用于描述主体的某一方面特性，在语义或语境中极易被识别为个体名词，因此不是依附义名词。依附义实际上是一个混合了词汇意义(抽象性名词、整体-部分名词)、语境意义(临时建立的附着义)的名词语义类，其在句法上的典型分布是“$N_{属}$+Adj+的+$N_{领}$”结构的$N_{属}$位置。但同时，这一概念并非是为这个句法结构特设的语义类，它同时还可以解释汉语中多类句法现象。这一点，我们将在下节中详述。

3. 依附义$N_{属}$对领属结构的系统性影响

在上节中我们发现，被领有者的依附义是领属关系结构的语义限制条件。本节讨论名词依附义对其他类型的句法结构的影响。通过下面的讨论可以发现，附着义处所关系小句、准定语形成的关系小句、话题化结构，以及领属结构中领有者的回指可能性等都会受到$N_{属}$依附义的影响。

3.1 附着义处所关系小句

依附义名词对于其所依附的处所名词可以进行属性刻画，这使得现代汉语中出现了一类特殊的关系小句。袁毓林(1996)、彭锦维(2005)都指出，汉语中的处所成分允许充当关系小句的中心语。例如：

(13)他挂了一幅画的客厅

例(13)中，中心语“客厅”是小句谓语“挂”的处所论元，构成了处所论元关系小句。能够形成类似例(13)结构的句子，均需要满足小句谓词附着义的条件。朱德熙(1978/1999)通过句式变换的方法发现“在 $NP_{处所}$+VP”结构中存在附着义的 VP，其变换句式有“(把) $N_{受事}$ +V 在 $NP_{处所}$”和“$NP_{处所}$+V 着+$N_{受事}$”两种。只有动词具有附着意义的“NP+在 $NP_{处所}$+VP”才能构成处所论元关系小句。例如：

(14)a. 妈妈绣了花的领子

b. 老师写(满)了字的黑板

c. 同学们摆(满)了花的教室

在例(14)中，中心语和关系小句之间往往存在着附着义的联系，关系小句中的谓词必须是附着义动词。非附着义的处所结构则不允许这种关系化操作。例如：

(15)a. 我们在桌上吃了饭。→ *我们吃了饭的桌子

b. 同学们在舞台上表演了舞蹈。→ *同学们表演了舞蹈的舞台

在例(15)a、b 句中，不带有附着义的“吃”和“表演”，不能像“在黑板上写字”一样形成一个领属关系小句结构。另外，值得对比的是，寇鑫、袁毓林(2019)提到的功用义触发的处所关系小句和附着义触发的处所关系小句有着鲜明的区别。对于功用义触发的处所关系小句，小句内部往往弱化时体特征，只有反复发生的惯常性意义。而附着义触发的处所关系小句则必须带有完成标记“了”，用来表示中心语已经具备小句所描述的附着性特征。并且，功用义触发的处所关系小句允许表示抽象意义的事件，即小句所描述的事件可能是并未发生的。比如商店中卖的“孩子吃饭的桌子”，可以指中心语“桌子”具备“给孩子吃饭用”的功能，但这一功能尚未得到实现。但在“老师写了字的黑板”中，“老师写字”的事件必须是实际已发生过的。功用义触发的关系小句用于描述功能性和抽象事件，附着义触发的关

系小句则用于描述已发生事件对中心语的特征的改变，尤其是视觉特征的改变，帮助听话者进行辨认。

附着义触发的处所关系小句的另一特征是VP中的宾语，也即通过附着义动词的操作后附着于处所中心语之上的“花”“字”“画”“宝石”等，都必须是不定指的。附着于中心语的名词一旦具有了定指特征，则不能进入该格式。例如：

(16) a. *妈妈绣了那朵花的领子
b. *老师写(满)了那些字的黑板
c. *同学们摆(满)了那些花的教室

可见处所关系小句结构既要求被领有者和中心语名词之间存在附着义(实现为附着义动词)，也要求被领有者必须具备低显著性的特征，通过小句中动词和名词的共同作用构建依附义，才能修饰处所论元。而实际上，处所本身也是一种领有者(Lyons，1967；Clark，1978)，因此这类处所关系句其实也可以视为广义的领属关系结构。

3.2 准定语形成的关系小句

同样使用“的”字结构表示名词间广义领属关系的还有汉语中特殊的准定语结构，比如“他的老师当得好”和“你走你的阳关道”等。后者中由于准领有者通常插入动宾结构的离合词，使准领属结构做宾语，而宾语的领有者角色很难出现在关系小句中心语位置，因此无法形成领属关系结构。而在准定语结构作主语的句式中，大部分领属成分可以实现关系化。例如：

(17) a. 老李的京戏唱得好。→京戏唱得好的人
b. 小张的篮球打得好。→篮球打得好的人
c. 老张的饭做得好吃。→饭做得好吃的人

前人研究发现，准定语结构的中心语实际上均具有无指特征，通常指领有者在某一方面的表现(沈家煊，2007；张翼，2018)。而类似结构中的

真定语，也即中心语为有指时，则不能实现为领属关系结构。例如：

(18)a. 小刘的(英语)老师当得好。→ *(那位)老师当得好的人①

b. 小刘的(这双)鞋做得好。→ *(这双)鞋做得好的人

由此可见，准定语结构中领有者能够关系化的原因就是被领有者为无指名词，个体性特征丧失，名词显著度降低，成为依附义名词，从而可以通过关系化形成领属关系结构。

3.3 领属成分的话题化

Pan 和 Hu(2008)讨论了汉语悬垂话题(dangling topics)的形成机制，认为如果述题中存在某个成分的语义空位，则会产生一个变量，如果话题所在的语义集合与述题中变量的可能选项所构成语义集合的交集为非空集，则悬垂话题可以得到允准。陆烁、潘海华(2014)聚焦于汉语悬垂话题中的一类：领属话题结构，进一步验证了"语义交集条件"。该文指出，当被领有者为语义不自足的关系名词时，领属话题可以得到允准；而被领有者为语义自足的名词时，领属话题结构不合法。例如：

(19)a. 小张，眼睛特别漂亮。

b. *小张，汽车特别漂亮。

但同时，我们发现，部分语义自足的被领有者名词也允许构成领属话题结构，做述题的主语。例如：

(20)a. 那个女人，衣着漂亮。

b. 那位诗人，日子穷困潦倒。

c. 北边的山坡，植物非常茂盛。

① 例(18)a中表示"老师"为有指的情况，即小刘有一位英语老师，这位老师当得好。

能够出现在这类结构中充当被领有者角色的名词通常是抽象名词，同样带有依附义特征。依附义名词作为主语时也可以激活一个领有者的语义集合，与话题产生非空交集，实现汉语领属话题结构的允准条件。

3.4 领有者的回指可及性

语篇中实体的回指可及性与关系化可及性遵循同一序列，许余龙(2012)发现汉语的主语领属成分允许后续句零形回指。当前句主语为领属结构“$N_{领}$的$N_{属}$”时，后续句可以采用零形回指前句的主语($N_{属}$)，也可以回指前句的主语领有格($N_{领}$)。我们发现，当被领有者具有依附义时，后续句零形回指中心语和领属者时都比较自然；但当前句领属结构中被领有者为非依附义名词时，后续句只能零形回指前句的被领有者，而不能回指主语领格。例如：

(21) a. 艾老$_i$的衣着$_j$很不讲究，$Ø_j$几乎与十几年前的款式相差无二。

b. 艾老$_i$的衣着$_j$很不讲究，$Ø_i$甚至没有一套像样的西装。

(22) a. 公爵夫人$_i$的宠物$_j$活泼可爱，$Ø_j$最喜欢卧在阳台上晒太阳。

b. *公爵夫人$_i$的宠物$_j$活泼可爱，$Ø_i$轻轻地抚摸着它$_j$。

(23) a. 屋子$_i$里的家具$_j$异常破旧，$Ø_j$像是几百年前制作的。

b. 屋子$_i$里的家具$_j$异常破旧，$Ø_i$像是几百年没有人住过一样。

(24) a. 屋子$_i$里的桌子$_j$异常破旧，$Ø_j$像是几百年前制作的。

b.? 屋子$_i$里的桌子$_j$异常破旧，$Ø_i$像是几百年没有人住过一样。

(25) a. 老三$_i$的手指$_j$被切断了，$Ø_j$直接掉入了水中。

b. 老三$_i$的手指$_j$被切断了，$Ø_i$疼得满地打滚。

(26) a. 老三$_i$的儿子$_j$被打了，$Ø_j$疼得满地打滚。

b. *老三$_i$的儿子$_j$被打了，$Ø_i$心疼得流下了眼泪。

例(21)和例(22)，例(23)和例(24)，例(25)和例(26)互成对照。例(21)中，“衣着”与“艾老”之间具有依附关系，因此例(21)a、b两组后续句的零形式指向前句主语“衣着”或前句领有成分“艾老”均可成立。但例(22)中“宠物”则不具有依附特征，因此后续句的零形回指只能指向前句主语“宠物”，而不能指向前句中的领有成分“公爵夫人”。后几组中的“家具”和“桌子”以及“手指”和“儿子”的对比也同样适用于这一解释。

Ariel(1990)提出话题所指对象往往是最突显的实体，是认知主体的当前注意中心。话题性决定该实体能否作为主语被再次提及，话题性越高，指称对象的回指可能性越大，且越倾向于简略的指称形式，若连续以零形式表征，将构成典型话题链，在认知上高度连贯。

可见空位回指和关系化一样，讨论的是句子内部成分显著性(话题性)的差异，显著性越强，关系化的可能性越强，被回指的概率也会越大。在句子中，主语位置更容易作为话题出现，只有当主语成分(被领属者)的显著性降低，而领有者的显著性较高时，才更有可能实现后者的关系化和话题化。

依附义对于领属结构的系统性影响体现在诸多包含领属成分的句法格式中，也表现在语篇空位回指的规律中。依附义可以降低被领有者的显著性，增强被领有者和领有者的依存关系，最终突显被领有者的属性意义，使领有者在句子中表现出更高的显著性，使领有者可以实现关系化或在后续小句中实现零形回指。

4. 结论

本文讨论了汉语领属关系句的限制条件。首先从“$N_{属}$+Adj+的+$N_{领}$”结构出发，发现这类关系结构要求$N_{属}$和$N_{领}$具有空间上的附着关系，或$N_{属}$具有低显著性。无论是中心语名词的附着性还是低显著性，实际上都是为加强$N_{属}$和$N_{领}$间的依存关系服务的，因此我们将这两种特征合称为“依附义”，认为具有依附义的$N_{属}$才能形成合格的“$N_{属}$+Adj+的+$N_{领}$”结构。并且，依附义名词不是为解释领属关系结构而特设的，这类名词还可以解释附着义处所关系句、准定语关系化、领属成分话题化和领属成分零形回指等与名词显著性息息相关的语言现象。

◎参考文献

[1]胡建华：《论元的分布与选择——语法中的显著性和局部性》，载《中国语文》2010 年第 1 期。

[2]寇鑫，袁毓林：《汉语定语小句的类型及其句法表现》，载《语言教学与研究》2017 年第 4 期。

[3]寇鑫，袁毓林：《功用义对关系小句结构类型和解读倾向的影响——从现代汉语工具、材料、处所成分关系化的限制条件谈起》，载《中国语文》2019 年第 6 期。

[4]陆烁，潘海华：《汉语领属话题结构的允准条件》，载《当代语言学》2014 年第 1 期。

[5]彭锦维：《浅议处所成分的关系化问题》，载《新疆大学学报》(哲学·人文社会科学版)2005 年第 2 期。

[6]沈家煊：《转指和转喻》，载《当代语言学》1999 年第 1 期。

[7]沈家煊：《也谈“他的老师当得好”及相关句式》，载《现代中国语研究》2007 年第 9 期。

[8]王倩倩，张伯江：《现代汉语“VP 的 NP”结构的非论元提取性》，载《语言教学与研究》2020 年第 4 期。

[9]王伟超：《一价名词的性质及相关句法现象再探》，载《世界汉语教学》2020 年第 1 期。

[10]许余龙：《名词短语的可及性与关系化——一项类型学视野下的英汉对比研究》，载《外语教学与研究》(外国语文双月刊)2012 年第 5 期。

[11]袁毓林：《一价名词的认知研究》，载《中国语文》1994 年第 4 期。

[12]袁毓林：《话题化及相关的语法过程》，载《中国语文》1996 年第 4 期。

[13]张伯江：《现代汉语的非论元性句法成分》，载《世界汉语教学》2018

年第 4 期。

[14]张翼:《"他的老师当得好"句式:认知语法视角》,载《外国语》2018 年第 2 期。

[15]朱德熙:《语法讲义》,商务印书馆 1982 年版。

[16]朱德熙:《"在黑板上写字"及其相关句式》,载《语言教学与研究》1981 年第 3 期,选自《朱德熙文集》(二),商务印书馆 1978、1999 年版。

[17]Mira Ariel. *Accessing Noun-phrase Antecedents*. London: Routledge, 1990.

[18]Clark Eve V.. Existential, Locative and Possessive Construction. In Joseph H. Greenberg (eds.). *Universals of Human Language*, 1978 (4): 85-126. Stanford: Stanford University Press, 1978.

[19]Deane Pual. English Possessive, Topicality, and the Silverstein Hierarchy. In *Proceedings of the Thirteenth Annual Meeting of the Berkeley Linguistics Society*, 1987: 65-76.

[20]Fox Barbara A.. Body Part Syntax: Towards a Universal Characterization. *Studies in Language*, 1981, 57(3): 323-342.

[21] Fox Barbara A., Thompson Sandra A.. A Discourse Explanation of the Grammar of Relative Clauses in English Conversation. *Language*, 1990, 66(2): 297-316.

[22]Givón Talmy. Topics, Pronoun and Grammatical Agreement. In C. N. Li (ed.), *Subject and Topic*. New York, San Francisco & London: Academic Press, 1976: 149-188.

[23] Hopper Paul J., Sandra A.. Thompson. Transitivity in Grammar and Discourse, *Language*, 1980, 56(2): 251-299.

[24]Joosten Frank. Collective Nouns, Aggregate Nouns, and Superordinates: When 'Part of' and 'Kind of' Meet. *Lingvisticœ Investigationes*, 2010, 33(1): 25-49.

[25]Korzen IØrn. Topicality and Text Pragmatic Prominence: Five Hierarchies

Regarding the Topic Suitability of Nominal Constitiuents. *Lingue E Linguaggio*, 2015, 14(1): 113-130.

[26] Lyons John. A Note on Possessive, Existential and Locative Sentences, *Foundations of Language*, 1967, (3): 390-396.

[27] Pan Haihua, Hu Jianhua. A Semantic-pragmatic Interface Account of (Dangling) Topics in Mandarin Chinese. *Journal of Pragmatics*, 2008 (40): 1966-1981.

[28] Taylor John R.. Possessive Genitives in English. *Linguistics*, 1989, (27): 663-686.

“事件·物质”类名词真的没有事件义吗？①
——兼谈合成类名词的词典释义问题

李　强

（上海大学中文系）

1. 引言

Pustejovsky（2001）根据名词所负载的语义性质将名词划分成三种不同的类型：自然类、人造类和合成类。其中，合成类名词尤为特殊，它是由两个或两个以上不同的语义内容构成。在生成词库论（generative lexicon theory）的描写框架下，因为常用加点的办法把不同的语义内容连接起来，所以它又被称为“点对象（dot object）”。英语中常见的合成类名词包括（引自 Pustejovsky，2001）：

a. phys_ obj · info：book，record

b. event · info：lecture，play，seminar，exam，quiz，test

c. event · phys_ obj：lunch，breakfast，dinner，tea

d. event ·（info · sound）：concert，sonata，song，symphony

① 本文得到国家社科基金项目（19CYY005）的资助。初稿曾在第三届名词及其相关问题学术研讨会（2019. 12，山东曲阜）宣读，得到与会专家的指正，谨此致以诚挚的谢意。后发表于《辞书研究》2020 年第 3 期，第 25-33 页。文中谬误，责在我们。

例如，book是物质实体和信息内容的合成类，既可以指看得见摸得着的表物质实体的书，也可以表示抽象的内容信息，如“这本书很好看”中的“书”通常指的就是书的内容；lecture是事件和信息的合成类，既可以指讲座这个事件本身，也可以指讲座所传递的内容信息；lunch是事件和物质的合成类，既可以指吃午饭这个事件，也可以指午饭所吃的食物。

由此可见，合成类名词是名词范畴下面一个较为复杂的次类类型(subtype)，且具有相当普遍的类型学特征，它在语义类的构成、语义组合过程中的意义实现以及词典释义等方面都存在诸多可以深入研究的问题，因而近年来吸引了不少研究者的关注。有关汉语合成类名词的研究，也出现了不少文献成果。比如，Ahrens *et al.* (1998)探讨了汉语名词的意义表征问题，区分了词义(sense)和义面(meaning facet)两个平面的概念，对于解释词语在动态语境中的意义变化和用法特点十分有启发；黄居仁等(2010)研究了中文词义的区分与词义间关系的表征问题，指出合成类名词的词义判准和内容描述是中文词汇网络构建和应用的基础；李强、袁毓林(2016)在生成词库论框架下讨论了合成类名词的词典释义问题，并结合物性结构描述方法确立了词义义项分立的必要性；尚简(2017)，邓双军、万艺玲(2018)对于合成类名词的义项分化提出了不同的看法，前者认为义项遇到分不清、分不尽的情况，能不分尽量不分，这样更能反映词义的复杂性，后者认为“事件・物质”类名词的事件义并不单独存在，因此也没有必要分化出该类名词的事件义义项；李强(2018)则对其2016年的文章进行了一定的补充，兼答了尚简(2017)的部分疑问，同时指出对合成类名词的词义进行准确的描写和刻画是一项非常有意义的研究工作。

总而言之，上述对于汉语合成类名词的研究尽管存在一些争议，但从另一个方面说明它还有继续深入讨论的空间和必要性，各家观点之间的相互碰撞对于深化研究也不无裨益。在上述文献资料的基础上，本文沿着相关分析思路，继续对合成类名词的语义性质和词典释义问题做一些思考，以求教于各位同行学者。

2. “事件 · 物质”类名词的事件义是独立存在的

邓双军、万艺玲(2018)认为，“事件 · 物质”类名词的事件义不能独立于该词事物义之外而存在，指出该类名词之所以在组合中呈现出事件义，是因为其前很有可能隐含了一个谓词，事件义是其与隐含谓词组合形成的及物述谓结构带来的。例如：

(1)[$V_{\varnothing}$]早饭的时间到了，从食堂到梁老家的路上，有人拎了个饭盒。(吃)
那一天在[$V_{\varnothing}$]午饭的餐桌上，他与母亲发生了口角。(吃)
两天前开始[$V_{\varnothing}$]的那场雪还在下。(下)
频繁的[$V_{\varnothing}$]雪/雨。(下)
[$V_{\varnothing}$]漫长的午饭/早饭。(拖得)

基于上面这些句子可以补充谓词的语言事实，他们指出“事件 · 物质”类名词的事件义并不是名词本身所具有的，而是由隐含谓词[$V_{\varnothing}$]+NP 整个结构所带来的。物质义是词语的基本意义，而事件义则由结构带来。

我们认为，通过谓词隐含来否定名词自身具有事件义的观点存在一些问题。如果按照邓、万的看法，可补谓词的出现说明“早饭”“午饭”“雨”“雪”在上面这些语境下都表示物质义；那么，一个不可回避的问题就是，为什么这些名词可以和一些具有时间指示功能的词语搭配，而另外一些表示物质义的名词却不可以？例如：

(2) *[弹]钢琴的时间到了。
频繁的*[写]论文
*[做]蛋炒饭之前，他特意上网查了一下做法。
花一个礼拜*[画]这幅画

李强、袁毓林(2016)利用规约化属性特征已经说明“钢琴”“论文”“蛋炒饭”“画”等名词是典型的物质义名词，自身不包含事件义。这是因为“弹钢琴”“写论文”“做蛋炒饭”“画画”等并不是每个人日常行为中必不可少、固定化、规约化的动作行为，相应的动词很难融入名词词义，成为其中的一部分。

同样都是物质义名词，如果谓词隐含可以解释例（1）的情况，那就需要问为什么例（2）中隐含谓词的结构形式都不成立，而必须要让谓词出现于结构表层？可见，谓词隐含的说法本身并不能充分证明“早饭”“雨”等名词不包含事件义。通过例（1）和例（2）的对比可以发现，“钢琴”“论文”类名词和“早饭”“雨”类名词在语义性质上显然存在差异。下面，我们通过事件名词的鉴别框架来对这类名词加以验证。

韩蕾（2018）为事件名词设定了如下三组六种鉴别框架，并分别赋予了相应的判定权值（weight）：

Ⅰ组　量限定结构
Ⅰa　一+动量词+N　（30分）
Ⅰb　一+时量词+的+N　（15分）
Ⅱ组　方位结构
Ⅱa　N+前（之前、以前）/后（之后、以后）　（25分）
Ⅱb　N+中（之中、时、期间）　（10分）
Ⅲ组　体谓词结构
Ⅲa　N+正在+虚义动词　（15分）
Ⅲb　主语+正在+虚义动词+N　（5分）

“早饭”“雨”类名词进入三种框架的情况如下：

（3）Ⅰa：√ 一顿早饭
√ 一场雨
Ⅰb：√ 一个小时的早饭
√ 三个小时的雨

Ⅱa：√ 早饭前/后

√ 雨前/后

Ⅱb：√ 早饭期间

√ 雨中

Ⅲa：√ 早餐正在进行中

√ 雨正在下

Ⅲb：× 他正在吃早饭

√ 外面正在下雨

可见，“早饭”的得分是 95 分，“雨”的得分是 100 分，它们都属于典型的事件名词。“钢琴”“论文”类名词进入三种框架的情况如下：

(4) Ⅰa：× 一架钢琴

× 一篇论文

Ⅰb：*√ [练]一个小时的钢琴

*√ [写]三个小时的论文

Ⅱa：× 钢琴前/后

× 论文前/后

Ⅱb：× 钢琴期间

× 论文中

Ⅲa：× 钢琴正在弹

× 论文正在写

Ⅲb：× 他正在弹钢琴

× 他正在写论文

可见，“钢琴”“论文”即使勉强可以进入Ⅰb 时量词的鉴定框架，总得分也就 15 分，依此判定它们都不是事件名词。

此外，可供参考的是英语词典对相关词语的释义情况。查阅《牛津高阶英汉双解词典》(第 8 版)可知，对于“piano”“thesis”的释义，均只有名词用法，没有动词用法；而词典对于"breakfast""rain"的释义处理，是将它们分化为两个不同的义项，名词对应物质义项，动词对应事件义项，其词性、语义性质和用法特点匹配得十分规整。这里把《牛津高阶英汉双解词典》(第8版)对"breakfast""rain"的部分释义摘抄如下：

breakfast：[*noun*] the first meal of the day 早餐；早饭

[*verb*] ~ (on sth) (*formal*) to eat breakfast 吃早饭；用早餐

rain：[*noun*] water that falls from the sky in separate drops 雨；雨水

[*verb*] when it rains, water falls from the sky in drops 下雨

综上所析，我们认为，诸如"早饭""午饭""雨""雪"这类名词，在进入相关的语法结构时所表现出来的事件义特征，是其自身语义性质就具备的，而并非由隐含谓词和名词构成的及物性述谓结构带来。

3. 多义 vs 模糊和义项 vs 义面

自然语言的意义系统是非常复杂的，而某些元语言(metalanguage)的概念内涵又呈现出剪不断理还乱的交叠状态。歧义(ambiguity)、多义(polysemy)和模糊(vagueness)就是这样一组各有特定内涵、同时彼此也存在一定联系的三个元语言概念。本节主要讨论与词典释义相关的后两个概念：多义和模糊，它们对应词语意义的分合问题，也是词典划分义项的理论根据。

一个词语具有多个意义，这是语言中普遍存在的现象。由于历史、经济、文化、社会等各方面因素的影响，单义词的词义通过隐喻、转喻、类推、重新分析以及语用推理等认知语用机制派生出不同的意义，新生意义与原始意义相比，其词义可能会发生不同程度的引申、扩大、缩小、转移、虚化等。这一方面是适应社会生活的需要，新鲜事物和现象层出不穷，促使需要内涵意义更为丰富复杂的语言符号来对其进行概念表征；另一方面，也是语言作为一个自组织系统的自我调节和完善，让有限的语言

符号承担多种概念意义，体现出语言的经济性。单义词意义的衍生、延伸以及比喻意义的产生并不是随意的，由原始的、单一的中心意义(proto sense)不断向外扩散，进而形成一个辐射状的词义网络，不同意义之间具有内在的联系，相互关联聚合构成网状的词义结构模型。

模糊同样也是语言的一种自然属性，在语言中亦十分普遍。这是由客观对象的复杂性和人类认识世界的局限性之间的不对称状况造成的。客观世界中，从一个对象到另外一个对象中间存在着连接过渡阶段，彼此之间很难划分出一条清晰明确的界限；这就导致了人类在认识这些客观对象时也存在不确定、不准确的认知状态，反映在语言表达系统中就会生成许多带有模糊性的概念表征符号。这些概念与词语带有很大的概括性，一般来说，概括的范围越广、程度越高，其模糊性也就越高，进而使得词语的概念意义出现不确定性。比如，good 在“He is a good student”这个句子中的意义就是模糊不确定的，可以指行为端正、彬彬有礼，可以指学习好，又可以指很有才华，还可以指有教养等。除非存在明确的语境条件，否则 good 的具体语义信息是模糊的。

由此可见，多义和模糊的性质并不相同。多义是指一个词语具有多个义项，不同义项虽存在关联，但仍有足够的区别，且在特定的句子或语境中所表达的义项概念是明确的；而模糊是指词语所表达事物或对象的概念外延不明确、所指范围不具体、界限不清晰，在特定语境条件下虽然可以明确其语义信息，但该语义信息和词语的基本意义不足以构成显著的差别。

上述多义和模糊现象的区分能够在词典释义中反映出来。一个词语若是多义词，那么该词语的多个意义会在词典中分别罗列出来成为义项(sense)。词典分列义项的原则是义项之间和而不同，存在联系但也有比较显著的差异，这符合多义词的词义特性。而对于模糊词，其不同的概念范围和外延并不能作为独立的不同义项，词典也只是给出一个大致的所指概念范围，其下还可以包含不同的义面(meaning facet)，表示所突显(highlight)的语义侧面。仍以 good 为例，作为形容词用法，《牛津高阶英汉双解词典》(第 8 版)为它设置了 20 个义项提示，包括“高质量、令人愉快、合情理、熟练、合乎道德”等。不同的义项虽然都具有积极性特征，但概念意义是不同的。在每一个义项下面还包括一些具体的描述性内容，构成了该义项的不同义面，如“高质量”包括“好的、优质的、符合标准的、可接受的”，“令人愉快”下面有“令人愉快的、令人满意的”，“合乎道德”下面有“符合道德的、正派的、高尚的”。有意思的是，good 有一个义项提示是“CHILD”，表示用来描述孩子的语境条件，具体内容包括“温顺的、乖的、有礼貌的”。或许正是因为这些不同的义面很难总结归纳为一个统一的义项，所以词典用“CHILD”作为该义项的提示成分。

综上所述，自然语言中词语的多义和模糊现象的区分直接影响词典的义项设立。词典一般为多义词分别设立多个相关而不同的义项，为模糊词设立一个概括性的义项但可同时附加若干个具体性的义面。

此外，值得提到的是，义项和义面的对立实际上可以追溯至词语多义(polysemy)和单义(monosemy)的区分问题。表面上看，多义和单义的界限是十分清楚的，前者是指一个词形能够表示多个意义，而后者是指一个词形只能表示一个意义。但是，对于实际语言现象的讨论远比定义概念要复杂。一个比较有名的争论是 Jackendoff(1992)和 Fodor(1998)关于英语动词 keep 的意义的不同看法。Jackendoff 认为，keep 一定是多义的，因为它在“keep the money”“keep the car in the garage”和“keep the crowd happy”中的意义都不相同；而 Fodor 则认为，keep 的意义只有一个，不同语境下看似不同的意义只不过是一种假象。此外，Zwicky 和 Saddock(1975)提出利用连接测试法来鉴别多义和单义。只有某个词语是多义的，当它进入特定的语境下才会产生共轭(zeugma)现象。比如，动词 expire 有“到期失效”和“死亡”两个意义，所以句子“Arthur and his driving license expired yesterday”就会产生一语双关的效果。但是，Geeraerts(1993)也指出，连接测试并不能给多义和单义的区分带来清晰的判定结果。例如(转引自 Norrick，1981：15)：

(5) a. ? Judy's dissertation is thought provoking though yellowed with age.

b. Judy's dissertation is still thought provoking though yellowed with age.

例(5)a 中出现了共轭现象,“thought provoking”表明 dissertation 指的是信息内容,而“yellowed with age”表明 dissertation 指的是物质实体。这两个意思不能共现,由此得出 dissertation 是多义词。但是如例(5)b 句所示,只要添加副词 still,就不会出现共轭现象,句子就变得语义上完全正常,这又说明 dissertation 具有单义性。可见,连接测试法在判定多义、单义问题上作用有限。

义面这一概念在 Pustejovsky(1995)倡导的生成词库理论中得到了较为有力的使用和推广。生成词库提出合成词的概念,并认为在不同的语境下合成词之所以呈现出不同的意义是因为词语物性结构中的不同方面(aspect or facet)分别得以突显,这也会产生共轭现象。比如,book 是“‘physical object’+‘information’”类合成词,因此“That book with the gorgeous cover is really good”中的 book 就有两种语义解读的方式。其中,物质实体义是物性结构中形式角色(formal role)的突显,而信息内容义是物性结构中构成角色(constitutive role)的突显。生成词库理论认为,词语不同的义面相互关联,共同构成了词语的概念义项。

4. 合成类名词的词典释义

多义和模糊以及义项和义面的区分为本文讨论的合成类名词的词典释义提供了一些思路和启发。李强、袁毓林(2016)曾以“事件·物质”“物质·信息”“事件·信息”等三种合成类词语为例,讨论了词典关于它们的义项设立问题。其中,对于属于“物质·信息”类合成词的“书”,该文利用物性角色搭配作为形式证据建议词典应该为它单独设立一个表示“内容信息”的义项。从上节讨论的多义、模糊以及义项、义面的区分来看，为“书”单独设立内容义项的建议做法现在看来可能不妥。“书”在不同语境下所产生的意义变化并不是因为“书”是多义词，而是由于“书”的词义是模糊不确定的，不同语境下“书”所突显的语义侧面有所不同。比如，汉语里的“书”可以突显信息义面和物质义面，如例(6)所示；而英语里的 book 除了突显信息和物质义面外，还可以突显事件和文本义面，如例(7)所示(转引自 Evans，2015)。

(6) 这是一部非常精彩的书。“信息”

这是一本厚书。“物质”

(7) a. That's a heavy book. “物质”

b. That antiquarian book is illegible. “文本”

c. That's a boring book. “信息”

d. That's a long book. “事件”

上面几个义面都是“书”表示“装订成册的著作”这一词汇概念在不同语境下所突显的不同侧面，它们之间并不构成显著不同的义项。

那么，同为“物质·信息”类合成词的“电视”“电话”，词典该为它们分别设立物质和信息义项，还是将物质和信息合并为一个义项?《现代汉语词典》的处理是单独设立两个义项：①具有某种用途的设备装置；②通过设备发出的图案、声音、文字等信息。前一个义项表示物质，后一个义项表示信息。我们认为这种处理是较为合理的，与“书”“杂志”等合成词的信息义和物质义不可分割这一点明显不同，“电视”“电话”的物质义和信息义是可分离的。电视没有图像仍是电视，电话没有通话仍是电话，但是，没有文字的书却不是书，没有图画的杂志却不是杂志。因此，从是否分离这个属性看，“电视”“电话”应该设立两个独立的义项。

黄居仁等(2010)把是否可以出现在同一语境下作为标准来判定两个意义是属于不同的词义(义项)，还是同一词义的不同义面。在实际操作中，如果能够找出同时带有两个意义的语境(句子)，则为单一词义，双义面；

如果不能，则属两个词义。这条判定标准与本节提出的“是否分离”具有一定的相通性。如果一个词语的两个意义的所指对象不能分离，说明该词语可以出现在同一语境（句子）中，那么，这两个意义就是不同的义面。比如上文的“书”“杂志”，它们的物质义和信息义可以同时体现在“他正在看书/杂志”这个句子中，“看书/杂志”既是“看物质”，也是“看信息”，“看”都是“视线接触”的意思，这说明物质义和信息义是不同的义面。而“电视”“电话”的情况却有所不同。“他正在看电视”中的“电视”指的是“电视节目”，虽然电视节目是通过电视机显示出来，但如果“看电视”中的“电视”也指“电视机”的话，“看”的意思就发生了改变，不再是“视线接触/观看”，而表示“挑选”。也就是说，“看电视”并不同时带有“看物质”和“看信息”两种意义，它是一个歧义结构，只要有足够的语境补充，歧义就会消解。而“电话”所包含的“电话机”义和“电话信息”义则不能同时出现于同一个语境（句子）中。

类似应该设立两个义项的还有“屏幕”。《现代汉语词典》只为“屏幕”设立了物质义项：泛指供投射或显示文字、图像的装置。而《牛津高阶英汉双解词典》（第8版）对screen的释义则是：①the flat surface at the front of a television, computer, or other electronic device, on which you see pictures or information. 屏幕，荧光屏，荧屏；② the data or images shown on a computer screen.（电脑屏幕上）一屏的内容，画面。

还有“唱片”，其物质、信息不可分离，并且可以共现于同一个语境（句子），如“他正在选唱片”，因此，从这两个角度看，应该设立一个义项。《现代汉语词典》也是这样处理的，对它的释义为“用虫胶、塑料等制成的圆盘，表面有记录声音变化的螺旋槽纹，可以用唱机把所录的声音重放出来”。而《牛津高阶英汉双解词典》（第8版）则为它设立了两个义项：①a thin round piece of plastic on which music, etc. is recorded. 唱片；②a piece or collection of music released as a record, or on CD, the Internet, etc.. 唱片，专辑。

此外，“报纸”在《现代汉语词典》中有两个不同的义项：①国内外社会、政治、经济、文化等新闻为主要内容的散页的定期出版物，如日报、晚报等；②纸张的一种，用来印报或一般书刊，也叫“白报纸”或“新闻纸”。《牛津高阶英汉双解词典》(第8版)也为“newspaper”区分了两个义项：① a set of large printed sheets of paper containing news, articles, advertisements, etc. and published every day or every week. 报纸，报；②paper taken from old newspapers. 旧报纸。可见，《现代汉语词典》和《牛津高阶英汉双解词典》(第8版)的处理是较为一致的。但是，黄居仁等(2010)为“报纸”设置了以下两个义项：①定期出版，报道新闻、提供各式讯息的出版品；②定期出版，报道新闻、提供各式讯息出版品的组织。因为“出版品”和“组织”两个义项虽有语义关联，但存在明显的对立，所以该文处理为两个义项。其中，第一个义项还包括两个不同的义面：a. 刊物的内容部分；b. 定期出版、报道新闻、提供各式讯息的纸张本身。

我们认为，“出版品”和“组织”的区分并无必要，因为这两个意义可以共现于一个语境(句子)当中。比如，“当时这件事情全国一百多家报纸登了”这个句子中，“报纸”的语义表现十分有意思，受量词“家”修饰，表明它是组织机构，而谓词“登”又说明它是“报纸”，因而是一种共轭现象(zeugma)，其语义实为“报社出版的报纸”。而真正表示组织机构意义的“报纸”，如“几家报纸在财政上正陷于困境”，实际上是一种认知转喻(cognitive metonymy)现象，是在“产品-生产机构”认知框架下用“报纸”转指“报社”，并不能认定“报纸”已经产生出组织机构的意义。因此，为它设立组织机构的义项可能不太妥当。值得注意的是，Ahrens等(1998)就为意义和用法相近的“杂志”设立了三个义面：物质实体、信息内容和组织机构。其并没有将“组织机构”独立为义项，并且认为“组织机构”义面是由“信息内容”义面经过施成化(agentivization)这种转喻引申(metonymic extension)方式产生的。这种处理与本文的看法是比较接近的。

由上述讨论可见，这些合成词确实给词典释义带来了问题和挑战，因为缺少一个统一的标准或者处理策略各有不同，不同词典在义项分化上难免会出现不一致的情况。

那么，诸如"早饭""雨"等"事件·物质"类合成词，是应该像邓、万所主张的只设立一个义项，还是像李、袁所建议的设立两个义项？在这个问题上，《现代汉语词典》和《牛津高阶英汉双解词典》(第8版)的处理又不太一样，《现代汉语词典》只列举了它们作为名词的物质义项，而《牛津高阶英汉双解词典》(第8版)同时列举了它们作为名词的物质义项和作为动词的事件义项。我们的观点是：虽然汉语中的"早饭""雨"只能作为名词，但它们既能表示物质义，也能表示事件义，并且物质义和事件义是互相对立的，因此可以看成两个不同的义项。

"早饭"的物质义和事件义的区分近似于"野餐"，而《现代汉语词典》为"野餐"分别设立了作为名词的物质义和作为动词的事件义。例如：

【野餐】[动]带了食物到野外去吃。
[名]带到野外去吃的食物。

即使都是作为名词用法，《现代汉语词典》也有分别设立物质义和事件义的情况。比如"饮食"：

【饮食】[名]吃的和喝的东西：注意～卫生。
[名]指吃东西和喝东西：～起居。

"雨"的意义区分近似于"降水"，《现代汉语词典》也为它分别设立了作为名词和动词两种意义。例如：

【降水】[名]从大气中落到地面的液态或固态的水，主要有雨、雪、霰、雹等。
[动]下雨或下雪等：人工～。

上面的释义显示，对于一些词，《现代汉语词典》也注意到了其物质义和事件义的差别，抛去作为划分义项的名词和动词的词类依据，说明《现代汉语词典》也认可意义对立是划分义项的重要标准，所以才会将物质义和事件义区分开来。

韩蕾(2018)指出，汉语事件名词与事物名词的兼类类型包括结果名词、工具名词、处所名词和施事名词等四种情况。根据本节的讨论，如果将“早饭”“雨”划分出独立的物质义和事件义，这就应该是第五种情况，即事件名词与受事名词兼类。

5. 小结

尚简(2017)指出，按照词语的搭配频率来确定是否增加义项也许可行和有用，邓双军、万艺玲(2018)也认为，根据名词在实际运用中物质义和事件义的出现频率可以确定是否应该列出相关义项。我们认可通过搭配频率和出现频率来确定义项的做法。只不过，如果邓、万所列的统计数据准确的话，那么“篮球”“象棋”类名词似乎只应该设立事件义，因为它们的物质义和事件义的比例分别是 1∶497 和 0∶496，但《现代汉语词典》为这类名词分别设立了物质义和事件义。相反，“早饭”“晚饭”类名词的物质义和事件义的比例分别是 422∶74 和 354∶141，事件义解读的情况还不在少数，按理说这类名词应该独立出作为事件义的义项，而《现代汉语词典》只为它们设立了物质义义项。

邓、万通过谓词隐含来解释“早饭”“晚饭”类名词的事件义用法，但本文认为，汉语“事件·物质”类合成名词中的事件义是显性的、独立的。谓词隐含的说法虽然能够解释这类名词在特定的句子中表现出动作行为义的特征，但它不具有统一普遍的解释效力，尤其是无法说明那些真正地表示物质义的名词如“钢琴”“画”等为什么不能产生事件义的解读。

自然语言中词语的多义和模糊现象的区分直接影响到词典的义项设立。“事件·物质”类合成名词在不同的语境下可以产生多种语义解读的可能性，有的是词语的多义性造成的，而有的则属于词语的模糊义现象。本文区分这两种情况所凭借的依据是看事件义和物质义是否能够分离。如果一个词语的两个意义的所指对象不能分离，说明该词语可以出现在同一语境(句子)中，那么，这两个意义就属于词义的模糊现象，是词语的不同义面，如“书”“杂志”等。如果两个意义的所指对象可以分离，说明该词语不会出现在同一语境(句子)中，那么，这两个意义就属于词义的多义现象，是词语的不同义项，如“电视”“屏幕”等。

总之，合成类名词的语义性质比较丰富，用法特点比较复杂，这给词典释义带来了不少问题和挑战。不同的处理方法策略可能都或多或少存在一些问题，需要对每一个词语的语法语义表现作具体性的考察和分析，并与国外词典编纂的经验做法进行对比联结，综合利弊得失找出词典义项设立的最优方案。

◎参考文献

[1]邓双军，万艺玲:《“事件·物质”类名词的释义问题》，载《辞书研究》2018年第1期。

[2]韩蕾:《现代汉语事件名词研究》，上海人民出版社2018年版。

[3]黄居仁等:《中文词汇网络：跨语言知识处理基础架构的设计理念与实践》，载《中文信息学报》2010年第2期。

[4]李强:《〈从生成词库论看名词的词典释义〉补议》，载《辞书研究》2018年第1期。

[5]李强，袁毓林:《从生成词库论看名词的词典释义》，载《辞书研究》2016年第4期。

[6]尚简:《〈从生成词库论看名词的词典释义〉一文商榷》，载《辞书研究》2017年第2期。

[7]中国社会科学院语言研究所词典编辑室编:《现代汉语词典》(第7版)，商务印书馆2016年版。

[8]霍恩比:《牛津高阶英汉双解词典》(第8版)，商务印书馆2014年版。

[9]Ahrens Kathleen *et al.*. Meaning Representation and Meaning Instantiation for Chinese Nominals. *Computational Linguistic and Chinese Language Processing*, 1998, 3(1): 45-60.

[10]Evans V.. A Unified Account of Polysemy within LCCM Theory. *Lingua*, 2015, (157): 100-123.

[11] Fodor J. A.. *Concepts: Where Cognitive Science Went Wrong*. Oxford: Oxford University Press, 1998.

[12]Geeraerts D.. Vagueness's Puzzles, Polysemy's Vagaries. *Cognitive Linguistics*, 1993, 4(3): 223-272.

[13] Jackendoff R.. What is a Concept, that a Person May Grasp It? In *Languages of the Mind: Essays on Mental Representation*. Cambridge, MA: MIT Press, 1992: 21-52.

[14]Norrick N. R.. *Semiotic Principles in Semantic Theory*. Amsterdam/Philadelphia: John Benjamins, 1981: 115.

[15]Pustejovsky J.. *The Generative Lexicon*. Cambridge, MA: The MIT Press, 1995.

[16]Pustejovsky J.. Type Construction and the Logic of Concepts. In Pierrette Bouillon, F. Busa (eds.). *The Language of Word Meaning*. Cambridge: Cambridge University Press, 2001: 91-123.

[17]Zwicky A., Sadock J.. Ambiguity Test and How to Fail Them. In Kimball P. J. (eds.). *Syntax and Semantics* (*Vol.* 4). New York: Academic Press, 1975: 1-36.

实体首现对句法位置的选择倾向①

刘　琪

（教育部语言文字应用研究所）

1. 实体首现在句法成分位置上的多样性表现

我们将实体以语言形式在语篇中的首次出现称为实体首现（first-mention）。首次出现的实体简称为“首现实体”，指称首现实体的语言形式简称为“首现形式”。

在我们统计的语料中，实体首现所在的句法成分位置有四个：主语、宾语、状语和定语。

（1）电车里，一位医科学生拿出一本图画簿，孜孜修改一张人体骨骼的简图。

（2）坐在角落里的吕宗桢，华茂银行的会计师，看见了那熏鱼，就联想到他夫人托他在银行附近一家面食摊子上买的菠菜包子。

（3）这番话让我想起1994年准备赴美留学的我。在北京的美国大使馆排了两个多小时队后，我从一个小窗口递上所有的资料，心怦怦直跳，生怕被面试官拒签，因为我前面的那个小伙子

① 本研究得到2019年度国家社会科学基金重点项目的资助（项目批准号：19AYY010）。

好像根本没轮到回答问题就被拒了。

例(1)中的"一位医科学生"是在主语位置出现的实体首现成分。"一本图画簿"和"一张人体骨骼的简图"是在宾语位置上的实体首现。例(2)中的"华茂银行"是定语位置上的实体首现。例(3)中的"一个小窗口"是状语位置上的实体首现。

2. 实体首现对句法成分位置选择的倾向性规律

从总体出现频率，或不同首现形式，以及不同首现实体的选择上来看，实体首现在句法位置上的分布都具有明显的倾向性特征。

2.1 实体首现在句法成分位置上的总体分布情况

在约20万字的叙事语篇平衡语料中，我们统计到了8006个实体首现的句法成分。这些句法成分的位置分布数据，见表1。

表1 实体首现的句法成分位置总体分布数据表

句法位置	首现次数(次)	所占比例
主语	2600	32.48%
宾语	3563	44.50%
状语	1055	13.18%
定语	788	9.84%
总计	8006	100%

从整体上来看，宾语位置是实体首现最主要的句法位置，主语位置次之，状语位置较少，定语位置最少。实体首现句法位置的优先序列为：

宾语>主语>状语>定语

如图 1 所示。

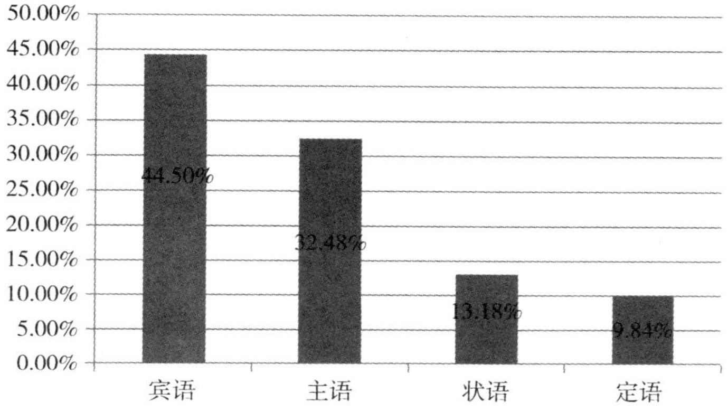

图 1　实体首现对句法位置的选择比例对比图

从句法上看，汉语主语以旧信息为常，宾语以新信息为常。在首现实体中，传递新信息的实体占了大多数，所以宾语位置符合首现实体的信息安排需要。后文会有进一步详细分析。

2.2　不同实体的首现对句法成分位置的选择倾向

首现实体的语义类别与句法位置情况，见表 2。

表 2　首现实体的语义类别与句法位置匹配情况数据表

句法位置 / 首现实体	主语		宾语		状语		定语	
	数量	比例	数量	比例	数量	比例	数量	比例
人物	1359	54. 32%	658	26. 30%	251	10. 03%	234	9. 35%
动物	56	38. 36%	64	43. 84%	15	10. 27%	11	7. 53%
植物	14	20. 29%	38	55. 07%	11	15. 94%	6	8. 70%
无生命物	730	17. 48%	2351	56. 30%	670	16. 04%	425	10. 18%
实体局部/部分	442	39. 71%	451	40. 52%	125	11. 23%	95	8. 54%

根据表 2，可以推导出实体首现对句法成分位置选择的五个优先序列：

序列一(人物首现)：主语>宾语>状语>定语；

序列二(动物首现)：宾语>主语>状语>定语；

序列三(植物首现)：宾语>主语>状语>定语；

序列四(无生命物首现)：宾语>主语>状语>定语；

序列五(实体局部/部分首现)：宾语>主语>状语>定语。

同时，根据表 2 还可以推导出句法成分位置对实体首现选择的优先序列：

序列一(主语)：人物>实体局部/部分>动物>植物>无生命物；

序列二(宾语)：无生命物>植物>动物>实体局部/部分>人物；

序列三(状语)：无生命物>植物>实体局部/部分>动物>人物；

序列四(定语)：无生命物>人物>植物>实体局部/部分>动物。

上述优先序列呈现出这样的总体规律：

一方面，主语和宾语是实体首现的主要句法位置；另一方面，生命度越高的实体，越倾向于在主语位置上首现；生命度越低的实体，越倾向于在宾语位置上首现。

2.3 不同的首现形式对句法成分位置的选择倾向

首现形式对句法成分位置的选择，见表 3。

表 3　首现形式对句法成分位置的选择情况数据表

句法位置 / 首现形式		主语		宾语		状语		定语	
		数量	比例	数量	比例	数量	比例	数量	比例
词	普通名词	1011	37.42%	1215	44.97%	343	12.69%	133	4.92%
	专有名词	196	55.52%	55	15.58%	45	12.75%	57	16.15%
	代词	148	75.13%	25	12.69%	8	4.06%	16	8.12%
	数词	0	0	6	100%	0	0	0	0

续表

首现形式 \ 句法位置		主语		宾语		状语		定语	
		数量	比例	数量	比例	数量	比例	数量	比例
名词性短语	一量名	338	25.00%	839	62.11%	143	10.55%	32	2.34%
	数量名	118	25.76%	222	48.48%	81	17.68%	37	8.08%
	形+名	172	32.06%	248	46.19%	66	12.21%	51	9.54%
	动+名	71	27.56%	68	26.28%	113	43.60%	7	2.56%
	名+名	251	23.91%	285	27.17%	399	38.05%	114	10.87%
	代+名	244	33.70%	289	39.86%	147	20.29%	45	6.15%
	同位短语	102	60%	38	22.35%	0	0	30	17.65%
	名名联合	78	48.75%	67	41.88%	7	4.38%	8	5%
	"的"字短语	9	23.08%	26	66.67%	4	10.26%	0	0

首现形式对句法位置的选择情况较为复杂。为了便于分析，我们首先根据表3中的统计数据，排列出每类首现形式对句法位置选择的优先序列，将序列相同或相似的分为一组，共计五组，然后，分两个步骤对首现形式的句法位置选择比例进行对比分析：第一步是在同组的首现形式之间进行相互对比；第二步是对不同的组进行整体上的对比。最后，总结出首现形式对句法位置选择的倾向性规律。

2.3.1 第一组首现形式：普通名词和“形+名”短语

这组首现形式对句法位置选择的优先序列为：宾语>主语>状语>定语，并且主语和宾语的所占比例差距不大。可以总结为，第一组首现形式的主要句法位置是主语和宾语，且较倾向于选择宾语。

第一组首现形式对句法位置的选择比例对比，如图2所示。

对比普通名词和“形+名”短语对句法位置的选择情况，我们发现，两类首现形式对主语、宾语和状语的选择比例都非常接近，只有在对定语的选择上存在较大差别。“形+名”短语对定语的选择比例明显高于普通名词。

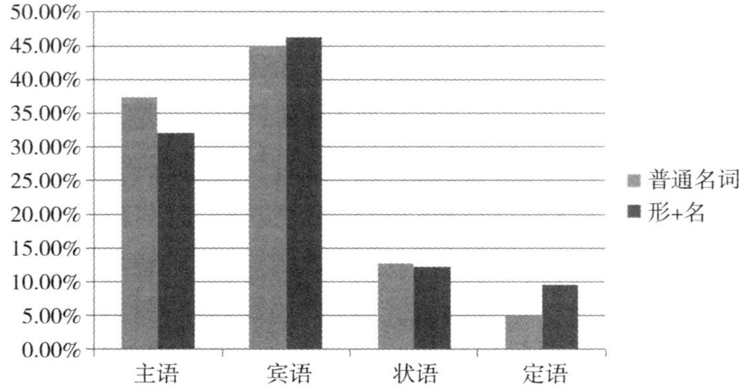

图 2　普通名词和"形+名"短语对句法位置的选择对比图

图 2 显示出，"形+名"短语对定语的选择比例接近 10%，而普通名词则只有 5%左右。

2.3.2　第二组首现形式："一量名"、"数量名"、"的"字短语和数词

这组首现形式对句法位置选择的优先序列为：宾语>主语>状语>定语。虽然序列和第一组相同，但是这一组宾语和主语的所占比例差距较大，宾语都是主语的一倍甚至几倍，其中数词更是只能在宾语位置上首现。严格地说，数词对句法位置的选择序列应该是：宾语>主语、状语、定语。所以，我们可以将其选择规律总结为：第二组首现形式强烈倾向于选择宾语位置，对比如图 3 所示。

图 3 中四类首现形式对句法位置的选择优先序列虽然相似，但是对各个句法位置选择的具体比例存在一些差别，主要表现为以下几方面。

Ⅰ."数量名"对宾语的选择比例明显低于其他三类首现形式。图 3 显示，"数量名"对宾语的选择比例不到 50%，但"一量名"、"的"字短语和数词对宾语的选择比例都超过了 60%，特别是数词，100%都选择了宾语位置。

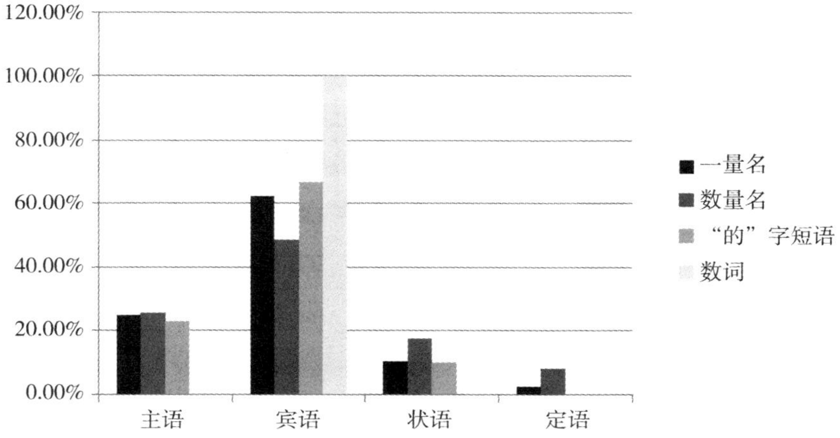

图 3 “一量名”、“数量名”、“的”字短语和数词对句法位置的选择对比图

Ⅱ.“数量名”对状语的选择比例明显高于其他三类首现形式。从图 3 中可以看到，“数量名”对状语的选择比例接近 20%，但其他三类首现形式对状语的选择比例都在 10%以下。

Ⅲ.“数量名”对定语的选择比例明显高于其他三类首现形式。图 3 中“数量名”对定语的选择比例接近 10%，但“一量名”只有 2%左右，“的”字短语和数词则没有在定语位置上首现的情况。这是因为“的”字短语没有修饰功能，后面不能再接新的内容，与具备修饰功能的定语相矛盾。而数词如果出现在定语位置，会形成“数量名”结构，也就不再是数词了。

可以看出，这组首现形式中，“数量名”短语在对宾语、状语和定语的选择上都与其他三类的差别较大，是这组中比较特殊的一类首现形式。

2.3.3 第三组首现形式：专有名词、代词、“代+名”短语和同位短语

这组首现形式对句法位置选择的优先序列为：主语>宾语>定语>状语。其中，对主语和宾语的选择比例差距较大。所以，我们将其选择规律总结为：第三组首现形式强烈倾向于选择主语位置，对比如图 4 所示。

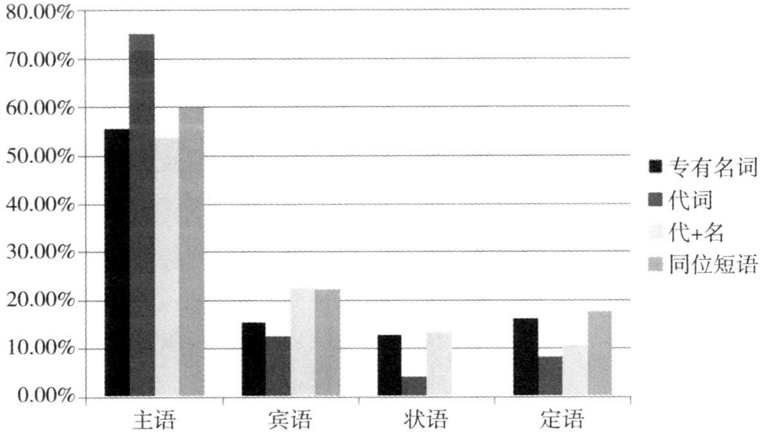

图 4　专有名词、代词、“代+名”和同位短语对句法位置的选择对比图

虽然这组首现形式对句法位置选择的优先序列是一样的，但在对每个句法位置的具体选择比例上存在明显差异，主要表现为以下几方面。

Ⅰ. 代词对主语的选择比例明显高于专有名词、“代+名”短语和同位短语。代词对主语的选择比例超过 70%，但专有名词、“代+名”短语和同位短语都在 60%以下。

Ⅱ. “代+名”短语和同位短语对宾语的选择比例高于专有名词和代词。“代+名”短语和同位短语对宾语的选择比例超过 20%，专有名词和代词都在 10%左右。

Ⅲ. 专有名词和“代+名”短语对状语的选择比例明显高于代词和同位短语。专有名词和“代+名”短语对状语的选择比例超过 10%，而代词不到 5%，同位短语则没有在状语位置出现的情况。

Ⅳ. 代词和“代+名”短语对定语的选择比例明显低于专有名词和同位短语。代词和“代+名”短语对定语的选择比例在 8%左右，而专有名词和同位短语都在 14%以上。

2.3.4 第四组首现形式："名名联合"短语

这组首现形式只有一个，对句法位置选择的优先序列和第三组一样：主语>宾语>定语>状语。但对主语和宾语的选择比例差距较小。所以我们将其选择规律总结为：第四组首现形式的主要句法位置是主语和宾语，且较倾向于选择主语，如图 5 所示。

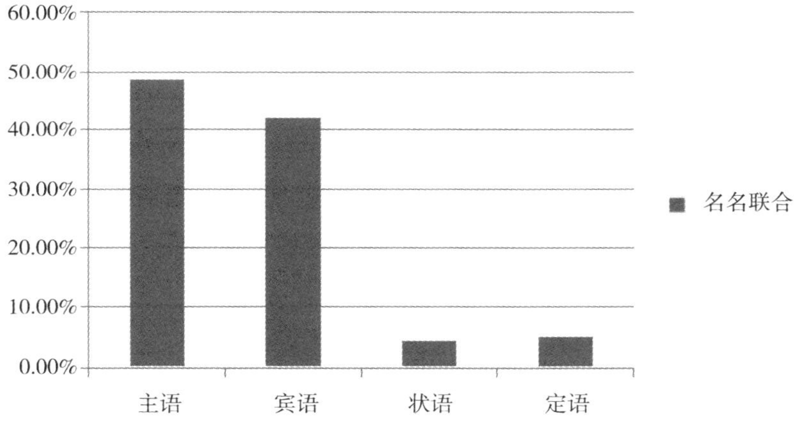

图 5 "名名联合"短语对句法位置的选择比例图

从图 5 中可以看出，"名名联合"短语主要集中分布在主语和宾语两个句法位置上，且主语和宾语的分布比例非常接近，都在 40%以上。在状语和定语位置上出现的"名名联合"短语则比较少，都在 5%以下。

2.3.5 第五组首现形式："动+名"和"名+名"短语

这组首现形式对句法位置选择的优先序列总体上类似，但略有不同。

"动+名"短语的选择序列为：状语>主语>宾语>定语

"名+名"短语的选择序列为：状语>宾语>主语>定语

虽然在对主语和宾语的选择比例上略有不同，但这两类首现形式有一个共同的选择倾向，即对状语的选择比例都明显大于对其他句法位置的选择比例。所以，我们将其选择规律总结为：第五组首现形式强烈倾向于选择状语位置，对比如图 6 所示。

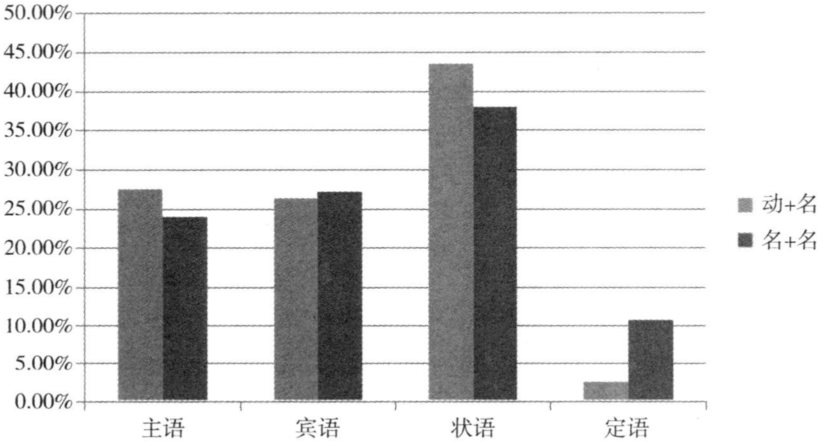

图 6 “动+名”和“名+名”短语对句法位置的选择对比图

这组首现形式虽然对主语和宾语的选择序列有所不同，但从图 6 中可以看出，“动+名”和“名+名”短语对句法位置选择的主要差别并不在主语和宾语上，而是在定语上。“动+名”短语对定语的选择比例不到 3%，而“名+名”短语对定语的选择比例超过了 10%。也就是说，“动+名”短语对定语的选择比例明显低于“名+名”短语。

2.3.6 五组首现形式之间的倾向性差异比较

根据上面的对比分析，我们可以将这五组首现形式对句法位置的选择倾向类型归纳如下。

Ⅰ. 主/宾倾向型

倾向于选择主语位置和宾语位置，且对主语和宾语的选择比例没有明显差别，包括第一组和第四组首现形式，即普通名词、“形+名”短语和名名联合短语。

Ⅱ. 主语倾向型

对主语的选择比例明显高于其他句法位置，强烈倾向于选择主语位置，包括第三组所有首现形式：专有名词、代词、“代+名”短语和同位短语。

Ⅲ. 宾语倾向型

对宾语的选择比例明显高于其他句法位置，强烈倾向于选择宾语位置，包括第二组所有首现形式：“一量名”、“数量名”、“的”字短语和数词。

Ⅳ. 状语倾向型

对状语的选择比例明显高于其他句法位置，强烈倾向于选择状语位置，包括第五组首现形式：“动+名”和“名+名”短语。

那么，在所有的首现形式中，这四种倾向类型哪一种最多，哪一种最少呢？我们对首现形式进行了统计，将每个倾向类型的数量和比例进行统计，见表4。

表4　首现形式的句法位置选择倾向类型比例数据表

句法位置选择倾向	出现数量	所占比例
主/宾倾向型	3399	42.45%
主语倾向型	1445	18.05%
宾语倾向型	1854	23.16%
状语倾向型	1308	16.34%

可以看出，主/宾倾向型的首现形式最多，其次是宾语倾向型，再次是主语倾向型，状语倾向型最少，如图7所示。

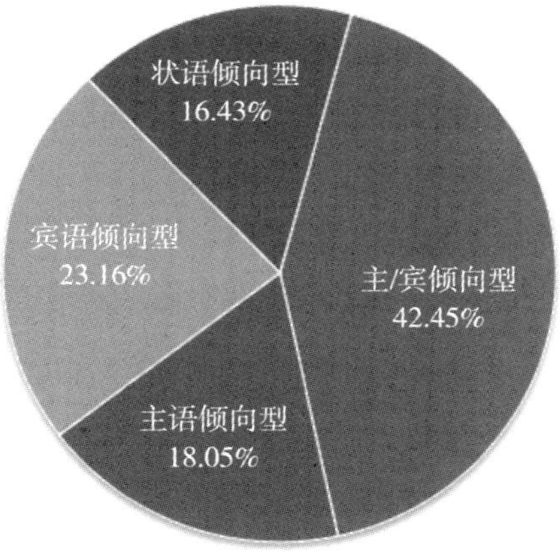

图 7 首现形式的句法位置倾向型类别比例分布图

3. 影响实体首现对句法位置选择的语篇因素

上文从形式语义等方面对实体首现选择的句法位置进行了多角度考察，并总结出实体首现对句法位置选择的倾向性规律。那么，是哪些因素影响着实体首现的句法位置？实体首现对句法位置选择的倾向性规律又是如何形成的呢？van Dijk(1979)指出，句子中词语的顺序和句法形式会受到语篇中前后句子的影响。我们也认为，句法位置的安排不是任意的、孤立的，而是在语篇环境的影响下形成的。叙事语篇中，影响实体首现对句法位置的选择的语篇因素主要有三个：语篇信息结构、主位推进模式和语篇的衔接。

3.1 语篇信息结构对实体首现句法位置的影响

3.1.1 对信息的重新分类

学界普遍认为信息结构包括新信息和已知信息两个部分，其中，新信息是必须出现的，而已知信息则可以不出现，且已知信息通常在新信息之前。所以，最为常见的信息结构为：

已知信息(可选)⟶新信息(必选)

但具体的语篇中，信息结构的情况比较复杂，在语篇环境的支持下，可能会有新信息在已知信息前面出现的情况，也可能出现只有已知信息，没有新信息的情况。如：

(4)电视新闻播音员正在播报新闻。这时，一张纸条送到他面前，他拿起纸条习惯性地说：下面是本台刚刚收到的消息……

(5)我是你的亲生女儿呀，你就不能对我好一点吗？

例(4)中“一张纸条送到他面前”中的“一张纸条”是新信息，“他”是已知信息。因此，在上下文语境充足的情况下，新信息可以在已知信息之前出现。例(5)中“我是你的亲生女儿”整句话传达的都是已知信息，没有新信息。所以，在特定的后续小句支持下，没有新信息的信息结构也是成立的。

旧、新信息之间不是非此即彼的关系，而是存在一个渐变的连续统一。Chafe(1994)指出，新、旧信息都可分为重要、次重和略重三个类别。重要信息是指新引进的信息，往往也是交际目的所在；次重信息是已知、可及的信息，作为交际的起点或为了引出一段评述而出现，并不是交际目的；略重信息不是叙事的主要情节，在语篇中往往仅出现一次，不再回指，称为偶现信息。

综合听说双方对信息的知晓情况和信息来源两个方面，我们将信息进一步细分为共知信息、给定信息、可推信息、未给定信息和未知信息。其中，未知信息是双方均不能明确识别的，通常使用无指形式，所以实体首现没有这类情况。共知信息是交际双方在交际之前就共同知晓的信息；给定信息是可以被上文已经出现的或说话人预料听话人可以识别的信息所激活的信息。可推信息与给定信息有相似之处，不同的是，给定信息说话人预料听话人可以通过推导明确识别，一般用定指形式，但可推信息是说话人预料听话人不能通过推导明确识别，所以一般使用不定指形式。未给定信息是说话人预料听话人不能识别且没有可推导线索的信息。

典型的旧信息是给定信息，典型的新信息是未给定信息。共知信息接近旧信息，未知信息靠近新信息。给定信息是与上文已经出现的实体或发话人预料受话人可以识别的实体存在部分-整体、领属关系(包括亲属关系、社会关系)的实体，受话人可以在这些关系的帮助下明确识别此类实体。可推信息新中有旧，更靠近新信息，是发话人提供线索、受话人可以进行推导的信息，如省略、从属或连带关系，但往往不能确定其所指。如下所示：

共知信息——给定信息——可推信息——未给定信息——未知信息

← 旧信息 新信息 →

信息类别	发话人已知所指	受话人已知所指	信息由发话人给出	指称性质
共知信息	+	+	−	定指
给定信息	+	+	+	定指
可推信息	+	−	(+)	不定指
未给定信息	+	−	+	不定指
未知信息	−	−	−	无指

3.1.2 语篇的信息结构模式

信息结构原本是句法层面的概念，被看作句子的语法成分，形式域限于句子或小句。以 Halliday 为代表的功能语言学者将这个概念引入语篇研究，突破句子的限域，将其放在语篇的层面进行研究。

语篇的信息结构是指在语篇所传递的信息流中，由各个信息单位(information unit)所组织形成的结构。在我们统计的叙事语篇中，最常见的有以下几种信息结构模式。

Ⅰ. 共知信息领前模式

模式一：共知信息+未给定信息

(6) 美国弗吉尼亚州有一处没有名称的工业园，园内有一处不起眼的砖砌建筑，那里，是中央情报局监控海外网络舆情的大本营“开放源中心”。

(7) 昨天，湖南、甘肃两省发生安全事故，共导致53人遇难。

例(6)中“美国弗吉尼亚州”是共知信息，“一处没有名称的工业园”是未给定信息。例(7)中“湖南”“甘肃”是共知信息，“安全事故”是未给定信息。

模式二：共知信息+可推信息

(8) 昨日，孟津县城关镇长华村98岁老人王荣花吃过午饭后，穿上干净的花棉袄去街口的老邻居家串门。

例(8)中“孟津县城关镇长华村”是共知信息，“街口的老邻居”是可推信息。

Ⅱ. 给定信息领前模式

模式一：给定信息+未给定信息

(9) 王小全转过头一看，身边站着一高一矮两个大汉，两人一脸横肉目露凶光。

(10) 花园里砌了一只巨大的花坛，花坛四周全部都是金盏菊。

例(9)中“王小全”是给定信息，“一高一矮两个大汉”是未给定信息。例(10)中“花园”是给定信息，“一只巨大的花坛”是未给定信息。

模式二：给定信息+给定信息

(11) 王小全睁眼一看，眼前正是那两个大汉。

(12) 因为腹中空空，大中乌龟很快将自己的那份蛋糕吃完了。

例(11)中“王小全”是给定信息，“那两个大汉”也是给定信息。例(12)中“大中乌龟”和“自己的那份蛋糕”都是给定信息。

模式三：给定信息+可推信息

(13)阿义站住。“你过来!”他听到石供桌上的人喊叫，并且看到那个人高抬着一只手。

(14)蚂蚁在森林里走，突然遇到一只大象，蚂蚁连忙一头钻进土里，伸出一只腿。

例(13)中“他”是给定信息，“石供桌上的人”是可推信息。例(14)中“蚂蚁”是给定信息，“一只腿”是可推信息。

Ⅲ. 未给定信息领前模式

模式一：未给定信息+未给定信息

(15)不一会儿，一名女子拎着东西走出超市，并走进路旁一辆奔驰车内。

(16)一个小偷来到一个居民区，他看到一个小孩坐在房子门口，脖子上还挂着一串钥匙。

例(15)中“一名女子”和“一辆奔驰车”都是未给定信息。例(16)中“一个小偷”和“一个居民区”都是未给定信息。

模式二：未给定信息+给定信息

(17)一位中年女乘务员走过来拉开了香雪。

例(17)中“一位中年女乘务员”是未给定信息，“香雪”是给定信息。

这几种模式中，最常见的是给定信息领前模式，特别是其中的模式一：给定信息+未给定信息。值得注意的是，未给定信息领前模式也是较为常见的一种信息结构，这和普遍认为的已知信息先于新信息的原则恰恰相反，这种信息结构对语篇的依赖性较强，可以说，只有在语篇中，这种信息结构才能大量合理地存在。

3.1.3 实体首现的信息类别

因为实体首现的表述形式都指称实体对象，都是有指的，所以，实体首现没有表示无指的未知信息的情况。根据首现实体与其他四个信息类别的对应关系，我们将其分为四类：起蒂实体、完全激活实体、部分激活实体和全新实体。

Ⅰ. 起蒂实体首现

起蒂实体首现即作为“叙事起蒂”的实体在语篇中首现，这里的实体采用的是广义的概念，即包括时间和处所(吕叔湘，1985)。起蒂实体是发话人预料受话人在交际之前就已知或可以完全识别的实体，属于共知信息。此类实体的首现形式通常是定指的，在语篇中起到叙事起蒂的功能，为后续语篇中的实体或事件的出现和理解提供背景。例如：

(18)民国年间，路州城里出了个能人，名叫温六，他有一手做轿子的绝活，轿夫们都说，温六做的轿子外观气派华贵，而且抬着最舒服，分量轻，不压肩，走起来一点响声都没有，接口之间严丝合缝，要做到这一点可不容易，要知道，那时的木工是不用钉子的，全靠木头之间的咬合力。要搁现在，温六这双巧手，也算得上是“民间艺术家”了，可在那兵荒马乱的年月，他空有一手绝活，却连肚子也填不饱。

“民国年间”和“路州城”都是交际双方在交际之前就知道或可以完全识别的实体，为后面的语篇提供了时间和处所背景。这类首现就是起蒂实体首现。

Ⅱ. 完全激活实体首现

完全激活实体是指与上文已经出现的实体或发话人预料受话人可以识别的实体存在部分-整体、领属关系(包括亲属关系、社会关系)的实体。受话人可以在这些关系的帮助下来识别此类实体，属于给定信息。如：

(19)从前，有一个姓王的泥人世家，手艺超群，世代相传，传到王小全这一代，已是青出于蓝而胜于蓝，王小全不仅会单手捏，还擅长“盲捏”。可等王小全到了二十多岁，却再也不愿干这个行当了，他不顾父亲泥人王的反对，坚持要去几百里之外的安宜城做茶叶生意。

例(19)中“王小全”和“父亲泥人王”都是首现的实体，但受话人可以通过上文出现的“一个姓王的泥人世家”来识别这两个实体，因为“王小全”和“一个姓王的泥人世家”存在部分-整体的关系；而“父亲泥人王”和“一个姓王的泥人世家”是部分-整体的关系，和“王小全”是亲属关系。所以，“王小全”和“父亲泥人王”就是完全激活的首现实体，属于给定信息，与定指的形式相匹配。

Ⅲ. 部分激活实体首现

很多学者都注意到，已知信息有受话人可以识别和不能识别两种情况，可以识别时就用定指形式来表示，不能识别时就用不定指形式来表示(王红旗，2004；方梅，2005 等)。我们调查证实，这种看法是符合语言事实的。因此，我们将激活实体分为完全激活实体和部分激活实体。完全激活是指受话人可以通过线索明确识别出来的情况，部分激活是指受话人通过线索不能完全明确地识别实体的情况。试比较：

(20)母亲抬起手。(完全激活)

(21)母亲抬起一只手。(部分激活)

例(20)中首现实体“手”的识别线索为领有者“母亲”。“母亲的手”成为这个语境中的唯一对象，受话人可以顺利识别，是定指的。也就是说，“母亲”可以完全激活“手”。

例(21)中“一只手”的识别线索需要有两个，一个是领有者“母亲”，一个是区别性的“哪只手”。“一量名”的形式让“母亲的手”不再是语境中的唯一对象，而是“母亲的左手”或“母亲的右手”两个可能对象。所以，

“母亲”只是激活“一只手”的条件之一，只是部分激活了“一只手”，让受话人识别出是“母亲的手”，却无法识别是母亲的“哪只手”，是不定指的，属于可推信息。

Ⅳ. 全新实体首现

发话人预料受话人未知，且没有上文或共知信息作为识别线索的首现实体。此类实体的首现形式通常是不定指的，属于未给定信息。如：

(22)泥人王叹了口气，拿出一对巴掌大小、金光闪闪的宝物来，对儿子说：“这是咱家的祖传宝物，叫龙凤呈祥，由一只金龙和一只金凤组成，现在你把这只金龙随身带着，一是保佑你一路平安，二是遇到危难时也好救个急。”

例(22)中“一对巴掌大小、金光闪闪的宝物”在语篇中是第一次出现，且在上文或受话人的意念中没有可识别的线索，这就是全新实体首现。典型的全新实体首现传递未给定信息，常使用不定指的形式来指称。

3.1.4 信息结构与实体首现句法位置的对应关系

Halliday(2004)指出，信息单位和小句语法单位并不是一一对应的。也就是说，一个信息单位可能是由两个或多个小句所构成的，同时，一个小句也可能是由两个或多个信息单位所构成的。我们认为，这是信息单位和小句语法单位的差别之一，还有一个值得注意的方面是，句首状语往往被排除在小句句法成分之外，但信息结构包括语篇中所有信息，自然也包括句首状语。并且，我们发现，句首状语在语篇的信息结构中起着非常重要的作用，具有不可忽视的语篇价值。

信息单位和小句虽然不是一一对应的关系，但信息结构位置和句法成分位置有一定的对应规律。我们结合实际语料将信息结构的前后两个位置和句法成分的不同位置进行了匹配，在总体上将谓语中心词之前的句法位置(包括句首状语)对应信息结构的前部位置，谓语中心词及其之后的句法位置对应信息结构的后部位置。如下例所示：

(23)他蹑手蹑脚，连呼吸都屏住，生怕惊动了那两条凶猛的狼犬。

前部信息　　　　　　　　　　　　　后部信息

(24)蚂蚁和大象结婚了。

前部信息　后部信息

(25)三岁半时母亲就把我送进了幼稚园，园长是前面提过的那位

前部信息　　　后部信息　　　前部信息　　　后部信息

母亲的老同学。

(26)10月20日上午10时半，正在店口海事所传达室工作的周老

前部信息

汉突然听到门外江岸边传来“有人落水了，快救人啊”的尖叫声。

后部信息

实体首现的句法位置有主语、宾语、状语和定语四种，与信息结构对应的规律为：状语、主语和定语有可能与信息结构的前部位置相对应；定语和宾语有可能与信息结构的后部位置相对应。结合前文总结的信息结构模式，我们将句法位置与信息结构之间的对应关系排列如下：

首现实体：起蒂实体　　　　全新实体、部分激活实体

完全激活实体　　全新实体、完全/部分激活实体

全新实体　　　　全新实体、完全激活实体

↕　　　　　　　　↕

信息结构：共知信息　　＋　未给定信息、可推信息

给定信息　　＋　未给定信息、给定信息、可推信息

未给定信息　＋　未给定信息、给定信息

↕　　　　　　　　↕

首现句法位置：句首状语、状语、　　定语、宾语

定语、主语

由此，我们可以推导出实体首现句法位置和信息结构的基本对应

关系。

Ⅰ. 起蒂实体、完全激活实体和全新实体分别传递共知信息、给定信息和未给定信息，可能首现在句首状语、主语、状语、定语位置。其中最为常见的情况是：起蒂实体首现在句首状语和状语位置；完全激活实体和全新实体首现在主语或定语位置。

Ⅱ. 全新实体、完全/部分激活实体分别传递未给定信息、给定信息或可推信息，可能出现在谓语部分的定语或宾语位置。

Ⅲ. 实体首现的句法位置和信息结构的对应关系体现出一定的倾向性规律，表现如下(箭头表示“倾向于”)：

主语——→给定信息

宾语——→未给定信息

状语——→共知信息

定语——→给定信息

3.2 主位推进模式对实体首现句法位置的影响

语篇是由话题的延续、转换和逐步推进形成的。话题的推进主要体现为话题在主位、述位上的位置变化，也就是主位推进模式。主位推进模式关系到语篇的信息流动(information flow)，对实体首现对句法位置的选择有一定影响。

3.2.1 主位推进模式的类型

van Dijk(1979)、徐盛桓(1985)、胡壮麟等(2008)、唐青叶(2009)等学者都关注主位推进模式的研究，提出了不同的模式类型，这些类型有相似的地方。主要的基本模式可以概括为四种：①放射型，也称“主位同一型”，即语篇中连续几个句子的主位是相同的，但述位不同；②聚合型，也称“述位同一型”，即语篇中连续几个句子的述位相同，但主位不同；③阶梯型，又称为“延续型”，即语篇中连续的几个句子中，后一个句子的主位是前一个句子的述位；④交叉型，即语篇中连续的几个句子中，后一个句子的主位和述位与前一个句子的主位和述位相互交叉或部分交叉。

上述四种类型都考虑的是几个句子的主位或述位相同的情况，但我们从实体首现的角度考察发现，在汉语叙事语篇中，主/述位除了相同的关系以外，还广泛存在着另外一种可以推进话题的关系，就是主/述位之间存在所属或同属关系。所属指的是主/述位有整体-部分或领属关系(包括亲属关系、社会关系等)。同属指的是主/述位是属于同一个整体的不同部分，或与同一个实体有不同的领属关系。请看下面的例子：

(27)今年真不是周志厚的好日子。三叔周有洋急病辞世，女友姜成珊与他分手，本来拥有运动员身段的他因整日发呆，疏于练习，一日在镜子里看见自己，发觉双臂肌肉少了一圈，肩膀垮垮，一脸干思，忽然像个怨怼的书生。朋友很替他担心，尤其是公司伙伴罗承坚。

这段话中，“周志厚”是中心话题，所有句子都是围绕这个人物展开的。为了保持话题的连贯性，句子的主位或述位基本上都存在所属或同属关系。如主位上的“三叔周有洋”“女友姜成珊”“朋友”和述位上的“公司伙伴罗承坚”都与“本来拥有运动员身段的他”存在所属关系。也就是说，这个语篇的话题是由存在所属和同属关系的主/述位推进的。

从3.1节中总结的信息结构模式来看，给定信息在信息结构中是非常常见的，有很大一部分句子的主位或述位上都是传递给定信息的激活实体。这些激活信息之间往往存在着所属和同属的关系，在主/述位上交替出现，推进了话题的延续。

在我们观察到的语料中，这种话题延续方式是大量存在的，甚至可以说是一种主要的话题延续方式。因此，我们将所属和同属的关系加入主位推进模式，合并到主/述位同一的情况中，在学者们已有研究的基础上将四种基本的主位推进模式进行了重新定义。

Ⅰ. 放射型主位推进模式

语篇中连续几个句子的主位相同或存在所属、同属的关系，而述位不同，如图 8 所示。（T 表示主位，R 表示述位，T′表示存在所属或同属关系的主位，R′表示存在所属或同属关系的述位，下同）

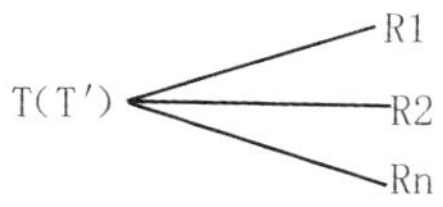

图 8　放射型主位推进模式

Ⅱ. 聚合型主位推进模式

语篇中连续几个句子的述位相同或存在所属、同属的关系，而主位不同，如图 9 所示。

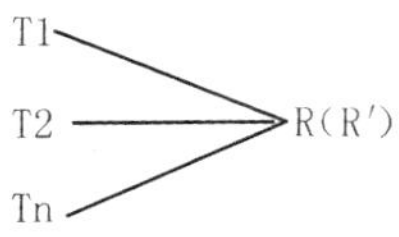

图 9　聚合型主位推进模式

Ⅲ. 阶梯型主位推进模式

语篇中连续的几个句子中，后一个句子的主位与前一个句子的述位相同或存在所属、同属的关系，如图 10 所示。

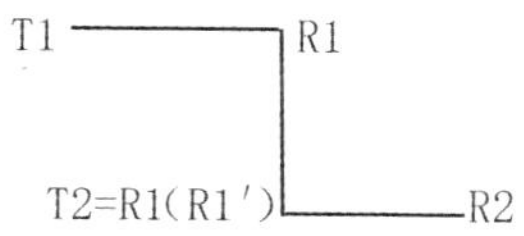

图 10　阶梯型主位推进模式

Ⅳ. 交叉型主位推进模式

语篇中连续的几个句子中，后一个句子的主位和述位与前一个句子的主位和述位相互交叉或部分交叉，存在所属、同属的关系，如图 11 所示。

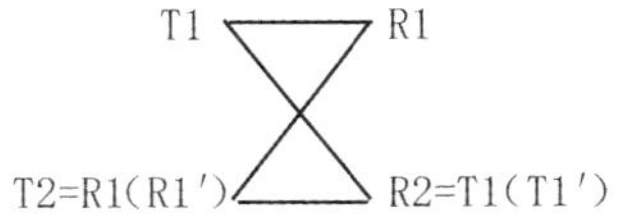

图 11　交叉型主位推进模式

在叙事语篇中，这几种类型的主位推进模式往往会交替出现。其中，最常使用的是放射型主位推进模式，其次是阶梯型，聚合型和交叉型则相对较少。这是因为放射型主位推进模式有利于集中对实体的行为状态和事件的发展过程进行叙述，符合叙事语篇的特点和要求。阶梯型推进模式可以使信息连贯地流动，使话题平稳地转换、过渡，环环相扣，达到逐步推进叙事情节的目的。

3.2.2　主位推进模式与实体首现句法位置之间的关系

汉语叙事语篇中，主位结构有两种：无标记主位和有标记主位。句子中的主语构成无标记主位，其他句首成分则表示有标记主位。有标记主位基本上都是句首状语，主要提供时间、空间等背景信息。如：

(28) 2011 年夏天，马联科身体不适，连续 3 天都呕吐，也吃不下饭。但他每天仍强忍着出去买菜，给岳母做一日三餐，看她吃完才放心。

(29) 教堂里，一个小男孩在祈祷：上帝呀，我只有一个小小的心愿，请把首都移到纽约吧!

句首状语“2011 年夏天”是例(28)的有标记主位，传递的是时间背景信息。“教堂里”是例(29)的有标记主位，传递的是空间背景信息。

在我们观察到的语料中，无标记主位，即主位与主语重合的出现比例非常高，占 95.8%，有标记主位只占 4.2%，且在新闻和笑话中出现得较多。

由此，我们推导出主位、述位与实体首现句法成分位置的基本对应关系，如图 12 所示。

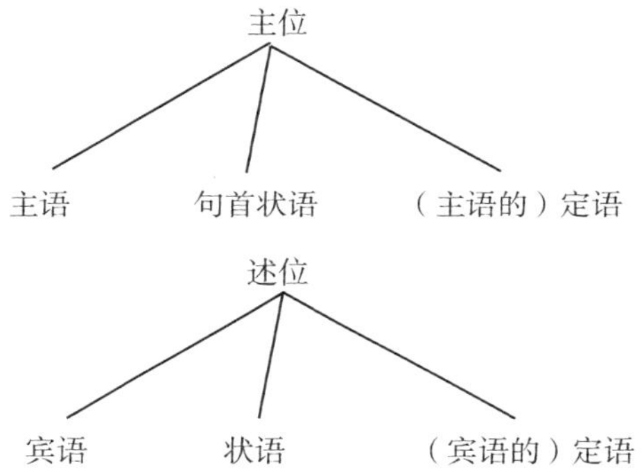

图 12　主位、述位与实体首现句法成分位置的对应关系图

3.3　语篇的衔接对实体首现句法位置的影响

Halliday(2004)认为，语篇的衔接手段有两种：语法衔接(grammatical cohesion)和词汇衔接(lexical cohesion)。对实体首现句法位置有影响作用的主要是词汇衔接中的上下义/局部-整体关系(hyponymy/meronymy)手段，具体表现为，激活实体首现往往能够在语篇中起到衔接作用。

激活实体主要有两种情况，一种是被上下义关系激活，也就是抽象、概括和具体的关系；一种是被整体-部分关系激活。这两种激活实体的首现都能衔接上下语句，使语篇更加连贯。请看下面的例子：

(30) 乘凉的人很多。男人们在路灯下打扑克，小孩子坐在马路沿上吃西瓜，老太太则搬着小板凳扎成堆，东家长，西家短地聊闲篇。

例(30)中“乘凉的人”包含了“男人们”“小孩子”和“老太太”。所以，“乘凉的人”可以通过上下义的关系激活“男人们”“小孩子”和“老太太”。

激活关系，如图13所示。

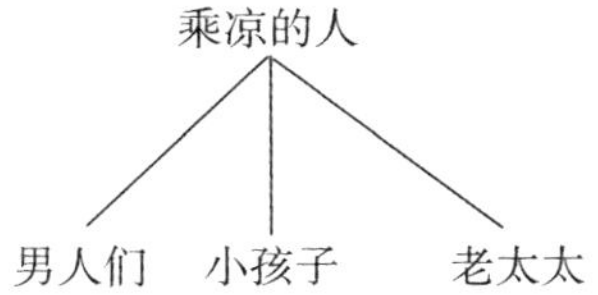

图13 首现实体的上下义激活关系图

例(30)中先用上义词“乘凉的人”进行概述，然后再用下义词“男人们”“小孩子”和“老太太”分别描述各种乘凉的人的不同动作状态，使得语句之间关系紧密，叙事通畅连贯。并且，从抽象到具体的描述具有丰富的叙事层次，可以把人们乘凉的场景逐步全面地展示出来，提高真实感和画面感。

再来看看整体-部分关系激活的例子：

(31) 虞硕果哭得红了眼睛，红了眉毛，红了脸蛋，红了脖子，四肢却苍白冰凉。

例(31)中“虞硕果”和“眼睛”“眉毛”“脸蛋”“脖子”和“四肢”之间是整体和部分的关系。“虞硕果”可以通过整体-部分的关系激活“眼睛”“眉毛”“脸蛋”“脖子”和“四肢”。

激活关系，如图14所示。

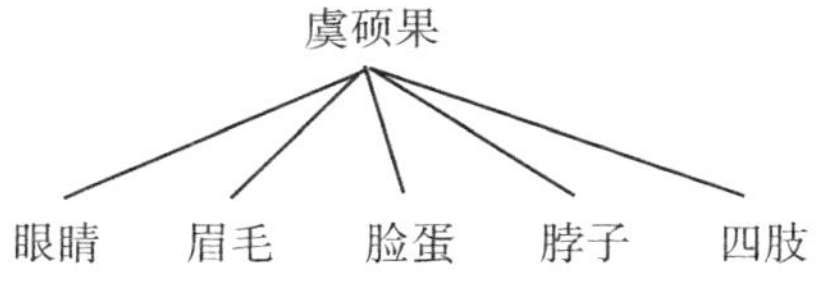

图14 首现实体的整体-部分激活关系图

例(31)中围绕“虞硕果”展开了一系列描述，从“眼睛”“眉毛”“脸蛋”“脖子”到“四肢”等，都是“虞硕果”的局部部位，这种整体-局部的关系将不同角度的描述衔接在一起，使语篇紧密连贯，并通过对局部的描写，深入细致地刻画了“虞硕果”哭的样子。

从这两个例子可以看出，激活实体首现是一种重要的语篇衔接手段，可以使语篇中不同的语句紧密联系起来，使话题逐步推进，场景逐步具体清晰，有利于增加语篇的生动性和层次性。

从我们统计的语篇来看，激活实体首现大部分出现在主语和宾语的位置，这是主位推进模式和衔接功能共同影响的结果。因为主位推进模式中有着所属和同属关系的激活实体在主/述位上经常出现，起到推进话题延续的作用，而作为一种重要的语篇衔接手段，激活实体也经常选择主语和宾语的位置首现，起到衔接上下文、增加语篇连贯性的作用。

4. 实体首现对句法成分位置选择倾向的成因分析

上文讨论的几个语篇因素对句法结构都有选择和制约的作用，但这种作用并不是绝对的，而是具有一定的倾向性和灵活性。同一类句法形式可以与多种不同的语篇功能相对应，而同一种语篇功能也可以对应不同的句法形式。这形成了句法形式的多样性特征。但同时，语篇功能和句法形式之间存在一定的规约性关系，语篇因素对句法形式的塑造和制约形成了句法形式的倾向性特征。所以，实体首现对句法成分位置的选择倾向也是在上述语篇因素的综合影响下形成的。下面我们将结合语篇因素对上文总结的倾向性规律的成因进行逐一分析。

4.1 为什么实体首现倾向于选择主语和宾语位置

从总体分布上来看，宾语是实体首现最常选择的句法位置，主语次之，状语和定语较少。从语义的角度看，信息焦点指的是发话者认为比较重要、需要引起受话者注意的信息；从句法层面看，信息焦点是由负载较大信息强度的成分所体现。信息焦点在语句线性序列中的位置存在一定的规律——末尾焦点原则。末尾焦点原则是语言学家 R. Quirk 等人提出来的。R. Quirk 等认为，制约句子内部安排的因素之一就是末尾焦点原则，人们在说话时倾向于把新信息放在末尾。何善芬等学者认为，句子的信息编排往往遵循从已知到未知的原则，即越靠近句子尾部，信息内容就越新，信息焦点一般由位于信息单位尾部、承载新信息的句法成分体现。这是因为新信息的传递需要一定的已知信息作依托，不然就会给听话者造成理解上的困难(玄玥，2002)。

在汉语中，位于句末的往往是汉语动词宾语。汉语动词宾语的位置一般是最主要的新信息位置、焦点位置，由此造成人们把具有典型新信息价值的首现实体放在句尾，突出其焦点价值。

同时，上文我们总结的三个语篇因素也综合影响了实体首现对句法位置的选择。

在 3.1 节中，我们总结出了句法位置和信息结构之间的倾向性对应关系，即主语最主要的功能是传递给定信息；宾语最主要的功能是传递未给定信息；状语最主要的功能是传递共知信息；定语最主要的功能是传递给定信息。而实体首现中，传递未给定信息的全新实体数量是最多的，所以宾语位置就成为实体首现最偏好选择的句法位置。

从主位推进模式来看，叙事语篇最常用的是放射型主位推进模式，也就是多个小句的主位相同或存在所属/同属关系，而述位不同。这就让语篇中大部分的句子宾语都会有新的实体出现，从而使宾语成为首现实体的主要句法位置。同时，很多句子的主位都是相同的，这使得出现在主位上的首现实体较少，而再现实体较多。还有一部分句子的主位之间是所属/同属的关系，这样就有一些激活实体会在主语位置首现，使主语位置成为仅次于宾语的常用实体首现句法位置。

从语篇的衔接手段来看，上文讨论过，激活实体首现是一种重要的词汇衔接手段。而很多激活实体都是在主语和宾语位置上首现的。所以，由于语篇衔接的需要，会出现大量激活实体选择在主语和宾语位置首现的情况。

4.2 为什么生命度越高的实体越倾向于选择在主语位置首现，而生命度越低的实体越倾向于在宾语位置首现

Bock J. K. 和 Warren R. K.（1985）提出概念易解度（conceptual accessibility），即词汇从记忆中被激活和提取的容易度。较高概念易解度的词汇通常是有生命的或是具体形象的（imageable），以及充当句子主语或位于句子前端位置的。陆丙甫（2005）提出“可别度领前”原理，即语言中可别度高的成分倾向于前置，可别度低的成分倾向于后置。可别度高的成分在人类的认知活动中更容易被识别，生命度高的成分比生命度低的成分可别度高。汉语倾向于把可别度高的成分安排在主语位置。所以，首现实体位于主语位置时，为了进一步提高概念易解度或可别度，会倾向于选择生命度较高的实体。这一点在无定主语句中体现得尤为明显。

4.3 为什么普通名词、“形+名”和“名名联合”短语是主/宾倾向型首现形式

我们发现，普通名词、“形+名”和“名名联合”短语都倾向于表示完全激活实体或部分激活实体首现。这三类首现形式在指称上都具有两面性：用于完全激活实体首现时表示定指；用于部分激活实体首现时表示不定指。所以，从所首现的实体类别和指称性质来看，这三类首现形式对主语和宾语位置的选择是比较自由的。

从语篇信息结构来看，完全激活实体首现传递的是给定信息，部分激活实体首现传递的是可推信息。在3.1节中我们总结了叙事语篇的信息结构类型，给定信息倾向于在主语位置出现，可推信息倾向于出现在宾语位置。所以，普通名词、“形+名”和“名名联合”短语通常出现在主语和宾语位置，且对这两个句法位置没有明显的倾向差异。

从主位推进模式来看，存在所属和同属关系的完全或部分激活实体是主位推进模式中的重要环节。在放射型主位推进模式中，同属的完全激活

实体可能出现在连续几个句子的主语位置，起到推进叙事的作用；在聚合型和阶梯型主位推进模式中，同属的部分激活实体会出现在连续几个句子的宾语位置；在交叉型主位推进模式中，则有两种情况，完全激活实体出现在主语位置，部分激活实体出现在宾语位置。所以，在各个类型的主位推进模式中，普通名词、“形+名”和“名名联合”短语都倾向于出现在主语和宾语位置。

从语篇的衔接手段来看，激活实体首现是一种重要的词汇形式的衔接手段，能在语篇中起到衔接上下文的作用。而衔接需要环环相扣，所以作为衔接手段的激活实体首现主要是出现在主语或宾语这一前一后两个位置上。这就使得主语和宾语成为普通名词、“形+名”短语、“代+名”短语和“名名联合”短语在作为衔接手段时的主要句法位置。

4.4 为什么专有名词、代词、“代+名”短语和同位短语是主语倾向型首现形式

专有名词、代词、“代+名”短语和同位短语一般都是表示定指的形式，常用于起蒂实体或完全激活实体首现，并且一般是语篇的全局话题或局部话题。因此，从所首现的实体类别、指称性质和话题功能来看，这三类首现形式都适合出现在主语位置。

从信息结构来看，起蒂实体和完全激活实体首现传递的分别是共知信息和给定信息，都靠近已知信息。在3.1节总结的几种信息结构类型中，共知信息和给定信息都倾向于被安排在主语位置。所以，专有名词、代词、“代+名”短语和同位短语这四类首现形式通常出现在信息结构前端的主语位置。

从主位推进模式来看，放射型和交叉型主位推进模式中可能会使用有同属关系的完全激活实体，在连续几个句子的主语位置相继出现来推进语篇。所以，在表示同属的完全激活实体首现时，专有名词、代词、“代+名”短语和同位短语通常出现在主语位置。

从语篇的衔接手段来看，作为衔接手段的完全激活实体一般都出现在

主语位置上。这也使得主语成为专有名词、代词、“代+名”短语和同位短语在表示完全激活实体首现时的主要句法位置。

4.5 为什么“一量名”、“数量名”、“的”字短语和数词是宾语倾向型首现形式

“一量名”、“数量名”、“的”字短语和数词通常表示不定指，主要用于全新实体或部分激活实体首现。在话题功能上，“一量名”和“数量名”短语指称的首现实体往往是语篇的全局话题，“的”字短语和数词所指称的通常是非话题实体。2.3节中总结指出，无论是全新实体还是部分激活实体首现，无论是全局话题还是非话题实体首现，都偏好在主语位置出现。所以，“一量名”、“数量名”、“的”字短语和数词的指称性质和所首现的实体类别都偏好选择主语位置。

从信息结构来看，全新实体或部分激活实体首现传递的分别是未给定信息和可推信息，都接近新信息。在3.1节中讨论过，未给定信息和可推信息都倾向于被安排在宾语位置。所以，“一量名”、“数量名”、“的”字短语和数词用于实体首现时通常出现在作为末端焦点的宾语位置上。

从主位推进模式来看，“一量名”、“数量名”和“的”字短语通常被用于阶梯型或交叉型主位推进模式，最典型的用法是在前一个句子的宾语位置首现一个新实体，然后在后一个句子的主语中再现这个实体，依次推进，环环相扣，形成首尾相连的链状推进模式。所以，在用于主位推进模式时，表示实体首现的“一量名”、“数量名”和“的”字短语通常出现在主语位置。

从语篇的衔接手段来看，“一量名”、“数量名”、“的”字短语和数词一般是通过表示部分激活实体首现起到衔接作用，部分激活实体一般都出现在宾语位置上。所以，在语篇衔接的需求下，宾语位置成为“一量名”、“数量名”、“的”字短语和数词的主要句法位置。

4.6 为什么“动+名”和“名+名”短语是状语倾向型首现形式

“动+名”和“名+名”短语常用于非话题实体首现。所以倾向于出现在非中心信息的状语位置，为话题提供背景信息。如：

(32)一天下午，在工商银行行长办公室，一位公安同志突然到访，他出示证件以后问道：“你们单位是不是有个叫苏晓山的人?”

例(32)中“工商银行”“行长”和“办公室”都是以“名+名”短语形式首现的实体，在语篇中都是非话题实体，为话题实体“一位公安同志”提供背景信息，所以适合出现在状语位置。

从主位推进模式和衔接手段来看，话题推进和语篇衔接这两个语篇功能通常是在主语和宾语位置上起作用的，而非话题实体的话题推进和衔接功能较弱，所以，“动+名”和“名+名”短语在用于非话题实体首现时，较少出现在主语和宾语位置上。

5. 结语

语篇的信息结构、主位推进模式和衔接手段影响实体首现对句法位置的选择。

语篇的信息结构往往遵循从旧到新的原则，所以，起蒂实体倾向于在状语位置首现；完全激活实体倾向于在主语位置首现；部分激活实体和全新实体倾向于在宾语位置首现。而实体首现中，传递未给定信息的全新实体数量是最多的，所以宾语位置成为实体首现最偏好选择的句法位置。

从主位推进模式来看，叙事语篇最常用的是放射型主位推进模式，也就是多个小句的主位相同，而述位不同。因此，语篇中大部分的句子在宾语位置都会有不同的首现实体，从而使宾语成为首现实体的主要句法位置。而很多句子的主位都是相同的，使出现在主位上的首现实体较少，而再现实体较多，所以，主语位置成为仅次于宾语的实体首现句法位置。

从语篇的衔接手段来看，存在所属/同属关系的激活实体首现是一种重要的词汇衔接手段。由于句子之间首尾衔接的需要，会出现大量激活实体在主语和宾语位置首现的情况。

实体首现对句法位置选择的倾向性规律在不同类型的叙事语篇中具有一定的普遍性。在新闻和笑话中，主语的比例高于宾语。我们发现，这两类语体中，无定主语句的数量相对较多。对叙事准确性要求较高的语体，如回忆录和小说等，更重视利用修饰语位置来首现实体。而对叙事紧迫性要求较高的语篇中，会尽量减少修饰语的数量和长度，以最经济的语言来传递最重要的信息，所以，定语位置上实体首现的出现比例相对较低。

◎参考文献

[1]方梅：《篇章语法与汉语篇章语法研究》，载《中国社会科学》2005 年第 6 期。

[2]方梅：《语篇语法与汉语研究》，见刘丹青主编：《语言学前沿与汉语研究》，上海教育出版社 2005 年版。

[3]胡壮麟，朱永生，张德禄等：《系统功能语法概论》，北京大学出版社 2008 年版。

[4]刘琪：《句法与语篇：汉语叙事中实体首现的规律与无定构式的成因分析》，华中师范大学博士学位论文，2014 年。

[5]陆丙甫：《语序优势的认知解释：论可别度对语序的普遍影响》，载《当代语言学》2005 年第 1、2 期。

[6]吕叔湘，江蓝生(补)：《近代汉语指代词》，学林出版社 1985 年版。

[7]唐青叶：《语篇语言学》，上海大学出版社 2009 年版。

[8]王红旗：《功能语法指称分类之我见》，载《世界汉语教学》2004 年第 2 期。

[9]徐盛桓：《再论主位和述位》，载《外语教学与研究》1985 年第 4 期。

[10]玄玥：《焦点问题研究综述》，载《汉语学习》2002 年第 4 期。

[11] Bock J. K., Warren R. K.. Conceptual Accessibility and Syntactic Structure in Sentence Formulation. *Cognition*, 1985(21).

[12] Chafe W.. *Discourse, Consciousness and Time: The Flow and Displacement of Conscious Experience in Speaking and Wring*. Chicago: University of Chicago Press, 1994.

[13] Haliday M. A. K.. *An Introduction to Functional Grammar* (*3rd eds.*). Beijing: Foreign Language Teaching and Research Press, 2004.

[14] Quirk Randolph, Sidney Greenbaum, Geoffrey Leech, Jan Svartvik. *A Grammar of Contemporary English*. Harlow: Longman Group United Kingdom, 1972.

[15] van Dijk T. A.. Review of R. O. Freedle (eds.). *Journal of Linguistics*, 1981(17).

“有 N 没 N”与“有 N1 没 N2”的构式演变及异同①

卢芸蓉　朱　军

（南京审计大学文学院）

1. 引言

对举是汉语中常见的一种句法-语义范畴，汉语表达对举有很多手段和方式，比较常见的是短语形式和句子形式（对举项作为分句），前者如“V1 来 V2 去”“有 A 有 B”“没 A 没 B”“不 A 不 B”等，后者如“A 也好，B 也罢”“A 也不是，B 也不是”“要 A 有/没/就 A，要 B 有/没/就 B”“A 也得 X，不 A 也得 X”等。表达对举的语言形式有实体类，如“深一脚浅一脚”“吃了饭，喝了汤”，也有格式类，内含常项和变项（可替换成分）。随着变项能进入成分的多样化，对举格式的语义也呈现多样化的特点。如“你 A 你的 X，我 B 我的 Y”结构，在“对立”的构式义基础上，产生无交集、无矛盾、无统筹、无关联等具体语义，构成从客观到主观的序列（朱军、李丽君，2015）。

对汉语对举格式的研究由来已久，角度多样，如修辞角度作为对仗的研究，语法角度一个方面是讨论格式变项的准入及变项的特点，另一方面

① 本文是江苏省社会科学基金重点项目“基于互动与回声的汉语话语构式语法研究（17YYA002）”阶段性成果。

是研究各种具体对举格式的语义类型(如刘丹青，1982；周殿龙，1990；周荐，1991；张国宪，1993；殷志平，2004；资中勇，2005；铃木庆夏，2006；陈一，2008等)。本文则从多义性与同构化的静态角度以及构式演变的动态角度讨论对举格式“有N无N”及“有N1无N2”。它们都是由常量、变量构成，在实际使用中都有着构式演变的特征，在演变趋向上有大致的一致性，但具体路径又有差异。在此基础上我们提出一个基本观点，在Traugott和Trousdale(2013)提出的构式变化与构式化界限当中，是否已经跨范畴(cross-category)可作为一个衡量的标准，跨语义范畴的演变是构式化的一个基本条件。本文语料主要取自BCC、CCL语料库，另有一些其他来源的语料也都标明出处。

2. “有N没N”的意义/功能

这里所讨论的“有N没N”指的是两个N完全同形、“有N”与“没N”构成直接成分的情况。例如：

(1)小伟尝到了甜头，一发不可收了，有事没事都往翠翠家里跑。(2005年《故事会》)

(2)对于家庭比较困难的病人，张忠照样不收钱，有钱没钱一样治。(1998年《人民日报》)

“有N没N”中的N以单音节名词或代词为主，前者如例(1)(2)，后者如：

(3)我这可不是追你下的套儿使的计，犯不上，有你没你我照过。(王朔《我是你爸爸》)

N也有双音节的情况，三音节极为少见。例如：

(4)再说，他又并不关心人家有前途没前途，眼下，他自家的事

都已经够操心了！（周克芹《许茂和他的女儿们》）

（5）哎哟7点半呀欢迎国内同胞，海外侨胞，有馅儿没馅儿的各种大小包，……（BCC微博）

“有N没N”在句法功能上可作为复句的分句或紧缩句的一部分，如例（1）~（3）；也可以充当谓语，如例（4）；还可以做定语，如例（5）。其作状语的情况如下：

（6）有的群众有事没事见了面还要问一声爷爷：“这两天报纸上又有啥新精神？”（1998年《人民日报》）

“有N没N”做主语、宾语和补语的情况较为少见。

本文更为关注的是“有N没N”格式的语义与功能。“有N没N”最基本的功能是表对举，但在具体的语境中也浮现出周遍/无条件、高频率的语义。

2.1 对举义

“有N没N”格式的对举义与其构成有直接关系，基本是“有N”与“没N”的对举，实则是“有”和“无”的对举，但也分并列、选择等具体含义，因对举的形式特点，格式多少带有一定的对比色彩。例如：

（7）真正和这座城市的人们贴得紧的，是散落在居民院落和小巷里的众多有名没名的泉水。（新华社2001年9月新闻报道）

（8）为什么反而一上了大学，因为每天要上几节有用没用的课，好好的青年们就让父母和老师们忧心忡忡、提心吊胆呢？（网络语料）

（9）我是真心受不了贴吧那几个什么什么了，有脑子没脑子啊？（BCC微博）

（10）偏偏天足派有人叫起阵来：“敢脱鞋光脚叫我们瞧瞧吗？包在里头，比嘛？”“保莲女士，看你的啦！”“你有脚没脚？”“再

不脱鞋就认输啦!”(冯骥才《三寸金莲》)

例(7)中“有名没名”，例(8)中“有用没用”是并列关系(做选择关系理解也未尝不可)；例(9)中“有脑子没脑子”，例(10)中的“有脚没脚”是选择关系。有意思的是，选择关系的对举基本是问句(包括反问)，其对比意义比较明显。在句法上，对举义的“有N没N”要么单用，要么充当谓语或定语。

2.2 周遍/无条件义

“有N没N”在语境中还能浮现无条件义。无条件义实则强调条件的完备性，即考虑所有条件下的情况，也可叫“周遍性”。表达这种周遍性的主要手段有两种：正面罗列与正反对举，前者如“要A有/没/就A，要B有/没/就B”格式，后者如“A也得X，不A也得X”格式。很显然，“有N没N”格式属于后者。例如：

(11)说，甭理他，他几乎不回来，家里没有他，有他没他一样，他的贡献就是喝完酒回来，还剩几个小钱给家里。(百家讲坛《惊世骇俗的劳伦斯》)

(12)我说，爸，你省点精神吧！有灾没灾一个样，反正是捱饿。(戴厚英《流泪的淮河》)

“有N没N”表无条件义对语境有一定的要求，如例(11)(12)与“有N没N”共现的“一样”“一个样”，比较常见的共现成分还有“都”“无论”“不管”“有啥关系”“无所谓”“一概”。例如：

(13)有事没事，他都和扎匠们泡在一起，所以宫灯扎得很快，到腊月二十七就全部扎完了。(刘醒龙《菩提醉了》)

(14)总之，这笔帐完全是减法——所有的点缀品，无论有用没用，一概剔去。(张爱玲《更衣记》)

即便一些情况中这些成分没出现，也是可以添加上去的，而不改变其意义。例如：

(15)“……你要报案，我们也得挨牵连，而且你也跑不了，你也得进局子。警察可不分青红皂白，有事没事先蹲着你，咱们国家法制不健全你也不是不知道。”(王朔《橡皮人》)

可以在“有事没事”前面加上“无论”或“不管”。“有事没事”所在的句子其实是一个紧缩句，也可以这样说，表示无条件义的“有N没N”需要的是一个复句或紧缩句的句法环境。

2.3 高频率义

“有N没N”格式表高频率义受到一定的限制，也可以说是它的特点。首先，是N的限制，N只能是“事”或“空”(目前没有发现其他的词语)，而且两者又有不同。“有事没事”表行为的理由，常理上讲，“有事”是产生某种行为的理由，而“有事没事”表示的是，不但“有事”会产生某种行为，“没事”也产生某种行为，说明此种行为产生的经常性，由此可导出“有事没事”的高频率义。其次，是句法上可作状语，常规共现的成分是“就”。例如：

(16)而个人游政策实施后，不少内地人尤其是广东人喜欢“有事没事”往港澳跑，周五下班去港澳过周末正成为白领一族的新时尚。(新华社2003年12月新闻报道)

“有事没事”表无条件义与高频率义之间也不是截然分开的，具有一定的连绵性，这恰恰是它们之间语义联系的证据。例如：

(17)原来住在俗儿家的一班八路军，因为俗儿有事没事，也不管黑间白日的到屋里招搭……(孙犁《风云初记》)

(18)师其马上反对说：“不行不行，他是C&B的，天天有事没事

都在那里算呀算的，算术问题不能让他先说!”(李可《杜拉拉升职记》)

上面的例子从形式特征上看，与“不管”“都”共现，是“周遍/无条件义”，但从动作行为来看，又不好理解为无时无刻不在从事这样的行为，也可理解为高频率义，例(18)的“都”改为“就”更顺畅。

我们再来看“有空没空”表高频率义的情况，这里的“空”应理解为“空闲时间”，是与时间直接关联的。与“有事没事”一样，“有空没空”有对举义、周遍/无条件义和高频率义，其中高频率义的产生非常自然，无论有没有空闲时间都要从事某种行为，很自然推导出高频率义来。例如：

(19) 把祝福留给自己，有空没空就祝福她，现在留下一片空白，比什么都好。(《读者(合订本)》)

(20) 雷佳是个爱好广泛的人，看书、看报、读杂志是生活中不可缺少的一份大案；有空没空就侍弄电脑，上网溜达溜达也是她的一大乐趣；忙里偷闲听听“阿哲”迷人的歌声；还有生活中最不可缺少的写作。(BCC 科技文献)

无论是“有事没事”还是“有空没空”表高频率义，在句法上都有一个特点，就是充当状语，也可以说是副词化了。有意思的是，类似的结构“有一搭没一搭”“有一句没一句”也表频率，但不表高频率义，而表低频率义。例如：

(21) 每逢空闲，楞头青就在那里仔细擦拭车身、有一句没一句地同前来围观的其他人侃大山。(BCC 科技文献)

(22) 小莲有一搭没一搭地回信，犹似云山雾罩，始终不肯明朗。(BCC 科技文献)

其差异在于数量结构“一搭”“一句”与“事”“空”的区别，产生不了高频率义，相反，它们的语义基础(少量)只能产生低频率义。这充分说明语义基础在语义演变中还是会起作用的。

3. "有 N1 没 N2"的意义/功能

本文讨论另一个在形式上与"有 N 没 N"非常接近的格式"有 N1 没 N2",区别在于 N1 与 N2 是不同形但是同类的名词(最理想的是有共同的属概念),"有 N1"与"没 N2"构成直接成分。

与"有 N 没 N"一致的是,"有 N1 没 N2"中的 N1、N2 都以单音节、双音节为主,例如:

(23)"不能接了。右下肢有脚没腿,左下肢有腿没脚,怎么能接?为了保证生命安全,把两条腿截掉吧。"急诊室里,有医生察看完伤情后建议。(BCC 科技文献)

(24)冬天穿西装、打领带,男士们常感到:有风度没温度。光穿衬衫外加西装,不暖;若衬衫内外套件毛衣,不雅。(1996 年《人民日报》)

"有 N1 没 N2"在具体语境中也浮现出多种功能,我们粗略分为三类:对举义、非常规/非预期义、非积极评价义。

3.1 对举义

从某种意义上讲,对举义是对举格式都具备的,单纯表对举义的"有 N1 没 N2"格式也有两种情况:

一种是 N1 与 N2 意思相对,进入格式构成意义相等的并列关系。例如:

(25)他认为,长远看二板市场对主板市场有好处没坏处。(BCC 科技文献)

(26)人还是有人性没兽性,所以不觉得自己干的有何不对。

(BCC 微博)

“好处”与“坏处”，“人性”与“兽性”相对，但进入“有 N1 没 N2”格式，“有 N1”与“没 N2”基本关系是同义并列。

另一种是 N1 与 N2 是独立的不必然联系的两个对象，进入格式构成意义相对的并列关系，因 N1 与 N2 不必然联系，对比意味并不明显。例如：

(27) 问：一般的科技公司似乎都经历了种子期、风险投资期及上市期，能介绍一下你们的情况吗？答：我们的情况较特殊，一般种子期是有技术没资金，而我们原来就有一部分积累，至于风险投资，说句笑话“最风险的时期早就过去了”，说实话，我们的风险很小。(BCC 科技文献)

(28) 其中，家教是一种最普遍、最受欢迎的打工途径，它工作轻松、稳定，见效快，最适合有知识没资本的大学生去做。(BCC 科技文献)

“技术”与“资金”，“知识”与“资本”不必然相关，但进入“有 N1 没 N2”格式构成相对的并列关系。

3.2 非常规/非预期义

这类用法里面的 N1 与 N2 具有相关性。这里的非常规/非预期义指的是，“有 N1 没 N2”格式就与其联系的对象而言，是非正常状态；或者指 N1 与 N2 之间的关系，出现“有 N1”时有一个基本的预期，“没 N2”则违反了这种预期；还有一种情况是 N1 相对 N2 而言，N1 是更难达到的，所以“有 N1”却“没 N2”就是非预期的。例如：

(29)“我用光明圣皇的名义起誓，一定不会。只要你不要直接用手去碰它，只要你的光之力发挥得正确，那些有胸部没大脑的精灵就会以为你是它们的同类。决不会发动攻击的。”(狼小京《光明战记》)

(30)就是勉强搞起来，也会是行政命令、形式主义、脱离群众的冬学。必然是开始人为的轰轰烈烈，后来越来越少，终至有教员没学生，半途而废。(1948年《人民日报》)

(31)个别干部官僚主义严重，不深入群众，不调查研究，盲目决策，制定一些不切实际的规划，最终是有投入无产出，有规模没效益，劳民伤财，费力不讨好。(2000年《人民日报》)

(32)因此，第三次房改工作会议就提高租金、建立公积金制度、实行抵押贷款与分期付款、建立房产交易市场及维修管理市场等方面提出了相应的配套措施，正是为了避免重蹈"有政策没措施，有目标没路子"的覆辙，最终应该说，新的房改方案总结了多年房改的经验，更加完整，更接近目标了。(1994年《人民日报》)

例(29)中"有胸部没大脑"，例(30)中"有教员没学生"对于常识而言都是非正常情况；例(31)中"有投入"肯定预期"产出"，例(32)中"政策"比"措施"更难获得，所以整个结构整合出非常规/非预期义来。

3.3 非积极评价义

这类用法里面的N1与N2也具有相关性。进入"有N1没N2"格式中的N1、N2不单纯都是指称某个对象，有的具有抽象意义和积极评价性。整个结构表示某对象具有某种特质/优点，却不具有与之密切相关的另一种特质/优点，所以整体并不是积极义，称为非积极评价义。例如：

(33)有知识没文化、有专业没趣味、有思想没品质、有技术没艺术，这是今天许多人的生活状态；会念上百首唐诗，写得一手好字，可是除去死记硬背之外都是空话套话，除了书法有线条外哪里都是一塌糊涂，已经成了一种时尚。(2005年《文汇报》)

(34)读书力求三性：韧性，记性，悟性。有韧性没记性，读了白

读。有记性没悟性，书是死书。悟性至关重要，一举满盘皆活。(魏明伦《读书三性》)

(35)这相关部门是有知识没文化啊，还是有文化没知识？拿孩子的健康开玩笑！(BCC 微博)

以例(35)为例，当我们说一个人或单位部分“有知识”肯定是一种积极的评价，但说它在“有知识”的同时还说他“没文化”，就不是积极评价了，甚至偏向于消极评价。这从以上例句中与“有 N1 没 N2”共现的成分可见一斑，如例(33)中“空话套话”“一塌糊涂”，例(34)中的“白读”“死书”等。

4. 构式演变的趋向与异同

从上文的分析可见，“有 N 没 N”与“有 N1 没 N2”都具有多义性，不同的语义之间有区别也有关联，符合构式演变的特点，就演变而言，两者之间具有共性也有差异。

4.1 趋向的共性：由客观义到主观义

“有 N 没 N”与“有 N1 没 N2”在演变趋向上具有共性，都是由客观义向主观义发展。下面是“有 N 没 N”的例子：

(36)明天真是个开心的日子啊，有你真好，对着你买的一大堆零食，我傻傻的笑了啊于是发个你的床照吧哈哈爱你，在有月亮没月亮的每个夜里。(BCC 微博)

(37)他经常到企业中去了解情况，帮助解决问题，有事没事他都要到企业去蹲上两三小时，尽量熟悉情况，做到心中有数。(1994 年报刊精选)

(38)看人家小姑娘白嫩细腻？有事没事你就去她的日本室里问寒问暖，号称关心青年人。(徐坤《热狗》)

如果说单纯对举的“有月亮没月亮”是客观的陈述，周遍/无条件义和高频率义的“有事没事”则是带有很强的主观性。

再看下面“有 N1 没 N2”的例子：

(39)那天夜里天黑漆漆的，敌人和我们的彩号辨别不出来，他便想出摸领章与臂章的办法，摸着有领章就是顽军，若有臂章没领章便是八路军，就赶快抢救。(1946 年《人民日报》)

(40)这个农场过去由于大面积种植松树，生长不良，有面积没蓄积量，亩出材不足 3 立方米。(2003 年《人民日报》)

(41)你是我所见的法律人的耻辱和垃圾，狗比不是的东西，因为你有知识没立场，有狡辩无逻辑，脑袋扎裤裆了知道吗？(BCC 微博)

(42)太可笑了，一笑这善意的谎言，说的有脸没皮！二笑当今微博，无论政府人员说什么，总是骂声一片！(网络语料)

如果说“有臂章没领章”“有面积没蓄积量”都是偏于客观陈述的话，“有知识没立场”则是主观义。有意思的是，例(42)中“有脸没皮”单独看是非常规/非预期义，但在这里用的是比喻，则是非积极评价义，主观性明显加强了。

4.2 路径的差异：两条不同的演变链

“有 N 没 N”与“有 N1 没 N2”不同语义之间的演变路径有差异，起点都是对举义，但演变的方向与路径不同。

“有 N 没 N”的演变路径是：对举义—周遍/无条件义—高频率义。始于客观对举，因一个对象的正反两方面往往就意味着全部，即周遍，由周遍义再衍生出高频率义，这当中伴随句法条件的改变和限制。例如：

(43)“有事没事？”郝凤鸣整着脸问，“没事，我可要走啦；没工夫在这儿看电话！”(CCL)

(44)“有事也可以，有事没事都欢迎。我现在不在，这家就是你们的了。”(王朔《我是你爸爸》)

(45)他有事没事也好往智英祥那里跑，智英祥不搭理他。(《读者(合订本)》)

例(43)~(45)中的“有事没事”分别是对举义、周遍/无条件义、高频率义。需要再次强调的是，“有N没N”表高频率义只限于“有事没事”“有空没空”这两个实体构式，其他“有N没N”演变到周遍/无条件义为止。

“有N1没N2”的演变路径是：对举义—非预期/非常规义—非积极评价义。始于客观对举，因相关联的N1与N2一有而一无，超出常规或预期，而非常规义多为不让人满意的，引申出非积极评价义。例如：

(46)演员自然是我们这些自命不凡的伙计，有唱腔没锣鼓，也自得其乐，同样如醉如痴，闹腾到大半夜。(2000年《人民日报》)

(47)需要上级或党委解决的问题，要积极提出对策建议，不能光是有想法没办法。(BCC科技文献)

(48)但是拥有这些学位并不意味着就拥有了学识修养和良好素养，倒是“有学历没知识，有知识没文化”的事，在演艺圈内时有耳闻。(BCC微博)

例(46)~(48)中的“有N1没N2”结构分别是对举义、非常规义、非积极评价义，后两者之间的界限不是很明显。

5. 构式演变与跨范畴特征

Traugott & Trousdale(2013)认为，语言变化的主要类型有构式变化(constructional change)和构式化(constructionalization)两种。构式变化是“对现有构式内部一个维度产生影响的变化，不涉及产生新的构式”。构式变化包括语义、语素音位及搭配限制的变化。构式化是“符号的形式新-意义新(组合)的创造，它形成了新类型节点，在说话人群体的语言网络里具有新句法或新形态及新编码意义”。多义结构用法在某种意义上反映了语言变化(构式演变)的情况，有的多义是构式内部的多义(构式变化)，有的则是从一个构式演变为另一个构式(构式化)。这里讨论的构式演变，不一定具有明显的历时痕迹，更多是共时平面上图式构式中代入不同成分后形成新的形式/意义配对，即产生新的构式。

Traugott & Trousdale(2013)给构式变化、构式化作了一个大致的区分，但涉及具体问题是构式变化还是构式化却仍然难以断定，就以“有 N 没 N”与“有 N1 没 N2”两个多义对举格式而言，不同语义之间涉及的是构式变化还是构式化？如何断定？

我们的观点是，不同的语义是否跨越不同的语义范畴(cross-category)是判断的基本条件，如果答案是肯定的，就是构式化；如果答案是否定的，则是范畴内部的构式变化，在语义、韵律、搭配等方面发生了变化(如果都变化了无疑就是构式化了)。以此为标准，“有 N 没 N”从对举范畴到周遍义/无条件义(广义量范畴)再到频度范畴，发生了构式化与再次构式化；而“有 N1 没 N2”从对举范畴到评价范畴(非常规义、非积极评价都是评价范畴)是构式化，而非常规/预期义到非积极评价义则是构式内部变化。

以上是从宏观范畴上进行的分析，在微观的句法限制上也有所表现。例如：

(49)但是，最近他突然安静许多，有事没事就到我的梳妆台上，拿起小镜对着大镜，拼命把头发反梳……(《读者(合订本)》)

(50)不论男女老幼、有病没病均在解剖之列。(沈永兴、朱贵生《二战全景纪实》)

例(49)(50)中分别是高频义、周遍/无条件义的“有 N 没 N”，两者在句法表现上有很大差异，除了共现成分不同且不能互换外(就、均/都)，高频率义的"有事没事"状语化了，也可以到另一个状语"就"的后面(语义稍有不同)，而周遍/无条件义的"有病没病"则只能在紧缩句的前面位置，不能移到"均"(多数情况下是"都")的后面。从周遍/无条件义到高频率义，看作构式化比较合理。

再看下面"有 N1 没 N2"的情况，例如：

(51)我们的双簧。有图没真相，不解释。(BCC 微博)

(52)不带这样欺负医生的!! 噗! 你们! 有知识没文化。(BCC 微博)

上面两例的"有 N1 没 N2"分别是非常规/非预期义、非积极评价义，但句法功能基本相同，只有语义的变化，不过两种语义之间的联系比较紧密，看作构式变化比较合理。

6. 余论

本文主要讨论两个形式近似的多义对举格式的构式演变，得出了一些结论，如演变趋向、路径以及构式变化、构式化的差异。这些观点也基本适用于其他对举结构及演变。如对举结构"V1+时量 1，V2+时量 2"，可以表对举、对比，例如：

(53)……吃饭二十分—上网一小时—看书两小时，然后睡觉! (BCC 微博)

(54)学习半小时，玩一个小时! 这样能成什么事啊，还想不想与苏洁结束单身啊! (BCC 微博)

例(53)是对举(超出两项的对举，也可看作列举)，没有对比意味，而例(54)在对举语义基础上的对比义更显著。这种对举基础上的对比用法在中国品牌手机 OPPO 的广告语"充电五分钟，通话两小时"中体现得淋漓尽致，但该广告语的目的不是对举也不是对比，而是表达极性程度义（电池待电功能超强）。该广告语出现后，成为网络流行格式。我们搜索到大量用例，基本都是说明某一个事物/对象具有某种极性特征。例如：

> “挣钱五小时，花钱两分钟”“出门五分钟，出汗两小时”“装逼五分钟，挨打两小时”“拍照五分钟，修图两小时”“一站五分钟，吐槽两小时”“看你五分钟，呕吐两小时”“打雷五分钟，下雨俩小时”“装逼5分钟，挨打两小时”“上班五分钟，发呆两小时”“做饭两小时，吃饭五分钟”“出门五分钟，流汗两小时”“发帖五分钟，点赞两小时”“听歌五分钟，恶心俩小时”“充电五分钟，待机两小时”“吃饭十分钟，上菜两小时”“约会五分钟，准备两小时”“吃五分钟，剥两小时”“Coding五分钟，Debug两小时”“排队两小时，游览5分钟”“排队两小时，学车五分钟”“做题五分钟，玩手机两小时”

从列举到对比再到极性特征，是“V1+时量1，V2+时量2”构式演变的路径，也是从客观义到主观义的演变趋向，但这种极性特征需要有强烈的对比作为基础，极性义也不是显性的，需要听话者从对比中去提炼，所以我们认为是构式变化而非构式化。

◎参考文献

[1]陈一：《对举表达式的再分类及其意义》，载《中国语言学报》2008年第13期。

[2]刘丹青：《对称格式的语法作用及表达功能》，载《语言知识丛刊》1982年第3辑。

[3]殷志平：《对称格式的认知解释》，载《语言科学》2004年第3期。

[4]张国宪：《论对举格式的句法、语义和语用功能》，载《淮北煤炭师范学院学报（社科版）》，1993年第1期。

[5]周殿龙：《对称规律——解决汉语语法难题的一把钥匙》，载《山西师范大学学报》1990年第1期。

[6]周荐:《论对称结构》,载《语文研究》1991 年第 3 期。

[7]铃木庆夏:《对举形式的句法语义特点及其教学》,第十四次现代汉语语法学术讨论会(上海),2006 年。

[8]朱军,李丽君:《“你 A 你的 X,我 B 我的 Y”的构式化及其语体特征的复杂性》,载《武陵学刊》2015 年第 6 期。

[9] Traugott E. C., G. Trousdale. *Constructionalization and Constructional Changes*. Oxford University Press, 2013.

高端正式体汉语专名的语用生态伦理
——以 2017 年我国普通高校名为例

潘　峰　杨启华

（黄冈师范学院文学院）

1. 相关问题的概述

汉语专名是以汉语为母语背景的语言环境中内涵专指、外延唯一且不加任何修饰成分而直接专指事物的名称。汉语词汇系统里，它与通名相对，包括简单专名和复合专名或专有名词和专用短语（吕长凤，2012）。郑远汉（2000）按照语体或风格，将言语分为正式体、非正式体、变异体。李宇明（2012）按照生活状况和管理体制，将我国语言生活划分为宏观、中观和微观三个层级。黄国文（2020）将语言生态的制约分为个人、社团、社会三个层次。我国普通高校名称都是经过教育部审批，面向社会公众的，如要更名还要上级审批，也就是说，我国高校名属于正式体的、宏观语言生活层级的、语言生态受社会制约的专名，所以，我们将我国普通高校名归结为高端语言生活正式体专名。

"语用生态伦理即言语行为主体维护与推动语言生活健康、和谐发展的道德本性或伦理本性。"（杨彬，2016）语用生态伦理具有自律价值，主要研究语际生态伦理自律与语内生态伦理自律的交汇生态及律己德性。（潘世松，2017）"说到底就是语符运用伦理的规约，即语用规约。"（潘峰，

2018)高校专名的语用生态伦理就是言语主体(校名命名者)在命名格式(思维模式)、语符运用、语音选择及语用策略等方面的自觉遵循社会制度和语用规约的言语道德行为。高校专名语用生态伦理也是一所高校办学水平、院校特色和校风学风的展示，研究它可以充实语言生态伦理的内容和汉语专名的词汇理论。

高校专名研究引起了语言学、社会学等学者的极大关注，其成果主要集中在三个方面：一是校名语言结构研究(如于思湘，2002；孙力平、宋予佳，2003；张晓、徐晓星，2011)；二是校名文化内涵研究(如张焱，2001；马勇，2013)；三是高校更名现象研究(如霍沛军，1999；汪明霞，2005；田江、刘泰越，2010)。从语言学角度来看，这些成果给本文继续研究提供了较好的资源，同时也为继续研究预留了较大的空间和潜力，主要是三个问题：一是取用语料极少，举例式论证，都没有从统计学上进行强弱语频的分析；二是思维模式分析都没有从专名语言结构的“四要素”来分析，都是自行其说；三是语音特征、语用策略、认知心理深层分析较为缺失。

为此，本文拟用教育部 2017 年 6 月公布的 2631 所普通高校名录为研究语料，借助计算机及相关软件为辅助工具，运用统计、定量和定性等研究方法，从语频事实出发，拟对高校专名的思维模式、语符运用、语音应用、语用策略和认知效应进行研究，从而了解高端语言生活正式体汉语专名所遵循的语用生态伦理。

2. 命名模式伦理

高校专名命名模式就是其要素组配的形式，规范的命名格式为：高校专名 ZM = 地名词 d+属名词 s+业名词 y+通名词 t。这“四名”(所在位置称为“区位”，有的称为“语言结构”)的划分，请见表 1。

表 1　高校专名命名模式分析表

地名词 d	属名词 s	业名词 y	通名词 t
北京	北大方正	软件职业技术	学院
郑州	成功	财经	学院
黄冈		师范	学院
北京			大学
	鲁迅	美术	学院

地名词是专名“指位”的词语，一般置于校名之首，有四类：一是行政区名，如“中国”“湖北”“鄂”“东莞”；二是地貌名，如“燕山”“长江”“江汉”；三是方位名，如“北方”“闽南”“淮北”；四是历史地名，如“长安”“五邑”。

属名词是专名“绘象”的词语，有五类：一是人名，如“中山”“鲁迅”；二是表办学理念的词语，如“暨南”“复旦”；三是序数词，如“第二”；四是组织机构名，如“**首都师范大学**科德学院”“**中国科学院**大学”；五是其他词语，如“人民”“民族”“华侨”“青年”“联合”“女子”“民办”等。

业名词是专名“述用”的词语，主要标明设置的学科范围，一般由学科名或职业名充当，包括三类：一是宽泛学科名，如“科技”“理工”“文理”等；二是专门学科名，如“外语”“体育”“金融”等；三是职业行业名，如“工业”“农业”“交通”等。

通名词是专名“定类”的词语，我国普通高校的通名词只有“大学”“学院”“学校”“分校”四个词，它们具有较强的层级性。

高校专名四个要素齐备且依次组合的格式称为基本格式，简称“基式”(记为 J)；省略其中某些要素的格式，称为“变式”(记为 B)；基式中前置或添加某要素的格式，称为“倚式”(记为 Y)。据语料分析和统计，我国普通高校专名的思维模式可以归结为表 2。

表 2　高校专名思维模式统计表

序号	思维模式	个数	占比	举例
1	J=dsyt	144	5.47%	山东｜青年｜政治｜学院
2	B1=dyt	1941	73.77%	黄冈｜师范｜学院
3	B2=dt	188	7.15%	北京｜大学
4	B3=syt	119	4.52%	首钢｜工｜学院
5	B4=st	108	4.10%	文华｜学院
6	B5=dst	38	1.44%	武昌｜首义｜学院
7	B6=yt	9	0.34%	外交｜学院
8	Y1=sdt	61	2.32%	同济大学｜浙江｜学院
9	Y2=sdyt	15	0.53%	江西农业大学｜南昌｜商｜学院
10	Y3=dyt(d)	6	0.23%	中国｜地质｜大学｜(武汉)
11	Y4=sdst	2	0.08%	延安大学｜西安｜创新｜学院
合计	11 种	2631	100%	

由表 2 至少可以看出四点：第一，我国高校专名思维模式较为多样(11 种)；第二，基式占 5.5%，变式占 91.3%，倚式占 3.2%，三者之比 J∶B∶Y=1.7∶28.5∶1，级次为 B>J>Y，且 B=10.6(Y+J)，这说明变式是高校专名占绝大多数的思维模式；第三，B1 在 11 种模式中占比 3/4，是最习用的“黄金式”；第四，四个要素之比 d∶s∶y∶t=4.9∶1∶4.6∶5.4，级次为t>d>y>s，且 t、d、y 大体相当，说明高校专名最看重的是通名词，其次是地名词和业名词，最容易忽略的是属名词。据此说明，我国高端语言生活正式体汉语专名的思维模式较为多样，思维模式是以变式为绝对优势、以基式和倚式为补充的基本格局，其中“地名词+业名词+通名词”是最习用的“黄金格”，这也体现出高端语言生活正式体汉语专名思维模式具有

较大的趋同性，忽视其个性化，非常注重其定类性，较注重其指向性、述用性，非常忽视其绘象性。

3. 语符运用伦理

据语料观察，高校专名语符只有汉字和(狭义)符号两种，其中符号只用小括号“( )”和连接线“-”两种，语频分别为2次、1次，频次极低，且认读时不发音，在此忽略不计。下面将从三个方面分析汉字语符。

3.1 通用规范

2631个校名用字736个、21647次、字均29.4次，其中Ⅰ级字691个、21551次(占99.6%)、字均31.2次，Ⅱ级字44个、95次(占0.4%)、字均2.2次，Ⅲ级汉字1个(楞)、1次(占0.005%)，没有运用非通用规范汉字。这三级字次之比为Ⅰ：Ⅱ：Ⅲ=21551：95：1，级次为Ⅰ>Ⅱ>Ⅲ。由此可知，校名应用Ⅰ级字为绝对、Ⅱ级字为辅助、Ⅲ级为少见的基本用字格局。这说明高端语言生活正式体专名运用汉字完全通用规范化、绝对常用化，利于认读、识记，遵循汉语专名“习用性”(潘峰，2011)的基本伦理。

3.2 语用频率

语用频率是指某考察对象在该范畴内所占的百分比。根据汉字的频次分为五个频级①、90个等次②，见表3。

---

① 频级是与均频相比较而规定的等级，本文从高到低，分为五个频级：特频(均数3倍以上)、高频(均数3倍以下到2倍以上)、中频(均数2倍以下到1倍以上)、低频(低于均数1倍以下到0.5倍以上)、微频(低于0.5倍以下)。

② 等次是字频所在的字次等级，同一字次的字种为一个等次。

表 3　高校专名汉字频率统计表

频级	总体情况				等次量	Ⅰ级字			Ⅱ级字			Ⅲ级字	
	个数	字次	均次	频率		个数	字次	均次	个数	字次	均次	个数	字次
特频	35	15170	433. 4	70. 1%	31	35	15170	433. 4					
高频	24	1627	67. 8	7. 5%	13	24	1627	67. 8					
中频	37	1561	42. 2	7. 2%	17	37	1561	42. 2					
低频	64	1375	21. 5	6. 4%	15	64	1375	21. 5					
微频	576	1914	3. 3	8. 8%	14	531	1818	3. 4	44	95	2. 2	1	1
合计	736	21647	29. 4	100%	90	691	21551	31. 2	44	95	2. 2	1	1

由表 3 可知，五个频级字均次之比为 131. 3 ∶ 20. 5 ∶ 12. 8 ∶ 6. 5 ∶ 1，级次为特频>高频>中频>低频>微频，且特频>3×(高频+中频+低频+微频)；特频覆盖率占大多数(约 3/4)，其他四个频级大体相当；前四个频级全部都是Ⅰ级字，微频绝大多数(占 95%)为Ⅰ级字，极少数(占 5%)才用Ⅱ、Ⅲ级字，且均次极低。可见，高端语言生活正式体专名运用高频字个数少，用字相对集中，覆盖面广，具有趋同性，利于凸显专名用字的通用规范性；低频汉字多，用字相对分散，分布不均，覆盖面小，利于彰显专名用字的差异性和客观性。

3. 3　区位分布

若将字频 26 次(略小于均次 29. 4 次)以上的定为高频、26 次以下的定为低频，根据语料分析，字级的区位分布情况归结为表 4。

表 4　汉字频级字级区位分布统计表

区位		d			s			y			t			合计		
分析单位		个	次	均次	个	次	均次	个	次	均次	个	次	均次	个	次	均次
高频	Ⅰ	73	3798	52. 0	96	1665	17. 3	69	7986	115. 7	5	5261	1052. 2	110	18710	5. 3

续表

区位		d			s			y			t			合计		
低频	Ⅰ	320	1273	4. 0	263	551	2. 1	186	1094	5. 9	1	1	1	582	2919	5. 1
	Ⅱ	42	89	2. 1	4	4	1	1	2	2	0	0	0	44	95	2. 2
	Ⅲ	1	1	1	0	0	0	0	0	0	0	0	0	1	1	1
	计	363	1363	3. 8	271	555	2. 0	187	1096	5. 9	1	1	1	627	3015	4. 8
总计		436	5161	11. 8	367	2220	6. 1	256	9082	35. 5	6	5262	877. 0	736	21647	29. 4

从表 4 可以计算出，d 区用字高频与低频之比为 2. 8∶1，高频字占 73. 6%、低频字占 26. 4%，Ⅰ级字占 98. 3%，说明地名词用字趋向高频化、基本通用规范化。s 区用字高频与低频之比为 3∶1，高频字占 75%、低频字占 25%，Ⅰ级字占 99. 8%，说明属名词用字较高频化、绝对通用规范化。y 区用字高频与低频之比为 7. 3∶1，高频字占 87. 9%、低频字占 12. 1%，Ⅰ级字占 99. 98%，说明业名词用字高频化、绝对通用规范化。t 区用字高频与低频之比为 5261∶1，Ⅰ级字占 100%，说明通名词用字超高频化、绝对通用规范化。区位高频字之比为 3∶1∶6. 7∶60. 7，级次为 t>y>d>s，说明 t 区用字高频程度最高、y 较高、d 较低、s 最低；区位低频字之比为 3. 8∶2. 0∶5. 9∶1，级次为 y>d>s>t，说明 y 区用字低频程度最高、d 区较高、s 区较低、t 区最低。区位字均次之比为 2. 0∶1∶19. 1∶145. 0，级次为 t>y>d>s，说明 t 区用字高频程度最高、y 区较高，d 区较低、s 区最弱。由此可见，高端语言生活正式体的专名通名词用字整体高频化，"定类"性极其凸显；地名词和属名词字频相对较低，"指位"和"绘象"用字较为明显；业名词用字呈两极分化，高频字占比高，低频字占比也高，说明"述用"趋同化和个性化并存。

4. 语音应用伦理

高校专名语音是有规律的，可从音节、音步、韵律词等方面进行探寻。

4.1 音节

汉语一个汉字是一个音节，不发音的语符不计音节，2631个校名的音节及韵律归纳为表5。

由表5可知，偶数音节的校名2328个(占88.5%)，奇数音节的303个(占11.5%)，二者之比为7.7∶1；偶数音节的校名中又以六、八、十音节为最，累计1955个(占74.3%)，覆盖3/4，这是“黄金音节”，这说明高校专名的音节偶化特征明显。

4.2 音步

音步是由序列音节构成的，一个音步一般含有两个或更多的音节，也称为“节奏”或“顿步”。音步体现语言单位的韵律美，多个音步组合在一起就构成了一个音步串，一个高校专名就是一个音步串。由表5可以计算出，2631个校名形成单音节音步12个(如河南/水利/**与**/环境/职业/学院)、双音节音步10376个(如：**中国**/**农业**/**大学**)、三音节音步253个(如：天津/**农学院**、**黑龙江**/大学)、四音节音步31个(如：**齐齐哈尔**/大学)四种形式。冯胜利(2009)将其分别称为微音步、标准音步、超音步。也就是说，四音节以上的音步都称为超音步。那么三类音步数之比为1∶864.7∶22.8，其级次为：标准音步数>超音步数>微音步数。结合表5，可以说明高端语言生活正式体专名因为音节数不同而形成绝对优势的主音步串和形式多样、数量较少的次音步串，音步串中以标准音步为绝对优势、超音步和微音步为补充的基本格局。

4.3 韵律词

韵律词是一组在实际语流中联系密切的、一起发音的音节，是根据音步划分出来的。冯胜利(2009)根据音节数，将韵律词分为微韵律词(单音节)、标准韵律词(双音节)、超韵律词(四音节以上的)。根据表5也可以

表 5　高校名称音节分布图

音节数	主音步串		次音步串		次音步串		次音步串		次音步串		次音步串		合计	
	组合形式	个	组合形式	个	组合形式	个	组合形式	个	组合形式	个	组合形式	个	总数	占比%
4	22	180											180	6. 8%
5	23	45	32	13									58	2. 2%
6	222	578	42	2	33	1							581	22. 1%
7	322	38	232	35	223	6	43	1					80	3. 0%
8	2222	621	422	8	332	2							631	24. 0%
9	3222	49	2322	6	2232	6	2223	2					63	2. 4%
10	22222	736	4222	7									743	28. 2%
11	32222	45	23222	24	22223	4	22232	3	22322	2	221222	1	79	3. 0%
12	222222	167	42222	3	232122	1	221322	1					172	6. 5%
13	322222	9	232222	1	222223	1	2222122	1	2221222	1	2212222	1	14	5. 3%
14	2222222	17											17	6. 5%
15	22221222	3	2322222	2	232332	1	3222222	1					7	2. 7%
16	22222222	2	231222222	1									3	1. 1%
17	222221222	1	22322222	1									2	0. 1%
18	222222222	1											1	0. 04%

计算出，2631个高校专名有韵律词种985个，词频10662次，词均10.8次，其中词频32次以上的特频韵律词种48个(占4.9%)，累计词频7580次(占73.6%)，字频15231次(占70.4%)，其中标准韵律词46个(占特频词95.8%)、词频7512次(占99.1%)，超韵律词2个(“中医药”“黑龙江”，占特频词4.2%)、词频71次(占0.9%)。特频韵律词统计见表6。

表6　高校专名特频韵律词统计表

类别	韵律词				汉字		韵律词举例
	个数	词频	词均次	占比	字频	占比	
地名词	24	1231	51.3	11.5%	2497	11.5%	中国/湖北/黑龙江
属名词	1	36	36	0.3%	72	0.3%	民族
业名词	20	3420	171.0	32.1%	6876	31.8%	职业/技术/师范
通名词	4	2893	964.3	27.1%	5786	26.7%	大学/学院/学校
合计	49	7580	157.9	71.1%	15231	70.4%	

从表6可知，高校专名的特频韵律词有以下特征：第一，韵律词种少，重复率高，覆盖面广；第二，标准韵律词为绝对优势，超韵律词为极弱势，也说明专名韵律词偶化特征凸显；第三，从词均次来看，四者的级次为通名词>业名词>地名词>属名词，说明通名词最高，运用特频韵律词为绝对优势，业名词一般，属名词最低，说明通名词极具趋同性，属名词极具差异性。

5. 语用策略伦理

语用策略是指“语言使用者利用一定语境中语言结构的选择产生的具体言语意义达到交际目的的手段或者途径”(刘森林，2007)。这2631个高校专名的语用策略主要有三种。

5.1 借代

高校专名用某一突出优势专业代指整个学校，如地方综合性大学“黄冈**师范**学院”有师范类专业16个、非师范专业54个，仅用传统优势专业“师范”作为业名词。2631个专名运用借代的有1406个(占53.4%)，说明多数高校采用借代策略来命名，也说明高校专名中业名词不能完全反映办学的专业性质，最多说明办学的传统专业、学校的起源。

5.2 同异

同异是语段中语词或语句的字数相等，字面同中有异，异中有同的修辞手法(谭永祥，1982)。高校专名仅隔一个或两个汉字，其他文字都相同，运用这种同异策略的达1932所(占73.4%)。根据命名要素的构成，校名同异策略运用形式有四种：

第一，其他相同，地名词有异，累计599所，分布于四至七音节的校名，如“**北京**大学”“**武汉**大学”“**武汉**体育学院”“**河北**体育学院”；

第二，其他相同，属名词有异，累计73所(占2.8%)，遍布于四、六、七、八、十音节的校名，如“**复旦**大学”“**同济**大学”“哈尔滨**剑桥**学院”“哈尔滨**广厦**学院”；

第三，其他相同，业名词有异，累计1252所(占47.9%)，分布于五音节至十三音节的校名，如“武汉**科技**大学”“武汉**工程**大学”“武汉**纺织**大学”，其中六音节的占比最高(31.4%)；

第四，其他相同，通名词有异，累计8所(占0.03%)，主要是四、六音节的校名，如“武汉**大学**”“武汉**学院**”“河南科技**大学**”“河南科技**学院**”。

据此，高校专名运用同异策略命名的校名，异样数之比为d∶s∶y∶t=74.9∶156.5∶9.1∶1，级次为s>d>y>t，且s>d+y+t，说明高校专名思维模式中差异性最大的是属名词，其次是地名词，较少的是业名词，变动最少的是通名词，这也是我国普通高校专名同质多、差异小的主要原因。

5.3 引用

高校专名仅属名词存在引用策略，累计 864 所(占 32.8%)，主要有三种：

第一，引用古籍，如“**复旦**大学”中属名词引自《尚书大传》“日月光华，旦复旦兮”，“**同济**大学”中属名词引自《孙子》“夫吴人与越人相恶也，当其同舟而济”，“**暨南**大学”中属名词引自《尚书》“东渐于海，西被于流沙，朔南暨，声教讫于四海”；

第二，引用名人，如“**中山**大学”“**仲恺**农业工程学院”“**星海**音乐学院”中属名词分别是国父孙中山、近代民主革命著名的政治活动家廖仲恺、人民音乐家冼星海；

第三，引用成语，如“浙江**树人**学院”“浙江**万里**学院”“西安**思源**学院”中属名词分别引用“十年树木，百年树人”“鹏程万里”“饮水思源”。

据此可知，三种语用策略共涉及校名 4202 个次，平均 1.6 个次，也就是说，每个校名都至少运用了一种策略，其中三种策略数之比为 1.6∶2.2∶1，级次为同异>借代>引用，说明同异是最主要的语用策略，这也是高校专名同质多、个性少的根本原因。

6. 认知效应伦理

汉字是音形义的结合体，具有能指和所指的语用效果，可以从“字形”繁衍出“字义”。社会大众凭借对高校专名中汉字语符的直觉力和想象力，产生积极的心理认知效应，认知效应极其凸显的有四种。

第一，显大。显大是校名体现办校规模之大、办学水平之高、人才培养之强、地域影响之广。据《现代汉语词典》相关释义和语料分析，高校专名表“大”义的字种 52 个、2700 次(占 12.5%)，其中言外之义(潘峰，2016)字种 6 个、896 次(占 4.1%)，言内之义(潘峰，2016)字种 38 个、873 次。“显大”汉字 d、s、y、t 四个区位字频分布依次为 1493 次、625

次、146 次、436 次，字次之比为 10.2：4.3：1：3.0，级次为 d>s>t>y，且 d>s+y+t，说明指位的地名词表义最充分，绘象的属名词、定类的通名词较强，述用的业名词最弱，这也说明校名表“大”义存在各区位之中，四种类型专名词表义有强弱。

第二，标新。标新是高校独特性、个性化的认知心理效应。据《现代汉语词典》相关释义和语料分析，高校专名“标新”的字种 430 个、855 次（占 4.0%），其中言外之义的字种 2 个、71 次（占 0.3%），言外之义的字种 428 个、784 次（占 3.6%）。标新汉字四个区位字频分布依次为 478 次、226 次、150 次、1 次，级次为 d>s>y>t，且 d>s+y+t，说明校名标新之义四个区位都存在，其中指向的地名词表义最为强势，次之是述象的属名词，定类的通名词最弱。

第三，亮优。据《现代汉语词典》相关释义和语料分析，高校专名“亮优”的字种 266 个、字频 3363 次（占 15.5%），其中言外之义字种 80 个、462 次（占 2.1%），言内之义字种 186 个、2901 次。亮优汉字四个区位字频分布依次为 1430 次、690 次、807 次、436 次，字次之比为 3.3：1.6：1.9：1，级次为 d>y>s>t，说明指向的地名词表义最强势，绘象的属名词和述用的业名词一般，定类的通名词最弱。

第四，示强。据《现代汉语词典》相关释义和语料分析，高校专名“示强”的字种 742 个、6786 次（占 31.3%），其中言外之义字种 53 个、384 次（占 1.8%），言伴之义（潘峰，2016）字种 373 个、5330 次（占 24.6%），言内之义字种 316 个、1073 次（占 5.0%）。示强汉字四个区位字频分布依次为 4988 次、690 次、807 次、436 次，字次之比为 3.3：1.6：1.9：1，级次为 d>y>s>t，说明指向的地名词表示强义最强势，绘象的属名词和述用的业名词一般，定类的通名词最弱。

上述四种认知效应字均次分别为 51.9：2.0：12.6：9.1，级次为显大>亮优>示强>标新，说明校名显大运用汉字个数少、表义充分，亮优示强一般，标新最弱；四者字次之比为 3.2：1：3.9：7.9，级次为示强>亮优>显大>标新，说明校名最看重的是示强，其次是显大、亮优，较弱的是标新。由此可知，高端语言社会正式体汉语专名运用汉字显大、标新、亮优、示强四种认知心理效应在四个区位中都有不同程度的反映，其中指向的地名词都是强势，述用的业名词显大是弱势，定类的通名词标新、亮优、示强都是弱势；还可以说明专名命名者最看重的是示强，较为忽视的是标新，这也成为人们的基本遵循。

7. 结语

据上通过2017年2631所普通高校专名的命名模式、语符运用、语音应用、语用策略和认知效应五个方面的分析，可以基本看到高端语言生活正式体汉语专名所遵循的语用生态伦理特征：

第一，专名命名的思维模式较具多样性，要素组合具有较大的趋同性，较忽视其差异性，是以变式为绝对优势、基式和倚式为补充的基本格局，其中"地名词+业名词+通名词"是最习用的"黄金格"；

第二，专名语符绝对习用汉字，习用汉字完全通用规范化、绝对常用化，大多数高频化，较少低频化，利于认读、识记，也利于较少的差异性和客观性；

第三，专名用词定类性极其凸显，指位性和绘象性较为明显，述用性趋同和差异并存；

第四，专名音节偶化特征明显，六、八、十音节是"黄金音节"；

第五，因为音节数不同而形成绝对优势的主音步串和形式多样、数量较少的次音步串，音步串中以标准音步为绝对优势、超音步和微音步为补充的基本格局；

第六，专名运用韵律词种少、偶化特征凸显，覆盖面广，标准韵律词为绝对优势，通名词极具趋同性，属名词极具差异性；

第七，专名主要语用策略是借代、同异、引用，其中同异、借代是造成高校专名同质多、个性少的根本原因，引用是绘象的主要策略；

第八，专名运用汉字显大、标新、亮优、示强的认知心理效应在四个区位中都有不同程度的反映，其中地名词都是强势，业名词显大是弱势，通名词标新、亮优、示强都是弱势；专名命名者最看重的是示强，较为忽视的是标新。

由此可以说明，高端语言生活中正式体的汉语专名，遵循着习用汉字、习用通用规范汉字、习用偶化音节、习用标准韵律词、习用黄金音节和黄金模式的基本语用伦理；语言结构中指向、绘象、述用、定类四类词语的语义范畴性较凸显，其中最注重定类，最忽略绘象；认知心理最看重示强、忽视标新，同异、借代策略是造成专名同质多、个性少的最主要的语用机制，这些就形成了高端正式体汉语专名的语用生态伦理，也成为汉语世界的一种语用规约和一种文化自信。

◎参考文献

[1]冯胜利：《汉语的韵律、词法与句法》，北京大学出版社 2009 年版。

[2]黄国文：《讲好生态文明的中国故事》，载《中国社会科学报》2020 年 1 月 10 日第 4 版。

[3]霍沛军：《高校合并后校名的确定问题》，载《江苏高教》1999 年第 5 期。

[4]李宇明：《论语言生活的层级》，载《语言教学与研究》2012 年第 5 期。

[5]刘森林：《语用策略》，社会科学文献出版社 2007 年版。

[6]吕长凤：《汉语专名词语系统及其在词汇系统中的层级性分布》，南开大学博士学位论文，2012 年。

[7]马勇：《我国高校校名的基本表征、内隐缺点及其调适》，载《青岛科技大学学报：社会科学版》2013 年第 1 期。

[8]潘峰：《店名语用的三个原则——以高校附近的店名为例》，载《语言文字应用》2011 年第 3 期。

[9]潘峰：《汉语颜色词语义位的确立方法——以“脸红脖子粗”为例》，载《励耘语言学刊》2016 年第 1 辑。

[10]潘峰：《步行街店名语符的语用生态伦理及其语用规约》，载《南昌大

学学报：人文社会科学版》2018 年第 3 期。
[11]潘世松：《语言生态伦理的自律价值》，载《湖南师范大学社会科学学报》2017 年第 6 期。
[12]孙力平，宋予佳：《中国大学校名现状的调查与分析》，载《浙江教育学院学报》2003 年第 6 期。
[13]谭永祥：《同异——修辞新格之一》，载《修辞学习》1982 年第 2 期。
[14]田江，刘泰越：《论大学校名更改潮流的反思》，载《现代农业》2010 年第 1 期。
[15]汪明霞：《改名为哪般——我国高校校名的比较研究》，载《华东理工大学报》2005 年第 4 期。
[16]杨彬：《语言生态伦理规定性及其制约功能的语用规约》，载《湖南师范大学社会科学学报》2016 年第 2 期。
[17]于思湘：《中国高校校名语义结构特征探析》，载《语言文字应用》2002 年第 4 期。
[18]张晓，徐晓星：《非主流校名浅析》，载《阜阳师范学院学报：社会科学版》2011 年第 4 期。
[19]张焱：《从中美两国高校校名看社会、历史和文化》，载《外语教育》2001 年第 1 期。
[20]郑远汉：《言语规范三层次》，载《武汉大学学报：人文社会科学版》2000 年第 5 期。
[21]中国社会科学院语言研究生词典编辑室：《现代汉语词典》，商务印书馆 2016 年版。

“将来”和“未来”的句法语义异同

彭　彬

（长江大学人文学院）

1. 引言

“将来”和“未来”都有表达“现在以后的时间”义，是时间名词，二者在现代汉语中的使用非常频繁，通常情况下还可替换使用。对于二者的共性和差异，前人从不同的角度进行过论述。何亮(2006)，陈昌来、张长永(2010)，刘洁(2015)从历时的角度分析了“将来”和“未来”的历时演变过程。余东涛(2006)从共时的角度分析了“将来”和“未来”在句法功能上的差异，但对其语义和语用上的差异并未深入探讨。毕淑敏(2011)从文学的角度探讨了“将来”和“未来”的语义区别，认为“将来是在我们掌握之中的明天，未来是我们视野之外的明天”。但同时毕文也发现了一个问题：人们常说“未来”是比较长远的时间(比如“走向未来”)，“将来”似乎比较贴近眼前的时间(比如“不久的将来”)，但天气预报播音员常说“在未来二十四小时内——”一昼夜并不遥远，这句话不便改成“在将来二十四小时内”。也就是说，单是距此时此刻的时间尺度，并不是这两个词的主要区别。那么“将来”和“未来”的根本差异是什么，这是本文主要研究的内容。通过调查，我们发现，除了句法功能倾向性有异，主观视点是决定二者在使用和选择上差异的根本因素。

本文所选语料来自国家语委语料库、CCL语料库、人民网搜索系统(本文主要考察表时间概念的“将来”和“未来”之间的差异，跟时间概念无关的引申用法或短语形式不在研究范围内)。

2. “将来”“未来”的句法差异

2.1 句法倾向性

“将来”和“未来”一样可以充当主语、宾语、定语、状语，例如：

(1)他曾经告诫自己道：“将来是光明的。”(欧阳山《柳暗花明》)

(2)纲领主要是说明将来，而宪法主要是说明现在。(吴德峰《中华人民共和国宪法讲话》)

(3)于是生活宽裕，境遇良好，可以维持较大的家庭，养育较多的子女，将来的劳动者，因此而加多。(赵兰坪《经济学》)

(4)将来我们收集的那些孤儿，贫民子弟，说不定会培养出来几位华盛顿，拿破仑，俾士麦，瓦特，爱迪生……您信不?(熊佛西《铁花》)

“将来”在例(1)~例(4)中分别充当主语、宾语、定语、状语，“未来”也可以出现在上述位置中，比如：

(1)'他曾经告诫自己道：“未来是光明的。”

(2)'纲领主要是说明未来，而宪法主要是说明现在。

(3)'于是生活宽裕，境遇良好，可以维持较大的家庭，养育较多的子女，未来的劳动者，因此而加多。

(4)'未来我们收集的那些孤儿，贫民子弟，说不定会培养出来几位华盛顿，拿破仑，俾士麦，瓦特，爱迪生……您信不?

虽然“将来”和“未来”都能充当主语、宾语、定语、状语，但是在实际语料中，“将来”和“未来”在上述位置出现的频率还是有差异的。国家语委现代汉语语料库中含“将来”的语料共计854条，含“未来”的语料共计771条，可算作一个平衡语料库，我们按所占比例来计算它们的句法分布频率，见表1。

表1 “将来”“未来”充当主语、宾语、定语、状语情况

	主语	宾语	定语	状语
将来	63(7%)	144(17%)	104(12%)	549(64%)
未来	24(3%)	263(34%)	436(56%)	52(7%)

通过表1发现，“将来”倾向于做状语，而“未来”倾向于做定语，为什么会出现这样的分布差异，我们认为与“将来”和“未来”的词性有关，《现代汉语词典》(第7版)把“将来”标记为时间名词，而“未来”有两个词性：一是时间名词；另一个是属性词。对于“将来”倾向于做状语，陈昌来、张长永(2010)认为：“现代汉语时间词‘将来’大量作状语是古汉语的继承，经历从动词短语形式主要作谓语—转指名词主要作定语—时间名词大量作状语的过程。”同时，刘洁(2015)对“未来”的历时考察发现：“‘未来’因佛经翻译的需要，由动词变为名词，现主要功能是作定语。”可见，二者句法位置上的倾向性都是从历时演变过程中逐渐固化下来的，体现二者在句法上的分工。

2.2 后续时间成分选择的倾向性

“将来”和“未来”后面都可以出现“x时”“x以后”等表事件性的时点成分，例如：

(5)记者在苏州大学采访时，学生当着领导和老师的面，反客为主向记者提问：“将来毕业分配时，是靠爸爸，还是靠自己？”(《人民日报》1994年第3季新闻报道)

(6)现在大量的农产品已经放开，粮食也大部分放开，棉花正在进行放开的试点，将来粮棉放开以后，农村的农产品基本上都放开了。(1994年报刊精选)

(7)社会党反对现政权向海外派遣自卫队等政策，但选举前谈到未来联合政权的政策时，又表示要继承国家的现行政策。(《人民日报》1993年7月新闻报道)

(8)我们也不是要求你们把百度文库关了，我们只是希望百度文库可以主动对版权进行保护，等未来数位阅读成熟以后，说不定百度文库还能成为中国作家生活保障的来源，而不是现在这样，成为行业公敌众矢之的。(韩寒博客)

以上几例是“将来”和“未来”与后续事件时点成分搭配的例子，“将来”和“未来”词义本身具有时点作用，因此可与事件时点成分配合出现，给未然事件提供参照，强调其定位性。如例(6)中“农村的农产品基本上都放开了”事件的发生是以“将来粮棉放开以后”这个具体时间点为参照的。

不同的是，“未来”后除了时点成分，还常有具体的时量成分出现，比如“X分钟”“X小时”“X天”“X年”，而“将来”和时量成分共现的情况很少见。如下：

(9)有一个电影叫*next*，由大牌明星尼古拉斯·凯吉主演。这部电影讲一个人能够看到未来两分钟发生的事，从而开始利用这两分钟的预测能力改变自己的命运和国家的命运。(杨恒均博客)

(10)预计未来24小时，松原大部、长春、辽源、吉林、通化、白山、延边、长白山保护区有霾或轻雾，空气质量差，能见度较低。(中国吉林网，2016-12-18)

(11)未来2—3天，受弱冷空气影响，东北及华北大部地区转为多云间阴天气，有3—4级偏北风，日平均气温略有下降。(《人民日报》12月新闻报道)

(12)“有了这套计算机系统，我们可以在30天内完成未来100年的地球气候模拟，这在之前是不可想象的。”清华大学计算机科学与技术系副教授薛巍说，“它将全面提升我国应对极端气候事件和自然灾害时的减灾防灾能力，同时大大增强我国在全球温室气体减排谈判中的话语权。”(中青在线，2016-11-20)

从以上四例来看，“未来”更倾向同时量成分共现，从句法上看，因为“未来”常做定语，具有了表时间的属性词功能，可以限定事件发生的时间范围，同时还与运用的语境以及主观视点的影响有关，这将在语用部分进行说明。

我们通过CCL语料库统计二者与时量词同现的频次，见表2。

表2 “将来”“未来”与时量词同现的频次

	X分钟	X小时	X天	X年
将来	0	1	0	12
未来	1	141	1096	3855

3. “将来”和“未来”的语义差别

3.1 概念意义的差异

邢福义、吴振国(2002)认为，概念意义是指人们对指称物件区别性特征的概括认识。“将来”和“未来”均属于时间范畴，二者的差别主要是表示的时间范围不同，“将来”凸显的是离现在较近的以后的时间，比较具体，倾向表达视野之内的时间；“未来”凸显的是离现在较远的以后的时间，比较虚化，倾向表达视野之外的时间。如：

(13)牛全德不但现在不是大队长，最近的将来也绝不会做大队长，所以牛全德只能暗地里发发牢骚。(姚雪垠《牛全德与红萝卜》)

(14)老黄，我希望我们会在不久的将来再见，而且共同喝一杯庆祝的酒。(黄KC《故人故事》)

(15)犯人每月基本上也能拿到一定数量奖金，有的还表示打算存点钱，将来出狱时带回家。(《人民日报》1995年新闻报道)

例(13)、例(14)中“将来”可以用“最近”“不久”作为限制语，表达最近一段时间“牛全德都不会做大队长”“我们会见面”，而这种表达方式一般不换作“*最近的未来”“*不久的未来”。句法差异部分我们提到“将来”和“未来”都可以选择与事件时点成分共现进行定位，但是如果未然的事情在人们能够把握的视野之内，则更倾向于选择“将来”和时点词搭配，如例(15)中所存的钱在出狱时带不带回家，可由犯人自己决定。

而“未来”表示的时间范围更大，也更抽象，如：

(16)敢于面向未来，开辟未来，向未来挑战，这本身就是相信我们自己能够在改造客观世界的同时改造主观世界，能够在越来越高的层次上驾驭和掌握未来。(《人民日报》1998年新闻报道)

(17)几十年来，他一直是个漂泊的海上王子，义无反顾地为人类迈向未来尽心尽力地工作。(曹建《没有海图的海区》)

(18)对于世界和人类而言最为宝贵的这一片热带雨林，却每天都在被摧残和缩小中。保护不了这一片雨林，实际上就是放弃人类的未来。(AST0119)

例(16)、例(17)中无论是“面向未来”“开辟未来”还是“向未来挑战”，“未来”都是一个较为抽象宽泛的时间概念，一般情况下不替换为“将来”。同时，当人们畅想宇宙、世界、人类的“未来”时，更倾向于选择“未来”，如例(18)。

“将来”和“未来”这种时间远近的细微差异，主要是由二者来源不同造成的。“将来”时间词源自古汉语动词短语“将要到来”，李佐丰(2004)认为：“‘将’在古汉语中是个‘时态副词’，表示‘将要发生’。”李宇明(1999)认为：“‘来’带有方向性，是从别的地方到说话人所在的地方。”动作状态“将要发生”+位移方式“来”投射到时间域上表现为“将到来的时间”，离说话者近，在视野之内。“未来”时间义，王力(1980)认为：“是通过佛经的翻译，由仂语变为单词(‘未来’演变为‘将来’)，并且获得新的含义。”即表时间义的“未来”通过汉语偏正短语“尚未到来”翻译佛经“三世”中的“未来世”概念，“未来”经过指称化从短语演变成为一般名词，后进一步发展成为现在的时间词。“尚未到来”有未知的意味，而“未来世”经义译为“下一轮回世界”，也是个视野外的抽象概念，投射到时间域上则倾向于表达常在视野之外的较远时间。

3.2 附加意义的差异

附加意义是词语所体现的各种联想意义和色彩意义。

3.2.1 文化色彩的差异

文化色彩是由造词理据体现的，是对相关事物的社会文化背景和意趣情调的联想。王力(1980)、何亮(2006)、刘洁(2015)认为，时间词“未来”是从梵语佛经翻译得来，有“来世”的意义，通过这个意义再演变为现代汉语中的时间词，因此“未来”是个外来词，具有一定的文化色彩意义。如下：

(19)我今为汝广说众譬，亦令未来世一切凡夫，欲修净业者，得生西方极乐国土。(《佛说观无量寿佛经》)

(20)如今现在十方诸佛亦为受佛职诸菩萨说。未来诸佛世尊亦当为受佛职位诸菩萨说。所谓解了一切陀罗尼门。(《大悲莲华经》)

(21)我常随顺诸众生，尽于未来一切劫，恒修普贤广大行，圆满无上大菩提。(《大方广佛华严经》)

3.2.2 评价色彩的差异

评价色彩也称“感情色彩”，反映了说话人对所指物件的褒贬态度。“将来”是个中性词，特别是从客观视角上描述将要发生的具体事件，常常不带褒贬色彩。申莉(2010)也认为：“表示将来的‘将’所表示的时制意义比较单纯和客观，基本上不带色彩意义。”如：

(22)将来《唐山大兄》上映时，各位不妨看看我李小龙在影片里的武打身手，互相比较一下，由各位公平判断，那不是更好吗？(张小蛇《李小龙的功夫人生》)

(23)寄钱回大陆，由于大陆亲友并不能动用，将来会被捐出来，徒然增加他们的痛苦。(《晚年蒋经国》)

“未来”孤立地看，是个中性词，但是在一定的上下文中，“未来”更倾向于向积极语义偏移。邹韶华(1986/1988/2001)通过语用频率调查发现：“中性词的语义偏移总是倾向偏指积极意义。”沈家煊(1999)也认为：“积极意义使用的频率高，中性词经常与积极意义的词搭配使用，通过说话人‘语境频率联想’，结果中性词就体现了含积极意义的性质特点。”在实际语料中，“未来”常与一些积极色彩的词语搭配，如“憧憬、美好、蓝图、向往、希望”等，通过语境频率联想使得“未来”这个抽象的时间词蕴涵了积极的色彩义。如：

(24)我们的游船停在一个孤岛上，我们躺在小岛的草地上，割断了过去的一切人间关系，我听任自己思潮起伏，憧憬着未来。(《茶花女》)

(25)蒋经国称：新的6年经建计划是台湾经济脱胎换骨的经建计划，要求各级组织抱定“只许成功，不许失败”的决心，创造

美好的未来。(《晚年蒋经国》)

(26) 全国人大常委会副委员长曹志出席会议并讲话。他说，未成年人是国家的未来和希望，保护下一代工作做得如何，关系到民族的兴衰。(新华社 2001 年 4 月新闻报道)

(27) 夜间，我的思绪转了向。我躺在这远游者的床榻上，撇开回忆，开始了对未来的向往。(《简·爱》)

(28) 萨尔内说，邓小平睿智过人，思维清晰。他深深了解中国的国情，对实现中国未来的宏伟蓝图充满信心。(新华社 2004 年 8 月新闻报道)

通过 CCL 语料库，我们对二者与褒义词在一定的句法结构中搭配的频率进行了对比，见表 3。

表 3 “未来”“将来”与褒义词搭配频率

	憧憬	美好	希望	向往	蓝图
未来	298	1490	699	82	90
将来	7	33	67	1	1

“未来”所表达的时间比较抽象、捉摸不定，人们总是对把握不定的事物抱有希望和幻想，因此“未来”在一定语境中倾向于向积极色彩偏移，甚至生活中人们对事物的命名也喜欢用“未来”，如“未来城”“未来派”“未来科技”“未来路”，而不用“将来”。

4. “将来”和“未来”语用差别

4.1 主观视点差异

主观视点理论是邢福义(1991)在《汉语复句格式对复句语义关系的反

制约》中首次提出来的。李宇明(2001)在说明该理论时认为"主观视点的主导作用,深入到说话人语言使用心理、旨趣和关照点,不仅适用于复句,而且也适用于所有的语言现象,具有普遍的理论意义"。姚双云(2012)则进一步详细阐明说:"主观视点就是言语运用中说话人观察的角度和切入点,视点不同,对于同一事物或同一事件可能会有不同的识解,并在语言形式或内容上体现出来",并且在词语的选择中提到"由于构词和主观视点有关,分析近义词的意义时可从其主观视点入手"。因此,我们认为可用主观视点理论来说明"将来"和"未来"在语用上的差别。

由于主观视点不同,"将来"和"未来"在认知上形成了时间远近的细微差别,除此外,主要差别还在于,二者在预测语境中认为事件实现的可能性大小不同。"将来"侧重表达说话人的主观预测,强调预测事件发生的可能性很大的主观感受。而"未来"侧重据实性的预测,较少传递说话人的主观情绪。余东涛(2006)也从实现的可能性大小来区别二者:"'将来'比'未来'实现的可能性大,'将来'表达的预测比'未来'更主观。"我们赞同这个观点。从形式上看,"将来"在预测未然事件中,更倾向于同"一定""必然""必定""肯定"等"必然性的主观确信情态副词(张则顺,2012)"共现。如:

(29) 海伦夫人要把他教育成一个仁慈慷慨的人,玛丽又要叫他成为一个不辜负这些热心的教师们的学生,这样,小罗伯尔<u>将来必然</u>会成为一个十全十美的"君子"了。(凡尔纳《格兰特船长的儿女》)

(30) 他给他提琴并教他拉琴,就好像彼得天生是个音乐指头一样,他<u>将来肯定</u>不只是个鼓手,他会成为城市音乐师。(《安徒生童话故事集》)

(31) 但是我对我的孩子要求是这么的严格,我想<u>将来一定</u>能长成一棵大树,但是往往事与愿违呀,好像似乎都不成功……(《百家讲坛·叶广芩》)

(32) 莲子奶奶拉着我的手说：“到底是读书人的手，软呼呼的，将来必定当干部的；只是你别把莲子的心带野了。”(吴丽嫦《莲子》)

例(29)(30)中是说话人根据客观情况，并且主观上确信“小罗伯尔”和“彼得”一定会“成为十全十美的君子”和“成为城市音乐师”。例(31)中是说话人从自身信念上相信“孩子将来一定成才”事件一定发生。例(32)中完全是说话人根据自身的经验来推测“莲子男友将来会成为干部”。无论是根据客观情况作出的推测，还是信念上的确定或是通过自身经验推断的必然发生的事件，在现实世界中都有可能不会发生，如“小罗伯尔将来没能成为十全十美的君子”“彼得没有成为音乐师”“孩子事与愿违没成才”“我未来没有成为干部”，但是，在说话人的主观视点下，却认为预测的事情一定会发生。因此，“将来”主观预测实现的可能性更大，主观性也更强。

我们从 CCL 语料库中对“将来”和“未来”与四个典型的必然性确信情态副词“一定”“必定”“肯定”“必然”共现的频率进行了统计，见表 4。

表 4 “未来”“将来”与必然性的确信情态副词搭配频率

	一定	肯定	必定	必然	总计
将来	371	70	27	22	500
未来	30	7	7	3	47

4.2 语体差异

程荣(2010)认为：“‘将来’和‘未来’在‘以后的时间’上构成同义关系，二者的语体色彩有别。‘未来’书面语色彩更强一些。”我们同意这一观点。如：

(33) 他在嘴里念了一句……说不定将来可以做皮袍子哩，玉红那

小丫头再不会像现在那么瞧不起我了。(蒋牧良《家常师爷》)

(34)我说别离，我说我徐良并没想再组织个家庭，遗弃你和孩子，我说我就是跟你什么关系都没有，我还是想把名分给你，我说将来你有什么事，我还是出面帮助你，我说我不想再组成一个家庭。(《鲁豫有约·沉浮》)

(35)方遁翁强忍着喜欢，教儿子道："已经是做父亲的人了，讲话还那样不正经，瞧你将来怎么教你儿子！"(钱锺书《围城》)

以上几例可以看出"将来"常用于口语，例(33)中与口语化的"哩"共用，例(34)(35)中可看出"将来"都是出现在对话语境中，表现出一种随意的口气，语义都可译为口语化的"以后"。

"未来"相比"将来"书面色彩更浓一些，表现为常出现在书面语中，更倾向于同书面色彩强的词语搭配。如：

(36)面向未来，面向世界，面向现代化，十倍百倍地重视对青年一代的教育，时不我待。(华丁《由"四星红旗"想到》)

(37)遵义市却在青少年中理直气壮地开展"不忘创业艰辛，开拓光明未来""继传统、创新业"等主题鲜明的传统教育活动。(1994年报刊精选)

(38)我们看到，从先秦直到今天，借代是不断得到继承和发展的；展望未来，我们觉得，借代将继续得到无穷的发展。(语言学论文)

例(36)中的"面向"，例(37)中的"开拓"，例(38)中的"展望"，都是书面色彩浓厚的词语，除此之外，还有"开辟""开创""奔向""放眼""规划"等也是书面色彩浓厚的词，其与"未来"搭配的频次也非常高。

考察《现代汉语频率词典》生活口语中前4000个高频词词表可以发现，

“将来”出现 23 次，分布篇数 5 篇，属 244 级，“未来”则没有进入该项高频词表。科普语体中前 4000 个高频词词表，“未来”出现 37 次，分布篇数 10 篇，属 250 级，而“将来”也没有进入该项高频词表。这样的分布差异恰好说明了二者在口语和书面语上的分工。

“将来”和“未来”的语体差异也可以解释天气预报等预测性语境中更倾向使用“未来”的现象，比如“未来 24 小时”“未来三天”等。因为天气预报等科学性的预测话语其实更接近书面语，在这样的语境中，使用“未来”更加严谨，留有余地。虽然现在的天气预报准确度很高，但是在进行预报时为了显示其严谨性，常常使用“未来”，在天气预报中使用“将来”则显得比较随意。上文分析中提到，“将来”在预测未然事件中常伴随有必然发生的主观视点，主观性非常强，个人参与预测事件的程度高，这与科学性的预测结果所讲究的客观严谨性不符，这也是较短的时间范围中“未来”与时量成分更常在天气预报中出现的原因。

5. 结语

以往在分析“将来”和“未来”表达时间概念时，常将二者作为同义词进行释义。但是，从共时角度进行观察，运用语料统计所显示出来的倾向性规律，发现二者不仅在功能上存在差异，更主要的是在语言运用上不同，造成这种差异的根本原因在于，主观视点作用下说话人的观察角度不同：“将来”来源于短语形式“即将到来”，投射到时间域表达离说话者较近的比较具体的时间。在主观预测语境中，侧重强调未然事件必然发生的主观感受，主观性强。因此，常出现在较为随意的口语语体中，并且在形式上常与一些典型的必然性确信情态副词同现；表时间义的“未来”是通过佛经翻译而来，具备一定的文化色彩，主观视角下的“未来”距离说话者较远，比较抽象，在与褒义词共现的上下文中，容易向积极感情色彩偏移。但是，在预测的语境中，则侧重据实性，较少传递说话者的主观情绪，常出现在天气预报等较为庄重的科技语体中，这也是为什么较短的时量“X 小时”“X

天”等可与“未来”搭配共现的原因。

通过对“将来”和“未来”全面性的分析，我们可以深入了解二者在句法、语义和语用上的细微差异，这也是二者能够共存的根本原因。同时，分析“将来”“未来”的差别，还有助于对外汉语教学，因为在一些对外汉语教材中，将二者运用差别列为应掌握的语法项目，深入考察二者的差别有利于提高教学水平。

◎参考文献

[1]毕淑敏:《未来和将来的区别》,载《文苑·经典美文》2011年第1期。
[2]陈昌来,张长永:《时间词“将来”的词汇化历程及其指称化机制》,载《鲁东大学学报》2010年第9期。
[3]刘洁:《“过去”、“现在”、“未来”的历时演变》,载《燕山大学学报》2015年第4期。
[4]邢福义,吴振国:《语言学概论》,华中师范大学出版社2002年版。
[5]李佐丰:《古代汉语语法》,商务印书馆2004年版。
[6]李宇明:《空间在世界认知中的地位——语言与认知关系的考察》,载《湖北大学学报》1999年第3期。
[7]王力:《汉语史稿》,中华书局1980年版。
[8]申莉:《表将来的“将”、“要”语义功能分析》,载《山东社会科学》2010年第1期。
[9]邹韶华:《语用频率效应研究》,商务印书馆2001年版。
[10]沈家煊:《不对称和标记论》,江西教育出版社1999年、2005年版。
[11]邢福义:《汉语复句格式对复句语义关系的反制约》,载《中国语文》1991年第1期。
[12]姚双云:《主观视点”理论与汉语语法研究》,载《汉语学报》2012年第2期。
[13]石毓智:《语法化理论——基于汉语发展的历史》,上海外语教育出版社2011年版。

[14]余东涛：《现代汉语时间词研究》，华中师范大学博士学位论文，2006年。
[15]张则顺：《现代汉语确信情态副词的语用研究》，载《语言科学》2012年第1期。
[16]程荣：《同义词大辞典——辞海版》，上海辞书出版社2010年版。
[17]北京语言学院语言教学研究所：《现代汉语频率词典》，北京语言学院出版社1986年版。
[18]何亮：《“过去”、“现在”和“未来”》，载《语文学刊》2006年第10期。

湖南祁东话复数标记“一个”的语义来源①

彭晓辉

（湖南第一师范学院文学与新闻传播学院）

每量义，如“每一个人”，侧重指个体相同的一面，是汉语中表示人物多数集体意义的重要语义类型，应是汉语复数标记的语义来源之一。从公开发表的文献看，鲜有关于来自每量义的复数标记的报道。每量义在汉语中有作复数标记的潜在功能，那么有没有方言使用来自每量义的复数标记？当然有。湖南祁东话复数标记“一个”[i ko]来源于人称代词每量义，是汉语方言使用来自每量义类型复数标记的一个典型例子。祁东话属于湘语娄部片，有新派和老派之分，如本文未作标识，均是指新派用法。

1. 祁东话人称代词“一个”的来源考察

祁东话人称代词“一个”是“每一个人”的意思，姑且称之为每量义人称代词。祁东话和祁阳话基本相同。李维琦（1998：102）认为，表示人物多数的复数标记是“一各”[i ko]，很明显，“各”是用同音字来标注的。“一各”是以词的身份出现的，“各”的本字应该是什么呢？

祁东话有数量短语“一个”的用法。“一个”作为数量短语，由数词

① 基金项目：教育部人文社会科学研究青年基金项目“湖南方言里表示复数、双数、少量数的语法成分系统研究”（14YJC740072）。本文原刊于《湖南科技大学学报（社会科学版）》2019 年第 6 期。

“一”和个体量词“个”两个成分构成，结构上与普通话的“一个”基本相同。但用法有差别，祁东话的数量短语“一个”仅能修饰人类名词，使用范围要比普通话窄。

祁东话没有指示代词“每”，每量义主要通过量词重叠来表达。如：

(1) 己屋里三个崽，个个哈蛮厉害。(他有三个小孩，个个都很厉害。)

(2) 隻隻树上哈挂满了灯笼。(每一棵树上都挂满了灯笼。)

上例中的“隻隻”“个个”是量词的重叠，其语法意义包含了每量义，这与普通话中量词重叠用法基本相同。

量词重叠是语法手段，不是词汇手段，所以不能代替指示代词“每”的用法。普通话中下列句子中“每人(每一个人)”的用法就不能被量词重叠用法替代。如：

(3) 每人吃一口。

(4) 每一个人交两块钱。

上例中“每人”“每一个人”的用法不能用量词重叠的形式“个个”来替代。不能替代的原因将另文论述。祁东话与上例相对应的表达为：

(5) 一个吃一口。(每人吃一口。)

(6) 一个交两块钱。(每一个人交2块钱。)

上例的“一个”在祁东话中是“每人(每一个人)”的意思，也不能被相应的量词重叠形式“个个”替代。

祁东话的“一个”与“每人(每一个人)”不相同：“一个”充当主语，不能扩展，具有指代功能，属于人称代词；“每人(每一个人)”由指示代词“每”加名词或数量名短语构成，属于自由短语。由此可见，祁东话有专门表达每量义的人称代词“一个”。如：

(7)一个拿一隻。(每人拿一只。)

(8)一个哈要来。(每一个人都要来。)

上例中的"一个"做主语，是每量义人称代词。

为什么说祁东话专门表达每量义的人称代词"一个"与数量短语的"一个"是同一词形呢？主要理由如下。

①两者读音完全一样，均读[i ko]；语感上两者完全一致，语感虽然不能作为直接证据，但有辅助证明作用。

②量词"个"是祁东话"人"类名词的专用量词，人称代词"一个"是专门指代人的代词，"个"的量词性质正好与人称代词"一个"的语义类型相吻合。

③人称代词"一个"表达的意义是"每一个人"，是"一个人+一个人+……"的集合，这与数量短语"一个"在意义上有一定的联系。

④数量短语"一个"一般只能做定语，人称代词"一个"一般做主语、宾语，需要总括性范围副词或相应数词搭配使用，用法在下文详细论述。也就是说，两者分工明确，所承担的句法角色具有互补性，不会产生歧义。

综上所述，无论是从语音上看，还是从句法语义上看，人称代词"一个"与数量短语"一个"同形。人称代词"一个"意义为"每一个人"，是数量短语"一个"固化之后产生的新义，属于引申义。所以，"各"的本字应为"个"。

2. 祁东话"一个"的语义类型及用法

2.1 数量义

"一个"表示数量义，属于数量短语类型，主要与名词组合，形成定中短语。如：

(9)一个老师就够了。(一个老师就足够了。)

(10)就己(他)一个人站在那里。(只有他一个人站在那里。)

(11)屋里睡瓜一个学生。(屋里睡了一个学生。)

例(9)中"一个老师"充当主语，例(10)中"一个人"充当同位语，例(11)中"一个学生"充当宾语。在上述结构中，"一个"是定语，与名词"人"构成定中短语。

"一个"表示数量义，其主要语法特征为以下几点。

①"一"是数词，"个"是量词，是典型的数量短语，一般用来修饰名词。

②祁东话的通用个体量词是"隻"。"个"在祁东话中是表示人物的个体量词，其搭配对象为人物名词，如"人、工人、学生"等。

③"一个"作为数量短语，一般不能直接做主语、宾语。与名词组合成定中短语后，可以做主语、宾语。

④在特殊情况下，"一个"可以直接做宾语。如"来一个，打一个；来两个，打一双"。

上例中"一个"用在动词后单独充当宾语。例句是一个对举格式，"一个"后省略了中心语"人"。也就是说，一般在对举格式中"一个"以省略形式充当宾语。

2.2 每量义

"一个"表示每量义，意义上相当于普通话的"每一个人"，是祁东话人称代词系统成员之一。如：

(12)苹果核多，但一个只能拿一隻。(苹果很多，但每人只能拿一个。)

(13)饭不多，一个够吃一碗。(饭不多，每人能确保吃一碗饭。)

(14)你讲己各走瓜了，我在路上冒碰到一个。(你说他们走了，我在路上没有碰到他们每一个人。)

(15)一个咯手里哈(都)要拿一根蜡烛。(每一个人的手里都要拿一枝蜡烛。)

上例(12)(13)中的"一个"都是"每一个人"的意思，做主语，与宾语

“一隻”“一碗”在数量上保持一致。例(14)中的“一个”是指说听双方已知的信息，即说话者提到的每一个人，做宾语。例(15)中的“一个”做定语，并有总括性副词“哈”(都)配合使用，强调群体中的个体，即每一个人。

“一个”表示每量义，其主要语法特征为以下几点。

①“一个”中间不能插入其他成分，表达的是一个整体意义，即“每一个人”，表明已经固化为一个词，完全失去了数量短语的特征。

②“一个”主要指代人，一般不能前加修饰语，能做限制性定语，具有典型的人称代词特征。

③一般能做主语、宾语、定语，在祁东话老派中，能够与三身代词复数构造同位短语，如“我人一个(我们每一个人)”，“你人一个”(你们每一个人)。“人”[ȵin]是祁东话老派复数标记。

祁东话还有一个代指集体的人称代词：“大势”[d‘ai ʃʅ]，略等于普通话的“大家”的用法。“一个”和“大势”尽管都是表示集体义的代词，但两者用法有差别。如：

(16)大势哈去。(大家都去。)

(17)一个哈去。(每一个人都去。)

上例中“大势”“一个”均指集体义，但侧重点不同，前者侧重指整个集体，后者强调群体里的个体。在下例中更明显：

(18)一个咯碗里哈有隻辣椒。(每一个人的碗里都有一个辣椒。)

上例要凸显个体相同的一面，只能用“一个”(每一个人)，不能用“大势”替代。

2.3 复数标记

“一个”作为复数标记，要轻读为[i ko]。彭晓辉(2014)详细论述了祁东话复数标记“一个”的用法，这里只概括地列举祁东话复数标记“一个”的使用情况。

①“一个”能用在祁东话三身代词单数后，构造三身代词复数，如“我一个”“你一个”“己一个”。

②用在指人名词后，构造指人名词的复数，如“大人一个”。

③可以用在人名或称谓语后表示“某某等人”，人名是某一个群体的代表人物。

④“一个”可以用在“并列称谓语、并列指人名词”后，如“爸爸妈妈一个”“男客女客一个”，并列称谓语后加“一个”为类及复数，并列指人名词后加“一个”为真性复数。

⑤祁东话中只要是指人的，即使是詈词也可以与“一个”组合，用来表示多数的语法意义。

⑥“一个”为有定性成分，一般不能做存现句的宾语，不与数量短语共现，不能构造非人类名词的复数。

3. 祁东话人称代词“一个”由数量短语固化而来

在祁东话中，“一个”兼有数量短语与人称代词的用法，两者之间的语义关系是怎样的？数量短语“一个”是修饰人的，意义上是个体单数。人称代词的“一个”指每一个人，从意义上看是“一个人+一个人+一个人……”的总和。人称代词“一个”和数量短语“一个”尽管在数量上有集体和个体的差别，但意义明显有联系，即人称代词每量义由数量短语发展引申而来。

数量短语“一个”和人称代词“一个”在结构构造、语法功能上的差别很明显：数量短语属于句法范畴，人称代词属于词法范畴，两者不是同一层级的语法单位；做数量短语时，“一”和“个”被分析为两个词，而在人称代词中被分析为两个语素；数量短语的主要功能是经常做定语，形成数量名短语；人称代词主要指代人，直接做主语、宾语、定语。

人称代词“一个”的意义是由数量短语用法引申而来，表明“一个”由数量短语向人称代词发展有一个过程。透过现象看本质，我们可以通过两者在结构、语法上的差异来探寻两者发展演变的规律。

通过对比，发现句法位置对祁东话“一个”的发展演变具有很重要的影响。“一个”用在人类名词前一般做定语，这是典型的数量短语用法。当“一个”位于主语、宾语、领属定语位置时，就突破了数量短语的用法范畴，功能上也以指代人物为主，拥有人称代词的功能。

从祁东话老派向新派的发展过程中也可以看出“一个”的发展过程。祁东话老派中，“人”[ȵin]是三身人称代词的复数标记，“我人”“你人”“己人”分别与普通话的“我们”“你们”“他们”大致相当，而“一个”可以用在复数三身代词之后，如：

(19)我人一个哈去赶圩。(我们每一个人都去赶集。)

(20)己人一个哈走瓜了。(他们每一个人都已经离开了。)

例(19)(20)中“我人”“己人”分别与“一个”构成同位短语，“一个”在这里表示多数，是“每一个人”的意思，后面不能再加中心语“人”之类词语，不能扩展，失去了数量短语的语法特征，成为最小的能够独立运用的语法单位——词。

数量短语“一个”发展为每量义人称代词，可以用“固化”(hard-wird)来解释。储泽祥、曹跃香(2005)对固化进行了解释：“两个或几个紧挨在一起的语言单位，由于频繁使用而化为一个相对稳固的、整体性的语言单位。”“固化”是语法化现象之一，刘坚等(1995)讨论了诱发语法化的四个因素：句法位置的改变、词义变化、语境影响及重新分析。从祁东话老派和新派中使用“一个”的情况来看，数量短语“一个”只能做“人”类名词的定语，当“一个”做主语、人称代词复数的同位语等语法角色时，超出了数量短语仅能做定语的范围，“一个”需要重新分析(reanalysis)，“一”“个”分别由数词、量词重新分析为构词语素，从而“固化”(hard-wird)为一个词语，表达了与本义不同的意义，语法性质彻底改变。(储泽祥，2003)“一个”具有人称代词的典型特征，表示每量义，主要可以用来做主语、宾语、领属定语。由此可见，是句法位置的改变导致数量短语“一个”发生了语法化，使之固化为一个词。“短语的固化，不仅语义上发生了变化，往往也伴随着句法功能上的变化，而短语的本原意义，仍然在一定程度上制约着固化形式出现的环境。”这个规律同样适用于祁东话数量短语“一个”的固化。

普通话用“每人”类短语来表达人称代词的每量义，而祁东话直接用人称代词“一个”来表达相应的每量义，使用频率高，应用范围广。所以，尽管祁东话没有“每”类指示代词，但人称代词“一个”的出现弥补了没有指示代词“每”的不足，使祁东话的语法系统更为完善。

4. 祁东话复数标记“一个”的语法化及语义来源

祁东话三身人称代词老派和新派的复数标记不同：老派为“人”[ȵin]，新派为“一个”[i ko]，均读轻声。一般来说，方言中新派用法是在老派用法的基础上发展起来的。

祁东话老派三身代词单复数系统为：

单数	我	你	己
复数	我人	你人	己人

祁东话新老派中，“一个”也有每量义人称代词的用法，表示每一个人的意思。在老派中，人称代词“一个”可以与三身代词复数形成同位短语：“我人一个”“你人一个”“己人一个”。如：

(21) 我人一个一起去看看。(我们[每一个人]去看看。)

(22) 我走出去，冒看到己人一个。(走出去，没有看到他们[每一个人]。)

例(21)(22)中的“我人”“己人”分别与“一个”构成同位短语，指全体中的任何一个个体。

彭晓辉(2014)详细地论述了“一个”语法化为复数标记的过程，这里只简要谈谈。祁东话老派中“人称代词+人+一个”格式的形成是“一个”语法化的句法环境，其动因就是语流音变。“人称代词+人+一个”在语流音变的影响下，复数标记“人”的语音脱落，就形成了“我一个”的形式，“一个”占据了复数标记“人”的位置，从而进入“重读+非重读”格式中，“一个”要轻读，其句法语义特征明显改变，发生了重新分析(reanalysis)，“一个”被重新分析为与“人”功能相当的复数标记。“一个”的语法化路线为(以第一人称为例)：

我人——→我人一个——→我一个

从上面分析可以看出，句法位置的改变是导致“一个”发生语法化的主要因素。语法化往往伴随语义的虚化，“一个”语法化为复数标记后，意义彻底虚化，没有词汇意义，只有语法意义。沿着“一个”的语法化路线考察，很明显，复数标记“一个”是在人称代词“一个”的基础上发生语法化的，其语义来源于每量人称代词。

5. 结语

表示人物多数的集体义是汉语方言复数标记的重要来源之一，汉语学界已开展了卓有成效的研究工作，取得了一系列研究成果。每量义也属于集体义，有没有可能成为复数标记的来源呢？从当前汉语学界的研究来看，没有关于复数标记的语义来源于每量义的报道。祁东话复数标记“一个”的语义来源于每量人称代词(一个)，证明每量义也是汉语方言复数标记的语义来源之一，弥补了当前汉语方言来自每量义复数标记研究的不足。

祁东话没有指示代词“每”，但有专职表示每量义的人称代词“一个”，而普通话没有相对应的人称代词。人称代词“一个”使用频率高，是祁东话人称代词系统重要组成成员之一。“一个”尽管是普通话“每一个人”的意义，但与“每一个人”在语法性质上呈现出较大差别：祁东话的“一个”属于人称代词范畴，普通话“每一个人”属于短语范畴，两者不是同一层级的语法单位，其使用范围、语法功能皆有一定的差异。所以祁东话人称代词

“一个”的出现，人称代词系统要增加一个类型——每量义类型，使汉语人称代词系统更为丰富。

祁东话的“一个”有数量短语、人称代词、复数标记三种用法。从语法化视角看，三种用法之间有一定的联系：“一个”由数量短语固化为人称代词，并产生引申义——每一个人；“一个”随后在“三身人称代词+一个”这种“重读+非重读”格式中完成了语法化，成为祁东话新派常用的复数标记。“一个”的语法化链条可以表示为：数量短语→人称代词→复数标记，这是语法化中比较特殊的现象。

◎参考文献

[1]陈山青：《湖南汨罗方言复数人称代词词尾“俚”》，载《湖南科技大学学报(社会科学版)》2008年第1期。

[2]储泽祥，曹跃香：《固化的“用来”及其相关的句法结构》，载《世界汉语教学》2005年第2期。

[3]储泽祥：《“一个人”的固化及其固化过程》，载《华中师范大学学报(人文社会科学版)》2003年第5期。

[4]胡静：《湖南祁东方言复数标记》，载《绥化学院学报》2017年第9期。

[5]李维琦：《祁阳方言研究》，湖南教育出版社1998年版。

[6]刘坚，曹广顺，吴福祥：《论诱发汉语词汇语法化的若干因素》，载《中国语文》1995年第3期。

[7]彭晓辉：《湖南祁东话复数标记“一各”的功能及语法化》，载《湖南师范大学社会科学学报》2014年第3期。

基于根词相关性的“n+n”“短语词化”研究

盛玉麒

（山东大学文学院）

1. 问题的提出

1.1 词化短语与短语词化

词化短语指的是被权威词典工具书收录的“短语”，如成语、惯用语、简称、略语等。被词典收录，就相当于在句法语义语用等方面被认可具有“词儿”的功能特征，相当于一个“可以自由运用的最小的音义结合体”。

短语词化指的是词典之外动态系统中的“短语”朝着“词儿”的方向“渐进”发生着的演化现象，也就是从“临时短语”经过“准固定短语”演化为“固定短语”的过程。

这里所说的“临时短语”到“词儿”的演化过程是一个假设的理想化模式。实际情况还可能存在跨越式突变。随着网络传播方式的普及，有很多“一夜走红”的临时短语。至于是否都能进入词汇稳态系统，甚至被收入词典，还要经过使用者大众历时的约定俗成。

1.2 短语词化过程假说

网络时代词语的约定俗成，尽管因传播方式和速率都处于近乎指数级加速度发展状态，但是从"临时短语"到"固定短语"的"词化"过程是一个复杂性系统自适应的调适过程。从陌生到熟悉、从感知到认知、再到普遍认同，直到被专家认可、被词典收录，许多关键环节都不能忽略，其中既有短语自身结构模式、概念语义系统内的区别性特征，又有上下文情景语境表达功能的个性化色彩差异。

从载体形态来说，从临时短语到固定短语的分布大致层级为：网络媒体—平面媒体—官方媒体—专业辞书—通用词典。网络媒体是最活跃的动态系统，具有无限的展示个性话语方式的空间，也是词语自生自灭的"原始森林"。平面媒体泛指所有纸质载体，包括传单海报和报纸刊物。既然是"白纸黑字"，一般都会经过编辑处理，规范化程度高于自由发表的网络文本。官方媒体泛指所有法定报纸、刊物、出版物及影视载体。虽然各类出版物和载体行政等级不同，编辑审查和质量有别，但是都具有严格的编审制度，对新词、新语、新用法的处理方式也比较慎重。专业辞书和通用词典在收词方面着眼点不同，标准宽严不同，最严格的就是通用词典。因此，能被收入通用词典的"短语"可以视为获得"词汇化"的重要标记。

1.3 根词相关性

"根词相关性"是我们在"信息处理用现代汉语根词属性库"①研究基础上提出的概念②，其作为句法分析核心关系，试图解析现代汉语的句法结构，探讨构建汉语句子生成的递归化模型。

其基本思路是围绕现代汉语动态词汇系统的可控性展开（盛玉麒，2002）。动态开放的词汇系统是生生不息、永不停歇的"百脉泉"，维持这种巨大生成能力的原型因子就是具有历时稳定性和高频构词能力的"根词"

① 葛本仪，盛玉麒：山东省哲学社会科学"八五"重点项目"信息处理用现代汉语根词属性库研究"，1996 年通过专家技术鉴定（《中国语文》1996 年第 3 期，第 188 页）。

② 2010 年国家社会科学基金项目立项资助课题"面向中文信息处理的根词相关性句法模式研究"。

及相互间的多样化关系(直接和间接)，不仅包括结构主义的"组合"概念、搭配关系，也包括各种"关联"格式，包括上下文中不同词语之间的"首尾"联接关系——这是构建"隐马模型"不可或缺的"非语法"联系，却是"联词成语"不可缺少的概率参数。将上述所有关系概括为"相关性"，以获得一致性的解释。

对于"短语词化"研究来说，采用"根词相关性"原理分析短语结构方式和功能属性，特别是基于动态抽样语料库的知识提取，都具有现实可行性。

1.4 "n+n"构式

名词是词汇系统中最具即时性反映社会发展变化的开放性词类。社会生活、情感体验、审美认知、人际交往……所有领域的新事物、新概念、新产品、新关系、新知识等都要有一个相应的"命名"来指称，由此可见名词的动态开放程度和超级生成能力。

名词的结构方式几乎囊括了所有主要的词法模式。这一方面说明名词来源的广泛性，同时也说明名词构成的复杂性。例如：

"n+v"式：蛋卷、名捕、锅贴、机遇、电视、板报；
"a+n"式：假婚、美眉、猛料、艳照、小灶、霸权；
"v+n"式：勾拳、烧饼、提包、答案、产业、败类；
"v+v"式：违建、报酬、规定、信念、经验、帮凶。

而"n+n"构式则是名词短语的主要生成模式。

在《国家标准·信息处理用现代汉语分词规范》(以下简称《分词规范》)中特别提到"前加成分"和"后加成分"两个术语①，分别是：

① 相当于形态语言(如英语、俄语)构字法的"前缀"和"后缀"。因为汉语没有形态，没有严格意义上的词缀，因此，对这种具有类似词缀的构词功能的成分称为"类词缀"。

> 前加成分加名词性分词单位应为分词单位。例如：阿哥 老鹰 非金属 超声波。（国家技术监督局，1992）
>
> 名词性分词单位加如下类型的后加成分：“家、手、性、员、子、化、长、头、者”应为分词单位。例如：科学家 拖拉机手 革命性 理发员 椅子 标准化 科长 木头 学者。名词性分词单位后如有多个后加成分，则它们是一个分词单位。例如：物理学家。（国家技术监督局，1992）

分析发现，分词规范中所列举的4个“前加成分”：“阿、老、非、超”中，“非”和“超”，都是“区别词”；9个“后接成分”：“家、手、性、员、子、化、长、头、者”中，除了“化”是动词外，其余8个都是名词——严格地说是名词虚化的“类词缀”用法。虽然可归入广义“n+n”构式范畴内，但实际上应属于构词范畴，而不属于词化短语，因此不在本文研究范围内。

1.5　特殊的“n+n”式

主要指名词类简缩语形式，简称和缩略语都是语言系统功能优化的“经济学原则”的产物。这是自足系统内在的规约方式不断进行“调适”的渐进过程。这种“调适”主要表现在不停地“化繁为简”。这个过程实际上是所有使用者“群体无意识”的话语行为辗转交互作用的结果。

现代汉语的简略语中，除了“管卡压”“打砸抢抄抓”“坑蒙拐骗”类动词性简略、“假冒伪劣”“鳏寡孤独”“老中青”“大中小”类形容词简略外，绝大多数是名词性的。其中以“称名”类简略为主，如“党政”“党办”“中美”“巴以”等。

《分词规范》将简称和略语都作为“分词单位”对待①。这比词典收词的原则显得宽泛。由此可以发现，中文信息处理为追求“全息”和“穷尽”的分析目标而提出的标准更具有普适性。因此，本文将简略语列入短语词化研

① 见《分词规范》5.1.2.1d：简称、尊称等为分词单位。例如：老张、小李、郭老、陈总。《分词规范》4.6：略语一律为分词单位。例如：科技、奥运会、工农业。

究的范围。

2. 固定短语与准固定短语

2.1 短语词化的可描写性

各种各样的“临时短语”都处于无限的不可控的高度自由开放状态中。短语词化的目标群体主要存在于“准固定短语”范围内。

所谓“准固定短语”，就是还没有成为“固定短语”，但比一般的“临时短语”使用频度和稳定性等接近“固定短语”的短语。这是一种逻辑分类的概念化描述，理论上在“临时短语”和“固定短语”之间应存在一个灰色带，至于具体的分类参数却很难量化。我们给出的标准，就是以规范权威的通用词典所收入的短语为“固定短语”，即“词化短语”。从结构、稳定性和语用频度等方面接近这些“词化短语”，但没有被收入词典的，就可以看作“准固定短语”。

从不同词长“短语词化”倾向的概率看，双音节短语最容易发生词化。三音节及以上短语词化的相对难度逐级增加，主要是因为双音节短语与双音词之间在形式上有较高相似度，认知上比较容易被接受。结构关系和语义表现都与双音词类似，只要是结构形式和意义关系相对稳定了，是否收入词典只是对编辑“凡例”理解宽严的差异，不会有原则性问题。

由于双音节短语与双音词在形式上一致，因此，也很容易被认为是“词”。因此，本文以四音节短语的词化为重点，尝试有所突破。

2.2 词典所收简略语

简称、略语被权威通用词典作为词条收入，成为“词化短语”的一个重要来源。

据不完全统计，《现代汉语词典》(第7版)共收录了近200条简称，其中半数以上为单音节简称，如地名的“苏、鲁、豫、皖”，国名的“美、德、法、日”，术语的“安（安培）、方（乘方）、积（乘积）、化（化学）”等。这些单音节的简称是汉语古已有之的现象，如“张冠李戴”“指桑骂槐”“围魏救赵”等，既与古代汉语的单音节词根孤立语有关，也与语言经济学的原理有关。以双音词为主体的现代汉语中多音节简略语入典案例，更有力地证明了“短语词化”的新样态和新趋势。

词典一般对简略语的释文方式都有专门的格式。例如：“虫草：冬虫夏草的简称”“初小：初级小学的简称”。“冬虫夏草”和“初级小学”都是由两个双音节词构成的短语。简称则是从两个“词”中各抽一个语素。因此，一般来说两个词的短语简称后为“两个语素”——类似一个双音节词，例如：

【人流】人工流产的简称；【政委】政治委员的简称；
【化肥】化学肥料的简称；【化工】化学工业的简称；
【化疗】化学疗法的简称；【化纤】化学纤维的简称；
【虫草】冬虫夏草的简称；【人弹】人体炸弹的简称。

也有三个词的短语简称为两个语素，如：

【人民代表大会】简称“人大”；【政治协商会议】简称“政协”；
【地球化学勘探】简称“化探”；【地球物理勘探】简称“物探”。

三音节简略语举例：

【安理会】安全理事会的简称；【奥运会】奥林匹克运动会的简称；
【地动仪】候风地动仪的简称；【儿童节】六一儿童节的简称；
【妇女节】三八妇女节的简称；【共青团】共产主义青年团的简称；
【观通站】观察通信站的简称；【冠心病】冠状动脉性心脏病的简称；
【国际法】国际公法的简称；【接收机】无线电接收机的简称；
【科教片】科学教育影片的简称；【劳动节】五一劳动节的简称。

2.3 简略语与“词化短语”互证

2.3.1 简略语与原型短语同时入典

简略语是临时短语“词化”的产物，收入词典的简略语可以视为“临时短语”的“简略式词化”形式。

《现代汉语词典》(第7版)中，在收入简略语的同时也收入了对应的原型短语作为词条。例如：

【人流】人工流产的简称(P1091)——【人工流产】简称“人流”(P1090)

【政委】政治委员的简称(P1664)——【政治委员】简称“政委”(P1664)

【化肥】化学肥料的简称(P562)——【化学肥料】简称“化肥”(P562)

【化工】化学工业的简称(P562)——【化学工业】简称“化工”(P562)

【人弹】人体炸弹的简称(P1096)——【人体炸弹】简称“人弹”(P1099)

【虫草】冬虫夏草的简称(P131)——【冬虫夏草】简称“虫草”(P311)

由此可见，简略语与对应的原型短语在入典条件资格方面是等价的。就是说，承认这些简略式词化的同时也承认其原型短语词化的合理性。

2.3.2 原型短语词化的样本价值

因为简略式“词化”的例子毕竟有限，大量的“临时短语”很难类推出简略形式来。例如，“环保”是“环境保护”的简称，那么，“环境+n”是否都可以简略化为“环+n”的形式呢？请看《现代汉语词典》(第7版)所收入的8

个例子：

环境保护、环境壁垒、环境标志、环境激素、环境科学、环境污染、环境武器、环境要素。

下面所列是从语料库中提取的40个四字格“临时短语”的例子：

环境背景、环境变量、环境标志、环境标准、环境材料、环境产业、环境负荷、环境工程、环境规划、环境技术、环境价值、环境伦理、环境容量、环境生态、环境特点、环境特征、环境危机、环境问题、环境系统、环境效益、环境效应、环境信息、环境形势、环境行为、环境压力、环境要素、环境艺术、环境意识、环境因素、环境因子、环境优势、环境灾害、环境噪声、环境政策、环境知识、环境指标、环境质量、环境状况、环境资源、环境作用。

以上48个例子中，只有“环境保护”一条有简略式。显而易见，与原型“临时短语”相比，获得简略形式的“词化短语”的占比不过百分之一二，应是极少数。

被收入词典的这些没有简称形式的多音节短语值得格外注意，因为这是除了成语和惯用语之外，可作为现代汉语“短语词化”的典型样本。

3. 词化短语样本构式

3.1 词化短语的样板

所有收入词典内的短语，都属于“词化短语”。这些“词化短语”的构式就具有了“样本构式”的价值。

新词语的生成过程是词语构式根据语用需要而随机类推构形的创造过程。构式隐含的语义信息和条件参数会激活使用者的认知模式，依据“家族相似性”原则对内部词库进行搜索比对，按照认知理解和表义驱动进行组配，输出具有“个性化”特征的词语形式。

构式是所有词语的核心框架，因此，所有词语实际上都隐含某种构式。因为构式本身架构的规定性，使之具有了稳定的信息结构属性，因此也是词语“家族相似性”特征的结构基础。从原型理据上说，所有的构式都具有能产性。但是，具体生成词语的实际数量要受语用实践需求的制约。但这些并不影响“词化短语”的样板价值。

3.2 “人”系“词化短语”的构式

以“人”系入典的“词化短语”为例。《现代汉语词典》(第7版)收入“人”系“词化短语”共计30条，分别是：

人才市场、人道主义、人工呼吸、人工降水、人工授精、人工智能、人间蒸发、人力资源、人民法院、人民公社、人民检察院、人民警察、人民民主专政、人民团体、人民武装、人民战争、人民政府、人肉搜索、人身保险、人身事故、人身自由、人寿保险、人文精神、人文科学、人文主义、人行横道、人造石油、人造卫星、人造纤维、人造行星。

上述30条“词化短语”中，除了“人民检察院”和“人民民主专政”之外，其余28个全是四字格。这些四字格的结构方式都是由两个双音节词搭配的“2+2”式。以前位词为关键词，可以提取出以下10种构式：

“人才+n”　“人道+n”　“人工+n”　“人间+n”　“人力+n”
“人民+n”　“人身+n”　“人寿+n”　“人文+n”　“人造+n”

下面对相关短语构式的能产性进行具体分析。

3.3 “‘人’系词+n”短语构式案例分析

主要以典内“人”系“词化短语”提取的构式为典型，对其功能属性特别是能产性进行案例分析。

案例 1. “人才+n”构式

［典内词条］：人才市场；

［典外短语］：人才资源、人才队伍、人才优势、人才素质、人才结构、人才工程、人才观念、人才战略、人才策略、人才政策、人才意识、人才概念、人才理念、人才思想、人才理论、人才规划、人才计划、人才信息、人才机制、人才体制、人才环境、人才标准、人才要素、人才规格、人才知识、人才价值、人才成本、人才类型、人才效益、人才网站、人才网络、人才状况、人才基地、人才模式、人才层次、人才条件、人才实力、人才现状、人才目标、人才制度、人才能力、人才潜力、人才流向、人才大战、人才部门、人才系统、人才体系、人才潜能、人才布局、人才智能、人才比重、人才因素、人才大军、人才效应、人才规模、人才领域、人才渠道、人才团队、人才资料、人才瓶颈、人才序列、人才特色、人才热线。

关键词“人才”的《现代汉语词典》(第 7 版)释义为“德才兼备的人，有某种特长的人”“相貌美丽端正的人”。“德”“才”“特长”和“相貌”构成了“人才”一词的概念语义空间。从以上所列“典外短语”可以发现，围绕“人才”生成的“临时短语”，形成了高度细化的系列，涉及“人才”的属性、特色、功能、类别、认知、理念等关键性的语义表达，无论从熟悉度还是区别性特征，都具有“词化”的趋势和可能性。

案例2. “人道+n”构式

[典内词条]: 人道主义;

[典外短语]: 人道原则、人道精神、人道行为、人道罪行、人道政策、人道危机、人道灾难、人道立场、人道事务、人道局势、人道事业、人道情怀、人道现象、人道观念、人道性质、人道角度、人道准则、人道组织、人道状况、人道使命、人道观点、人道理念、人道思想、人道资源、人道传统、人道公约、人道标准、人道态度、人道法则、人道力量、人道领域、人道事件、人道因素、人道色彩、人道本性、人道机构、人道作用、人道实质、人道制度、人道方式、人道手段、人道武器、人道意义、人道基础、人道义务、人道文化、人道卫士。

关键词“人道”的《现代汉语词典》(第7版)释义为“指爱护人的生命、关怀人的幸福,尊重人的人格和权利的道德”。其概念语义空间涉及思想意识观念形态及处事态度和行为方式,具有丰富的内涵和多样化的表现。虽然词典只收入了一条“人道主义”,但以“人道”为核心语义构成的四字格“临时短语”丰富多彩。以上所列多表义明确、结构稳定,可作为“短语词化”的备胎,立此存照。

案例3. “人工+n”构式

[典内词条]: 人工呼吸、人工降水、人工流产、人工授精、人工智能;

[典外短语]: 人工饲养、人工喂养、人工孵化、人工繁殖、人工养殖、人工栽培、人工培育、人工育苗、人工授粉、人工干预、人工除草、人工牧草、

人工植被、人工光源、人工机械、人工煤气、
人工制品、人工器官、人工肝脏、人工口腔、
人工韧带、人工降水、人工牛黄、人工色素、
人工系统、人工产品、人工地震、人工鱼礁、
人工地基、人工砂石、人工作业、人工概念、
人工痕迹、人工建筑、人工景观、人工景点、
人工运河、人工手段、人工草坪、人工措施、
人工条件、人工瀑布、人工绿地、人工设施、
人工饲草、人工植物、人工价值。

“人工+n”“词化短语”被收入《现代汉语词典》(第7版)的有5条之多,《现代汉语词典》对“人工”一词的释义为“人为的区别于‘天然自然’”,表明其概念语义空间的超大容量。科技发展和进步所带来的层出不穷的新概念、新事物,都属于“人工”的范畴。用短语形式记录和指称这些新概念、新事物的名词性短语的需求给“人工+n”构式提供了超大的能产空间。现代生产生活中几乎所有制成品、脑力体力外化的产物都可以被冠以“人工”而华丽变身,获得时代感和新鲜感。光是具体的“人工器官”和各种原始形态替代品已几乎不可胜数,由此也可以想象“人工+n”式“临时短语”该有多么强大的词化趋势。

案例4. “人间+n”构式

[典内词条]:人间蒸发;
[典外短语]:人间奇迹、人间天堂、人间仙境、人间圣地、
人间乐园、人间世界、人间万物、人间草木、
人间烟火、人间亲情、人间知己、人间大义、
人间挚爱、人间友情、人间友谊、人间温情、
人间情怀、人间情感、人间爱情、人间情爱、
人间春色、人间春光、人间冷暖、人间正气、
人间万象、人间净土、人间美景、人间瑶池、

人间奇景、人间胜景、人间瑰宝、人间彩虹、
人间社会、人间故事、人间是非、人间力量、
人间善恶、人间福地、人间美味、人间奇观、
人间万姓、人间岁月、人间香火、人间杰作、
人间灯火、人间乐事、人间青年、人间悲剧、
人间惨剧、人间疾苦、人间炼狱、人间惨景、
人间魔窟、人间灾难、人间苦楚。

“人间”这一关键词的《现代汉语词典》(第7版)释义为“人类社会、世间”。可见其概念语义空间足以囊括人类生存活动的所有方面。因此,与之搭配的名词性词语从具体到抽象、从现实到心理、从情感到审美体验乃至精神层面的思辨、信仰与认知,都可以在“人间”的概念语义空间内获得各自的点位。“人间+n”构式恰好能满足这种丰富的需求。

案例5.“人力+n”构式

[典内词条]:人力资源;
[典外短语]:人力资本、人力资产、人力成本、人力素质、
人力因素、人力结构、人力需求、人力基础、
人力政策、人力费用、人力要素、人力条件、
人力规划、人力工具、人力资料、人力技能、
人力价值、人力资金、人力系统、人力质量、
人力收益、人力导向、人力中心、人力水车、
人力价格、人力板车、人力损失、人力负担、
人力效率、人力潜能、人力中介、人力内耗、
人力货车、人力部门、人力领域、人力队伍、
人力强度、人力计划、人力推车、人力范围、
人力经济、人力形态、人力指标、人力组织、
人力物质、人力智慧、人力吊车、人力规模、
人力制度、人力开支、人力情报、人力工时、

人力供需、人力手段、人力关系、人力工匠、
人力收入、人力风险、人力设施、人力设备、
人力方式、人力网站、人力机械。

关键词“人力”本身具有高度的概括性和相对明晰的语义空间指向，包括“体力、智力、知识与技能”等四大核心要素。因此，凡是与这四大要素有关的思维、行为、创造物及相关工具条件等都可以被“人力+n”构式创造出恰当的“能指”，显然其能产性不容小觑。

案例 6. “人民+n”构式

［典内词条］：人民法院、人民公社、人民警察、人民团体、
人民武装、人民战争、人民政府；
［典外短语］：人民群众、人民代表、人民大众、人民事业、
人民来信、人民法庭、人民教师、人民医院、
人民公仆、人民意志、人民体质、人民福祉、
人民万岁、人民文化、人民广场、人民志愿、
人民财产、人民福利、人民铁路、人民愿望、
人民组织、人民传统、人民权利、人民铁道、
人民要求、人民意愿、人民负担、人民精神、
人民公敌、人民感情、人民思想、人民演员、
人民公园、人民立场、人民法官、人民国家、
人民委员、人民功臣、人民命运、人民血汗、
人民智慧、人民觉悟、人民公安、人民疾苦、
人民体育、人民文艺、人民心声、人民邮电、
人民外交、人民本色、人民死活、人民音乐、
人民会堂、人民视线、人民呼声。

关键词“人民”在《现代汉语词典》(第 7 版)的释义为“以劳动群众为主体的社会基本成员”。显然这是一个具有高度概括性和丰富内涵的概念语

义场。社会的基本构架以及涉及社会成员衣食住行、生老病死几乎所有需求和交际行为方式的都可以冠于“人民”之下。“人民+n”构式的短语能产性不言而喻。

案例 7. “人身+n”构式

[典内词条]：人身保险、人身事故、人身自由；

[典外短语]：人身权利、人身关系、人身财产、人身权益、人身利益、人身价值、人身要素、人身损失、人身尊严、人身权力、人身条件、人身精神、人身保健、人身保险、人身安危、人身修养、人身脏腑、人身津液、人身结构、人身筋骨、人身营养、人身血脉、人身形象、人身概念、人身肌肤、人身肉体、人身荣誉、人身暴力、人身财物、人身披甲、人身过失、人身名誉、人身表皮、人身标准、人身力量、人身机体、人身骨骼、人身骨肉、人身工伤、人身理念、人身生理、人身工程、人身空间、人身个体、人身思想、人身高差、人身百病、人身感觉、人身所在、人身感官、人身体表、人身体力、人身体能、人身体相、人身体液。

关键词“人身”的《现代汉语词典》(第 7 版)释义为“指个人的生命、健康、行动、名誉等(着眼于保护或损害)”。这个释义准确描述了“人身”一词具体到抽象的概念语义空间，同时也高度概括了“人身+n”构式的“临时短语”生成空间和语义指向范围，也为判别“临时短语”词化度指出了明确的方向。

案例 8. “人寿+n”构式

[典内词条]：人寿保险、人寿年丰；

［典外短语］：人寿公司、人寿保单、人寿业务、人寿资金、人寿保费、人寿基金、人寿产品、人寿系统、人寿资产、人寿企业、人寿股权、人寿集团、人寿市场、人寿事业、人寿大厦、人寿年金、人寿核心、人寿广场、人寿贵贱、人寿观念、人寿吉祥、人寿精神、人寿股票、人寿龙卡、人寿模式、人寿目标、人寿年龄、人寿大学、人寿情况、人寿大楼、人寿社会、人寿双方、人寿水平、人寿套利、人寿特点、人寿差距、人寿股东、人寿网络、人寿不测、人寿股本、人寿信息、人寿高层、人寿在前、人寿中介、人寿中心、人寿计划、人寿广告。

《现代汉语词典》(第7版)没有收入“人寿”这一词条。“人寿+n”所收集到的用例，实际上仅限于人寿集团的相关业务领域，与其他的构式相比，显然相当狭窄。尽管如此，也有几十条四字格“临时短语”。从某一方面说明这是个新事物和新领域，因此会有相当数量的新概念需要指称。

这一个案的意义就在于，充分证明名词性短语在整个词汇系统完善和创新发展中的地位和作用。

案例9.“人文+n”构式

［典内词条］：人文精神、人文学科、人文主义；

［典外短语］：人文素质、人文景观、人文环境、人文素养、人文价值、人文知识、人文资源、人文思想、人文学者、人文传统、人文因素、人文背景、人文氛围、人文理性、人文优势、人文情怀、人文修养、人文色彩、人文意识、人文生态、人文意义、人文底蕴、人文气息、人文条件、人文世界、人文现象、人文观念、人文理想、

人文特色、人文特征、人文基础、人文领域、
人文景点、人文特点、人文理念、人文艺术、
人文经济、人文技术、人文品格、人文风情、
人文意蕴、人文关系、人文思潮、人文取向、
人文系统、人文性质、人文理论、人文情感、
人文主题、人文导向、人文风俗、人文视野、
人文信息、人文要素、人文状况、人文美学、
人文工程、人文遗迹、人文属性、人文学界、
人文气氛、人文气质、人文道德、人文风景、
人文空间、人文山水、人文品质、人文伦理、
人文魅力、人文智慧、人文立场、人文心态、
人文功能、人文科技、人文角度、人文风貌、
人文习俗、人文本质、人文心理。

关键词“人文”在《现代汉语词典》(第7版)的释义是“①指人类社会的各种文化现象;②指强调以人为主体,尊重人的价值、关心人的利益的思想观念”。显然,这两个义项所概括的概念语义空间,几乎涵盖了人类所有观念形态的内涵和外延。自然外在事物的主观认知和感受,无所不包。因此,“人文+n”构式的能产性和短语数量远远超出以上所举的范围。

案例10. “人造+n”构式

[典内词条]:人造石油、人造卫星、人造纤维、人造行星;
[典外短语]:人造血管、人造毛皮、人造奶油、人造材料、
人造心脏、人造皮肤、人造木板、人造水晶、
人造黄油、人造瓣膜、人造玛瑙、人造石墨、
人造宝石、人造子宫、人造血液、人造关节、
人造橡胶、人造肛门、人造岩石、人造物品、
人造草皮、人造物质、人造太阳、人造骨骼、
人造资源、人造神经、人造羊毛、人造土壤、
人造钻石、人造地板、人造草坪、人造蜂蜜、

人造海水、人造树脂、人造生命、人造瀑布、
人造色素、人造组织、人造机器、人造晶体、
人造沸石、人造工具、人造制品、人造大脑、
人造瞳孔、人造天体、人造血浆、人造贲门、
人造花卉、人造技术、人造林木、人造矿物、
人造空气、人造洪峰、人造种子、人造皮革、
人造长丝、人造机械、人造化学、人造工程、
人造弹性、人造现实、人造肥料、人造香料、
人造鼻子、人造珠宝。

关键词“人造”的《现代汉语词典》(第7版)释义为“人工制造的；非天然的”。这个概念语义空间之大，与前述的“人工”“人力”“人文”等有异曲同工之处。概念语义空间的涵盖范围之广，概括了人工制造的全部，是世界所有物产分类法的半壁江山：除了天然的，就是人造的。“大道至简”的二值逻辑，让“人造+n”构式拥有了超强的生成能力和空间。

4. 结论与展望

4.1 结论

“短语词化”是汉语词汇系统功能优化的重要方式，也是系统自适应的功能体现。“n+n”式名词性短语词化是名词增量扩容的重要途径。伴随现代科技进步、语文生活和网络信息传播的加速度发展，新产品、新事物、新概念、新方式、新观念层出不穷，必然导致大量新词、新语、新用法应运而生。

以《现代汉语词典》(第7版)所收四字格短语为“词化”样本进行构式提取和能产性分析，发现典内“词化短语”与典外“准词化短语”之间，处于并无严格界限的连续统状态。这些“准词化短语”是汉语词汇系统功能优化增量扩容所需的重要资源库。

"准词化短语"实现"词化"的演变不仅需要语用驱动，还要经历区别性特征的必要性遴选，这都需要一个大数据量化积累的过程。基于语料库的"短语词化"知识挖掘就是密切关注并随时跟进动态系统"准词化短语"量化趋势，为词汇系统功能优化提供例与实践相结合的参考。

4.2 不足与展望

收入词典的"习语"如"报告文学、彩色电视、操作系统、草台班子、产业工人、对外贸易、恶性循环、发达国家、家庭妇女、外交辞令"等都值得深入探讨，但因篇幅所限，只好另文论及。

本文只讨论了"人"系四字格"前位关键词+n"构式的能产性。实际上，28 个"人"系四字格还可提取出 21 个"n+后位关键词"的"构式"，颇有值得探讨之处：

n+市场、n+主义、n+智能、n+资源、n+法院、n+公社、n+警察、n+团体、n+武装、n+战争、n+政府、n+事故、n+自由、n+保险、n+精神、n+科学、n+横道、n+石油、n+卫星、n+纤维、n+行星。

"n+n""短语词化"的研究，特别是基于大数据资源库的"准固定短语"知识挖掘，对于汉语词汇系统功能优化及汉语教学与研究、智能化信息处理都具有重要的理论意义和实践参考价值，寄望更多同道新秀协同攻关，共创辉煌。

◎参考文献

[1]国家技术监督局：中华人民共和国国家标准 GB/T 13715-92《信息处理用现代汉语分词规范》，1992 年。

[2]盛玉麒：《书面汉语词汇系统动态可控性研究》，山东大学博士学位论文，2002 年。

[3]中国社科院语言研究所词典编辑室：《现代汉语词典》(第 7 版)，商务印书馆 2016 年版。

山西临猗方言指示代词与结构助词的语法共性①

史秀菊

（山西大学文学院）

1. 引言

1.1 临猗方言指示词概说

临猗县位于山西南部，北临万荣，南接永济，东南与运城接壤，西部与陕西省合阳县隔黄河相望，是由过去的临晋与猗氏两县合并而成的。猗氏在东半部，是现在的县政府所在地，与西半部的临晋在语音、词汇、语法等方面大同小异。本文例句以猗氏话为主。《中国语言地图集》（中国社会科学院、澳大利亚人文科学院，1987）中，临猗方言属中原官话汾河片解州小片。

临猗方言有 3 个单音节指人/物的指示词，近指为“这［tʂɿə^{53}］（上声）”，远指为“兀［uə^{53}］（上声）”和“奈［lᴀi^{44}］（去声）”。根据周边方言读音，“奈”应是“那外个”的合音。“兀”和“奈”都是远指代词，二者之间是替代关系，但当地口语中最常用“兀”与“这”配对使用，如“这—兀”“这人—

① 本文是 2020 年教育部人文社会科学研究规划基金项目“山西方言指示与称代范畴研究”的阶段性成果。

兀人”“这哒—兀哒”“这乎—兀乎”“这么—兀么”等。“奈[lʌi^{44}]”作为指示词，只是一个残存形式，多用在数量合音词“页‧一外，合音”(“ ”表示同音替代，下同)或其他量词前，如“奈页本本那个本子”“奈页人那个人”“奈回那次”“奈会那时”等，且使用频率不高，当地人说得更多的是“兀页本本那个本子”“兀页人那个人”“兀(一)回那次”“兀会那时”等，也就是说，“奈”在指示词系统中已经成为残存形式。

本文探讨的是临猗方言指示词“这”“兀”和“奈”出现在定语标记位置时与结构助词的语法共性。

1.2 结构助词的分类

关于指示词与结构助词的语法共性，吕叔湘(1940，1984)、段德森(1992)、张伯江、方梅(1996)、朱德熙(1999)、石毓智(2002)、刘丹青(2005)、蒋华(2006)等都有涉及。

最早关注结构助词“的”的是朱德熙和吕叔湘。朱德熙(1961)认为，同形的“的”存在着三种不同的情况，即副词性“的$_1$”、形容词性“的$_2$”、名词性“的$_3$”。吕叔湘(1984)认为，现代汉语中最常用的语助词读音为[tə]，有“的、地、得”三种形式，与句法结构有关的主要有：a. 我的书；a'. 我的；b. 浅近的书；b'. 浅近的；c. 我看的书；c'. 我看的；d. 慢慢的读；e. 好的很。

吕叔湘的分类中，d 是状语标记，e 是补语标记，本文暂不讨论。其余几类中，a、b、c 分别为名词性领属定语、动词性关系从句和形容词性定语；a'、b'、c' 分别是名词性、形容词性、动词性的中心语隐含结构，即“的”字短语。本文根据吕叔湘的分类，结合临猗方言实际，按照以下四类分别检测临猗方言指示词与结构助词的语法共性：

①“NP+这/兀/奈+NP”；

②“VP+这/兀/奈+NP”；

③“AP+这/兀/奈+NP”；

④“NP/VP/AP+这/兀/奈+NP”。

2. “NP+这/兀/奈+NP”

2.1 “NP+这/兀+NP”中“这”“兀”与结构助词的语法共性

在不可让渡关系中，“这”“兀”一般不可以兼有结构助词的功能。例如：

(1)我爸今儿个回来啦。
(2)这是我舅。
(3)你姐在屋(里)么？

临猗方言的亲属称谓词都是单音节的，不能是双音节的，一般也不重叠(儿语除外)。例(1)(2)(3)中的人称代词修饰亲属称谓时一般不能加结构助词。

如果“人称代词+亲属称谓”带有强烈的主观色彩，就可在二者之间加“这/兀”，例如：

(4)我这哥可能干着哩。
(5)我就死不爱见他兀姐。

例(4)(5)中都带有强烈的主观色彩，“人称代词+这/兀+亲属称谓”既可以出现在主语位置，如例(4)，也可以出现在宾语位置，如例(5)，但一般语境中不说。

直系长辈不能用“兀”做标记。例如：

(6) * 我兀爸真真和人不一样！

这句话要说成“伢‘人家’的合音我爸真真和人不一样。”
上例中的“这”和“兀”虽出现在结构助词的位置，但其指示性很强，仍是指示词。

在可让渡关系中，“NP+这/兀+NP”中的“这”“兀”可以兼作定语标记。例如：

(7)a. 我这袄是新哩。b. 这是你兀袄么?

(8)a. 桌都子上兀本本作啦哪儿去了? b. 你见我桌都子上兀本本去吗?

(9)a. 夜儿个兀事作弄去怎么处理的? b. 他说这是明儿个兀事吧?

(10)a. 我这同学学习可好着哩。b. 你给我叫一下我兀同学。

例(7)~(10)a句中的“这”“兀”都处于主语位置，b句中的“这”“兀”都处于宾语位置，主宾语位置上的“这”“兀”都与定语标记功能相当，只是“这”的指示性仍很明显，主要体现在用“这”时中心语所指人或物必须在眼前，如例(7)a、例(10)a；“兀”的指示性要弱一些，中心语所指人或物既可以在相对较远处或不在视野范围内，如例(8)a、b，也可以近在眼前，如例(7)b。即“兀”与“这”相比较，指示功能已经有所弱化。

2.2 “NP+奈+NP”中“奈”与结构助词的语法共性

如1.1所述，临猗方言的“奈”也是远指代词，只是在指示词系统中已经基本被“兀”取代，只剩下残存形式，当地口语中“奈”已基本成为专职结构助词。

在不可让渡关系中，“奈”不可以兼有结构助词的功能。即使带有强烈的主观色彩，“奈”也不可以处于定语和中心语之间，上例(4)~(6)中的“这/兀”不可以替换为“奈”：

(4′)*我奈哥可能干着哩。

(5′)*我就死不爱见他奈姐。

(6′)*我奈爸真真和人不一样!

在可让渡关系中，“奈”充当结构助词。例如：

(11)a. 他奈书包是新哩。b. 你拿这是谁奈书包?

(12)a. 夜儿个奈事作弄去怎么处理的? b. 他说兀是明儿个奈事吧?

(13)a. 强孩人名奈孩都结婚呀。b. 她可爱见伢强孩奈孩着哩。

(14)a. 我奈同学在太原工作哩。b. 我瞅着看见我奈同学啦。

例中(11)~(14)a句“奈”处于主语位置，b句“奈”处于宾语位置。不论是主语还是宾语位置，“奈”都可以自由充当结构助词，“奈”的指示功能在这里已经完全消失，甚至当地大多数人已经想不到结构助词“奈”就是指示词“奈”。

还可从两方面证明“奈”已成为专职结构助词：①“奈”后的中心语可以是指示词“这”和“兀”；②“奈”的声母甚至整个音节可以发生脱落。

“奈”后的中心语可以是“这”或“兀”。例如：

(15)你奈**兀**你的那(东西)你妈给你拿回去啦。

(16)我不要你奈**这**(东西)，我要你奈**兀**(东西)哩。

例(15)(16)中“你奈这/兀”意思是“你的这/那(东西)”，由于定指功能由“这/兀”承担，“奈”的定指功能已经彻底消失。

例(7)~(10)中“这/兀”前也都可以加上“奈”：

(7′)a. 我奈**这**袄是新哩。b. 这是你奈**兀**袄么?

(8′)a. 桌都子上奈**兀**本本作啦哪儿去了? b. 你见我桌都子上奈**兀**本本去吗?

(9′)a. 今儿个奈**这**事作弄去怎么处理的? b. 他说这是明儿个奈**兀**事吧?

(10′)a. 我奈**这**同学学习可好着哩。b. 你给我叫一下我奈**兀**同学。

“奈”的声母甚至整个音节发生脱落。“奈”在语流中可以脱落声母，读为[ʌi⁰], 甚至声韵母全部脱落, 只靠拖长前一音节的韵母(只保留"奈"音节的时值)来体现"奈"的功能(这符合当地方言虚词脱落只保留时值的共同特点)。例如:

(17)我奈[lʌi⁰/ʌi⁰]书包是新哩。/我[ŋuɤː²⁴]书包是新哩。

(18)这是我奈[lʌi⁰/ʌi⁰]书包。/这是我[ŋuɤː²⁴]书包。

(19)这是我奈[lʌi⁰/ʌi⁰]。

例(17)(18)(19)中显示, 作为定语标记, "奈"既可以说出也可以不说出, 而且"奈"的脱落形式已经成为常态; 在中心语隐含结构中, "奈"只可以脱落声母, 不能脱落整个音节。"奈"语音的这种虚化现象已与其他虚词无异, 这说明"奈"已经完全虚化了。

3. "VP+这/兀/奈+NP"

3.1 "VP+这/兀+NP"中"这""兀"与结构助词的语法共性

3.1.1 "NV/VO/VC+这/兀+NP"中的"这""兀"兼具定语标记功能

这里所说的VP, 包括主谓短语、动宾短语、动补短语做定语。"这""兀"在VP做定语的大多数语境中具有结构助词的功能, 例如:

(20)a. 他知道兀事情可多着。b. 你说(哩)是他知道兀事情吧?

(21)a. 准备买电视兀钱作啦哪儿去了? b. 这是准备买电视兀钱。

(22)a. 你吃完饭这碗也不洗! b. 哪页"一个"合音是你吃饭兀碗?

(23)a. 买电视兀钱不够。b. 叫把买电视兀钱准备好。

(24)a. 我挣下这钱给你。b. 我叫把我挣下这钱给你。

例(20)~(24)中，a 句“这/兀”都处于主语位置，b 句“这/兀”都处于宾语或状语位置。用“兀”还是用“这”，要视说话时所指之物离说话人距离的远近(包括时间距离)而定。“这”和“兀”在上例中都读轻声。与“NP+这/兀+NP”相同，“兀”的使用比“这”更自由一些，可以用于近指，如例(21)b、例(22)b。

3.1.2 “V+这/兀”中的“这”“兀”不能兼任定语标记

如果定语是单音节动词，即使“奈”不说出，V 的韵母也要拖长，即“奈”的时值仍在，不可省略。例如：

(25) 买[mai^{53}]：兀果都还有吗买的那苹果还有吗？

(26) 刚吵[tsʰɔu]：兀人作啊刚才吵架的那人哪儿去了？

(27) 做[tsəu]：这使不得，另做吧做的那(活儿)不行，重做吧。

例(25)(26)(27)中“奈”不说出时，一定要拖长动词的韵母。因此，从结构上看，“这”“兀”都是动词“吃”“弄”“做”的中心语，不能承担结构助词的功能。

3.2 “VP+奈+NP”中“奈”与结构助词的语法共性

“奈”在关系从句(包括单音节动词做定语)后成为专职定语标记。例如：

(28) a. 他今儿个背奈书包是新哩。b. 这就是你今儿个背奈书包吧？

(29) a. 挣奈钱作啊哪儿去了？ b. 这是挣奈钱。

(30) a. 吃奈这是索“什么”合音？ b. 我想吃你将将吃奈兀。

(31) a. 你走太原奈火车票搁好，小心不在丢唠。b. 我买下走太原奈火车票啦。

(32) a. 强孩买奈电视可好着哩。b. 你叫强孩买奈电视弄哪去啦？

例(28)~(32)中 a 句“奈”都处于主语位置，b 句都处于宾语或状语位置。例(29)a、b，例(30)a的定语是单音节动词，其他例句定语都为复杂结构。这说明无论处于主语位置还是宾语、状语位置，无论定语是复杂短语还是单音节动词，“奈”都可以自由出现在结构助词位置。

上例中的“奈”的读音既可以脱落声母读为[ai]，也可以整体脱落只保留时值，而且“奈”的中心语也可以是指示词“这”或“兀”，如例(30)a、b，这说明在关系从句后，“奈”已经彻底虚化为结构助词了。

4. “AP+这/兀/奈+NP”

需要说明的是，形容词定语在临猗方言中很不发达，除了单音节性质形容词直接修饰名词外，只有少量的状态词和形容词重叠式可以做定语，大多数形容词不做定语。试比较：

	北京话	临猗话
a.	他穿了件厚厚的棉袄。	他穿兀棉袄岑呱呱厚/可厚着哩。
b.	红扑扑的脸蛋真可爱。	脸红红哩，可是好看着哩。
c.	小英买了件非常漂亮的衣服。	小英买兀袄好看太太着哩。
d.	聪明的学生。	这页这一个学生可尖着哩。

上例中的形容词有的也可以放在定语位置，如“岑呱呱厚奈棉袄”“红红奈脸”，但不是临猗方言最自然的表达方式；有的则不能用于定语位置，如北京话“非常漂亮”“漂亮的女孩”“聪明的学生”的表达形式在临猗方言中只能说成“可是好看着哩”“真真尖真聪明”或“好看扎啦好看极了”“尖(得)太太着哩聪明极了”等，状态形容词都只能用于谓语位置，不能用于定语位置。

这里主要分析临猗方言很有限的“AP+这/兀/奈+NP”结构中“这”“兀”“奈”与结构助词的语法共性。

4.1 “AP+这/兀+NP”中“这”“兀”与结构助词的语法共性

临猗方言的单音节性质形容词做定语时，与北京话一样，不需任何定语标记，不再赘述。状态词或形容词的重叠式做定语时，“这”“兀”可以处于定语标记位置。例如：

(33) 喷香这饭，可好吃着哩，赶紧吃！

(34) 崭呱呱新兀袄，你就不穿啦？

(35) 焦呱呱青很青那兀杏，你摘兀做嗦你摘那干什么！

(36) 不吃这，这太凉啦，我要吃热热兀饭。

(37) 我不穿杠红特别红这袄，我要穿兀页那一个粉红哩。

从例(33)～(47)中可以看出，“这”“兀”既可处在主语位置，如例(33)(34)(35)，也可处在宾语位置，如例(36)(37)。但例(33)～(37)中的“这”和“兀”都具有很强的指示功能——“这”的近指功能和“兀”的远指功能仍然很强，应属于指示词兼有结构助词功能。

4.2 “AP+奈+NP”中“奈”与结构助词的语法共性

如前所述，“奈”在临猗方言中已经基本取得了专职结构助词的功能，因此大多数能用“这”“兀”兼任结构助词的位置也能用“奈”，甚至“这/兀”前可以加“奈”。如例(33)～(35)可以说成：

(33′) 喷香奈这饭，可好吃着哩，赶紧吃！

(34′) 崭呱呱新奈兀袄，你就不穿啦？

(35′) 焦呱呱青奈兀杏，你摘兀做嗦干什么！

例(33′)～(35′)中“奈”后的“这/兀”可以不出现，出现后只承担指示词的功能，“奈”是专职的结构助词。

而且如前所述，“奈”与“这”“兀”的最大区别是，“奈”的指称性功能基本消失，因此可以出现在“这”“兀”不能出现的描摹性语境中。例如：

(38) 你瞅伢这个女儿，红红奈脸儿，脱脱条条苗苗条条奈汉儿个子，真真好看。

(39) 伢他媳妇今儿个穿奈杠股股红奈袄，焦呱呱绿奈裤，瞅着真真尼笑人令人发笑。

例(38)(39)中的形容词做定语重在描摹而非指称，因此只能用“奈”，不能用“这”和“兀”。

如果句子的语义重在指称而非描摹，句子就必须用“这”“兀”，“奈”则不必说出。试比较：

(36′) a. 不吃这，这太凉啦，我要吃热热兀饭。

b. * 不吃这，这太凉啦，我要吃热热奈饭。

我们看到，例(36′)中“兀(饭)”是说话人重点强调、指称的对象，因此“奈”就隐去，凸显出“兀”。

另外，因为“奈”所处语境重在描摹而非指称，所以也不能用于否定句，如上例(7)中的“这”不能替换为“奈”：

(37′) * 我不穿杠红鲜红奈袄，我要穿兀页粉红哩。

这句话只能说成：

(37″) 我不穿杠红鲜红兀/这袄，我要穿兀页/这页“一外”(一个)的合音粉红哩。

从以上分析中可以看出，“这”“兀”用于形容词性定语标记位置，其指示功能还很强，而“奈”作为形容词定语标记时，多用于重在描摹的语境中，不能用于重在指称的语境中，也不能用于否定句中。

5. “NP/VP/AP+这/兀/奈”

“NP/VP/AP+这/兀/奈”属于中心语隐含结构，相当于北京话的“的”字短语。这里讨论中心语隐含结构中的“这”“兀”“奈”与结构助词的语法共性。

5.1 “NP+这/兀/奈”

5.1.1 “NP+这/兀”

“NP+这/兀”中，“这”“兀”可以承担结构助词的功能。例如：

(40)a. 我这好，你兀不好。b. 他一柳动作频繁地想抢我这。
(41)a. 晓红兀在哪儿？b. 我想要你这，不想要他兀。
(42)a. 我爸兀，我妈给他拿回去啦。b. 我不想要强强和英英兀。
(43)a. 你师傅这好么你老师的(这东西)好吗？b. 你赶紧叫把你师傅这拿走。

吕叔湘(1943)认为：省略中心语，“的”字就有了称代作用。刘丹青(2005)也说，“的”可以兼转指性名词化标记，构成无核(headless)关系从句，“的”代替被删除的核心名词。例(40)～(43)中的“这”“兀”后面都没有中心语，是相当于北京话“的”字短语的中心语隐含结构。例(40)～(43)a句中的“这”“兀”都处于主语位置，b句中的“这”“兀”都处于宾语位置。这些“这”和“兀”都可以承担定语标记功能，不过，指示功能仍然存在。

5.1.2 “NP+奈”

“NP+奈”中的“奈”也可以构成中心语隐含结构。例如：

(44)a. 你奈你妈给你拿回去啦。b. 我不要你奈，我使唤我奈就行啦。
(45)a. 我奈在这哒哩。b. 这是我奈，兀才是你奈，你奈比我奈大。
(46)a. 强孩他哥奈好，慧孩奈不好。b. 这是慧孩奈。
(47)a. 桌都子上奈作啊哪儿去了？b. 强孩想要桌都上奈。

例(44)~(47)中显示，“奈”既可以用于主语位置，也可以用于宾语位置，指示功能已消失。

5.2 “VP+这/兀/奈”

5.2.1 “VP+这/兀”

“VP+这/兀”中，“这”“兀”在一般语境中不能构成中心语隐含结构，只在特定语境中承担结构助词的功能。例如：

(48)你叫把写下字兀(本本)给我。

(49)我不要看病这(钱)，我要买化肥兀(钱)。

例(48)(49)中“这”“兀”只有在特定语境中才能使用，即“这”“兀”所指称的一定是上文中刚提到的已知信息。

5.2.2 “VP+奈”

“VP+奈”中，“奈”充当结构助词。例如：

(50)a. 你夜儿个昨天拿奈作啊哪儿去了？b. 这是我夜儿个拿奈。

(51)a. 强孩今儿个买奈在哪儿？叫我瞅瞅。b. 这是强孩今儿个买奈。

(52)a. 我今儿写下奈强孩都拿上走啦。b. 我想要强孩今儿个写(下)奈。

(53)a. 我夜黑唠昨晚做(下)奈作啊哪儿去了？b. 你瞅瞅我夜黑唠做下奈。

(54)a. 我刚刚说奈好吗？b. 叫把你刚刚说奈写下来。

例(50)~(54)a句中“VP+奈”都处于主语位置，b句中都处于宾语或状语位置。例(50)~(54)中的“奈”都构成了中心语隐含结构，相当于北京话的“的”。

5.2.3 “VP+奈”和“VP+哩”比较

“哩[li^0]”在临猗方言中也是一个专职结构助词，不过使用范围较为狭窄，只用在动词、形容词后构成类似北京话的“的”字短语，如“红哩红的”“吃哩吃的”，或做状语标记，例如“水水儿哩吃了一块西瓜”。参照临猗周边方言，“哩”应是“的”的弱化形式。值得注意的是，“哩”只能构成中心语隐含结构或做状语标记，不能做定语标记——任何语境中都不能有定语中心语出现在其后。

临猗方言动词性词语与“哩”构成的相当于北京话“的”字短语的“哩”字短语，如“吃哩”“喝哩”“穿哩”“买菜哩”“剃头哩”等。值得注意的是，“哩”能依附的动词很有限，仅限于几个常用动词，但使用频率很高。同时，这些词也能和“奈”构成“奈”字短语，如“吃奈”“喝奈”“穿奈”“买菜奈”“剃头奈”，二者意义不同，试比较：

(55) a. 走去叫布袋行装上些吃哩走时把口袋里装点吃的。b. 我刚吃奈(馍馍)作啊哪儿去了？

(56) a. 喝哩拿上了吗？b. 这是你将将喝奈(喝哩)。

(57) a. 穿哩都装好啊吧？b. 伢他穿奈(袄)可好着哩！

(58) a. 他是页“一个”合音买菜哩。b. 这是伢卖菜奈(秤)。

(59) a. 他是页“一个”合音”剃头哩。b. 兀是伢剃头奈(推都推子)。

二者的区别是：

首先，从语义上看，“哩”字短语的意义更具有整体性和泛化特点，所表意义不依赖语境——“吃哩”即“食物”，泛指一切可吃的固体食物；“喝哩”泛指一切可以喝的水或饮料；“穿哩”泛指所有可穿的衣服；“卖菜哩”“剃头哩”则泛指一切从事卖菜职业、剃头职业的人。而“奈”字短语所指则缺乏泛化特点，所表意义必须依赖语境——“吃奈”可根据语境补出“馍馍”或“苹果”等，是特指在具体语境中出现的食物；“喝奈”可根据语境补出“汤”或“水”等，是特指在具体语境中出现的“汤”或“水”；“穿奈”可根据语境补出"袄""裤""鞋"等，也是特指具体语境中出现的"袄""裤""鞋"等；"买菜奈""剃头奈"不能指人，而是在特定语境中指"买菜的人的东西""剃头的人的东西"，"东西"在具体语境中也会很具体，比如可以是帽子、筐子等。

其次，从句法分布看，"哩"字短语只能充当主语或宾语的中心语，不能充当定语(即"哩"后补不出中心语)。如例(55)~(57)中b句可以说成：

(55′)b. 我刚吃奈吃哩作啊我刚才吃的吃的哪儿去了？

(56′)b. 这是你将将喝奈喝哩这是你刚才喝的喝的。

(57′)b. 伢他穿奈穿哩可好着哩人家他穿的穿的非常好！

以上三句中"吃奈吃哩""喝奈喝哩""穿奈穿哩"对译为普通话都只能是"吃的吃的""喝的喝的""穿的穿的"，前者是定语，后者是中心语。其结构是：

吃奈　吃哩

定中

在这种结构中，"吃奈/喝奈/穿奈"只能做定语，与"吃哩/喝哩/穿哩"位置不能替换；"吃哩/喝哩/穿哩"在具体语境中可以替换为所有"可吃/可喝/可穿"的东西，因此"吃哩/喝哩/穿哩"已经基本固化，相当于一个名词，而"吃奈/喝奈/穿奈"还只是动词与"奈"临时组合的中心语隐含结构。

而"奈"字短语则既可以充当主语宾语的中心语，又可以更自然地充当定语，如例(55)~(57)中b句，"奈"后都可以补出其他中心语：

(55″)b. 我刚吃奈苹果作啊我刚才吃的苹果哪儿去了？

(56″)b. 这是你将将喝奈饮料这是你刚才喝的饮料。

(57″)b. 伢他穿奈袄可好着哩人家他穿的上衣非常好！

再次，从"哩"和"奈"的组合能力来看，"哩"的组合能力很弱，除了上例所列“哩”字短语之外，已经很少有动词性词语能构成“哩”字短语。“奈”的组合能力则很强，大多数行为动作动词和心理动词后都能与“奈”构成“奈”字短语。试比较：

拿奈(书)	画奈(画儿)	唱奈(歌儿)	写奈(字)	想奈
*拿哩	*画哩	*唱哩	*写哩	*想哩
买奈(袄)	卖奈(菜)	剪奈(花儿)	做奈(活)	爱见喜欢奈
*买哩	*卖哩	*剪哩	*做哩	*爱见哩

以上能用“奈”构成中心语隐含结构的动词，任何语境中都不能用“哩”，所以，我们认为“V哩”已经基本固化为一个名词了。

通过比较发现，“奈”的组合能力比“哩”更强，意义却更具体，缺乏泛化特点，说明“奈”的定指功能在动词性词语后还没有彻底虚化。“奈”的定指功能进一步虚化后，有可能覆盖残存的“哩”的功能。

5.3 “AP+这/兀/奈”

5.3.1 “AP+这/兀”

“AP+这/兀”中，“这”“兀”可以承担结构助词的功能。例如：

(60) a. 焦呱呱青兀很青的那(瓜果)，你摘兀做嗉干什么！ b. 我不要焦呱呱青兀。

(61) a. 热热兀不吃，你要吃嗉什么？ b. 正经饭不好好吃，非吃冰凉这?!

(62) a. 热热这吃着就是好。b. 不吃这，这太凉啦，我要吃热热兀热热的。

(63) a. 杠红红彤彤这袄，我不爱见。b. 我不穿杠红这(袄)。

例(60)～(63) a 句中“AP+这/兀”都处于主语位置，b 句中“AP+这/兀”都处于宾语位置。不过“这”“兀”的指示功能仍很强，属于兼具结构助词功能。

5.3.2 “AP+奈+NP”和“AP+哩”

值得注意的是,“奈”做形容词定语标记,中心语一般要出现,即“奈”与形容词性词语不能构成相当于北京话“的”字短语的“奈”字短语,例如,当地没有“＊红奈”“＊崭新奈”“＊焦呱呱青奈”等说法。

前文提到“哩”在动词后构成“哩”字短语,虽然使用频率很高,但组合能力也有限。但“哩”与形容词构成的“哩”字短语却是大量存在的,临猗方言大多数性质形容词都能构成“哩”字短语,例如:

(64)大哩好(小哩不好)。

(65)我要红哩(不要绿哩)。

(66)我给你买页新哩。

(67)这页长哩给你(我拿兀页短哩就行啦)。

(68)我不爱吃甜哩(爱吃酸甜哩)。

例(64)~(68)中“哩”字短语既可独在单说,也可出现在对举语境中,都独立充当主语或宾语。与动词性词语构成的“哩”字短语一样,形容词构成的“哩”字短语中,“哩”也不能作为定语标记出现。因此“哩”与“奈”在形容词性词语后处于互补分布:“哩”只用来构成相当于北京话“的”字短语的“哩”字短语,“奈”只用来充当描摹性定语标记。

6. 结论及余论

定中结构中,结构助词属于从属语标注手段,是加在定语上的,而指示词最初是加在核心名词上的(刘丹青,2005),如北京话“我的书”和“我买的书”应当切分为“我的｜书”和“我买的｜书”;临猗方言“这/兀/奈”作为指示词,原来应该是加在核心名词上的,即应该切分为“我｜这/兀/奈书”“我买｜这/兀/奈书”,也就是说,“这”“兀”“奈”与前面的定语在句法上最初并非直接成分，因为经常出现在结构助词的位置，核心标注手段功能逐步弱化，结构关系便逐步模糊，也就是说，发生了重新分析，具有了定语标记功能。“这/兀”正处于重新分析之中，兼有指示词和结构助词的功能，“奈”的重新分析基本完成，大多数语境中已是专职结构助词。这可能是“奈”的指示功能被“兀”取代后，迅速向结构助词功能扩展的结果（详见史秀菊，2003）。

重新分析应该是从领属性定中结构开始，然后向关系从句扩展，这从北京话（刘丹青，2005）、绛县话（史秀菊、史荣，2016）能清楚地看出。临猗方言的“奈”在领属性定中结构、关系从句、名词性、动词性词语构成的中心语隐含结构中基本完成了重新分析，成了专职结构助词，但在形容词性定中结构中，“奈”的使用还有一定的局限性，这可能与当地形容词修饰语不发达以及状态词往往后附黏着成分“哩”有关。

◎参考文献

[1]储泽祥，邓云华：《指示代词的类型和共性》，载《当代语言学》2003年第4期。

[2]段德森：《古汉语指示代词的转化》，载《语文研究》1992年第1期。

[3]方梅：《指示词“这”和“那”在北京话中的语法化》，载《中国语文》2002年第4期。

[4]蒋华：《指示代词研究述评》，载《徐州师范大学学报》2006年第1期。

[5]吕叔湘：《论底、地之辨及底字的由来》，见《汉语语法论文集》，商务印书馆1984年版。

[6]刘丹青：《汉语关系从句标记类型初探》，载《中国语文》2005年第1期。

[7]梅祖麟：《梅祖麟语言学论文集》，商务印书馆2000年版。

[8]石汝杰，刘丹青：《苏州方言量词的定指用法及其变调》，载《语言研究》1986年第1期。

[9]石毓智：《量词、指示代词和结构助词的关系》，载《方言》2002年第

2 期。
[10]史秀菊:《山西临猗方言的结构助词“奈”与“哩”》,载《语文研究》2003 年第 4 期。
[11]史秀菊,史荣:《山西绛县方言“这、乃、兀”与结构助词“的”的语法共性》,载《中北大学学报》2016 年第 1 期。
[12]王力:《汉语史稿》,商务印书馆 1980 年版。
[13]朱德熙:《说“的”》,载《中国语文》1961 年第 12 期。

疑问词的语法化机制和特征

唐燕玲
（湖南师范大学外国语学院）

1. 引言

语法化研究是当今语言研究的一个重要课题，业已成为国内外学者关注的热点问题。学者们主要就语法化的单向性、语法化机制等主要话题或与之相关的论题进行了深入探讨（Hopper & Traugott，1993；沈家煊，1994/2001；吴福祥，2003/2005；王寅、严辰松，2005）。语法化一般是指语言中意义实在的词转化为无实在意义、表语法功能成分的一种过程。语法化侧重语法结构和语法范畴的产生和形成过程。（沈家煊，1994）语法化研究实际上就是对语法形式进行语法化过程的研究。语言学家们通常是从两个方面来进行研究的：其一是历时研究，也就是研究语法形式的来源和影响其形态改变的典型路径；还有一种是共时研究，认为语法化是语用研究的共时话语语用现象（Hopper & Traugott，1993）。

疑问词有表示疑问和非疑问两种用法，其中疑问用法是疑问词的最基本用法，而非疑问用法是通过语法化过程演变而来的。本文无意全面探讨和考查疑问词的来源及变化，而是着重考察它们的共时语法化过程，探讨疑问词在句法环境的变化中所产生的语义特征和语用功能的变化过程。疑问词扩展出的非疑问用法都能体现前两个过程，疑问词的功能扩展就是疑问词的语法化表现。那么这些用法是如何演变而来的呢？其演变方式和过程都是怎样的呢？本文试图从疑问词的语法化机制和特征等方面加以诠释。

2. 语法化机制

关于语法化机制，比较有代表性的是 Hopper & Traugott(1993)的诠释，他们认为，语法化的发生有两种机制，即重新分析(reanalysis)和类推(analogy)，其中，重新分析起主导作用，类推起次要作用。解惠全(1987)指出，实词虚化(语法化包含实词虚化)要以意义为依据，以句法地位的固定为途径。孙朝奋(1994)认为，语言虚化横跨历时和共时两个语言学上传统的领域，涉及词类转换、结构分化、重新组合等重要的语言变化。吴福祥(2005)总结，语义演变的机制主要有类推、重新分析和主观化三种，而最基本的是主观化。并且，他还认为传统上所说的隐喻与转喻、泛化与特化、褒化与贬化并不是演变的动因或机制，而是上述三个演变机制的结果。鹿钦佞(2005)认为，语法化机制是指一个语言单位得以语法化的条件，它决定了一个语言单位为什么可以发生语法化，同时制约着语法化的方向和途径，机制一般来自语言系统之内。

综合以上对语言机制分析研究的结果以及对疑问词在语料中的实际应用情况，我们认为，导致疑问词发生语法化的机制主要有句法机制和语义机制两个方面。也就是说，疑问词由疑问用法向非疑问用法的转变主要是在语义和句法环境两种机制的作用下产生的。

2.1 语义机制

词汇的语法化主要是以意义为依据的。而疑问词最基本的两个意义就是传疑和询问，也就是说它们具有[+疑问]和[+不定]的语义特征。我们认为，疑问词语法化为多种非疑问用法都是在这两个语义机制的制约下得

以实现的。例如:①

(1)其实，我觉得，我估计是[谁]向他告密了啊。(《北京话口语》)

(2)[谁谁谁]是狼啊?(宁财神《武林外传》)

(3)[Who] are you to tell me I can't leave my bicycle here?

例(1)中的"谁"等同于英语里的"somebody"，只保留了[+不定]的语义特征，[+疑问]消失了，属于虚指用法。例(2)和例(3)中虽然都用了问号结尾，但是可以看出，这实际上是一个反诘用法，"谁谁谁"和"who"都不是句子中的焦点，也就是说都不是疑问用法，都不带有疑问意义，却含有否定之意。"[谁谁谁]是狼啊?"含有"你自己是狼吧?"的反诘用法，"[Who] are you"可以理解为"who"的反诘用法，疑问词都是表示一种轻蔑的口吻，它虽然还负载着一定的疑问信息，但是已经与其应该负载的疑问信息不同了，是一种"无疑而问"，保留了[+不定]的语义特征。

疑问词的虚指和反诘用法的语法化恰恰体现了[+疑问]和[+不定]的语义特征的制约功能，两者缺一不可，否则就会向非疑问用法转变。疑问词的其他各种非疑问用法也都是直接或者间接地在这两个语义机制的制约下逐渐语法化的。

2.2 句法机制

由于人类具有相同的认知机制，疑问词的疑问用法就有很多共性，表达的都是基本概念功能。而受各自语言语法系统特点的不同影响，非疑问用法在形式上就体现了更多个性，但他们也有明显的共同点，那就是都表达句法功能甚至话语功能，指代功能逐渐弱化，句法标记功能逐渐加强。

疑问词的语法化与它们经常出现的句法环境之间有着密切的关系。其

① 英汉语语料分别来自英国国家语料库"BRITISH NATIONAL CORPUS"和北京大学汉语语言学研究中心制作的"现代汉语语料库"，特此感谢。

中，实词虚化①(吴福祥，2003)要以意义为依据，以句法地位为途径。也就是说，一个词由实词转化为虚词，一般是因为它经常出现在一些适于表现某种语法关系的位置上，从而引起词义的逐渐虚化，进而实现其句法地位的固定。例如：

(4)我知道你现在[哪儿哪儿]都好，从上到下，从里到外。(铁凝《大浴女》)

(5)无论[何时]何地，客观环境有什么变化，他始终都把自己的一切贡献于、服从于党的需要。(《悼伯承》)

(6)[Whatever] happens, baby, I'll be here for you.

汉语疑问词表示任指的句法常常带有“也、都、全”一类词，如例(4)中表示所说的范围之内没有例外，有时候也用“无论、不论”等和“也、都、全”照应，如例(5)。其他学者如邵敬敏(1996)、王力(1984)、卫澜(1998)等都有类似陈述。经语料库检索，英语疑问词的任指用法主要有两种：一种是和汉语类似的句法制约，即在疑问词的前面加“no matter”，构成“no matter who(what, where, when)”等形式；另外一种就是在疑问词的后面加上词缀“-ever”，如构成复合疑问词“whoever(whatever, wherever, whenever)”，如例(6)，这是汉语所没有的，它们都可以表示“无论、任何”的语义。

以上例句中的疑问词都是它们的句法制约表现，或叫作句法化现象，即语法成分向句法成分的转变以及词序(word order)在实际使用中被凝固化，从而表达某一具体语法功能的转变过程，句法化现象为疑问词发生语法化提供了充分的条件。

---

① “实词虚化”不等同于“语法化”。语法化关注词汇或结构，甚至也关注语用法如何演变为语法形式，而“实词虚化”是训诂学术语，主要针对语义而言，包括词义消失而产生语法意义、语义抽象化、泛化、弱化等(吴福祥，2003)。根据当代语法化理论内涵的标准，实词虚化研究只是语法化研究的一部分。语法化包括三个方面：句法化、词汇化和实词虚化。

3. 语法化特征

语义和句法机制为疑问词发生语法化提供了充足的条件，但同时也制约了它们发生语法化之后的发展方向。疑问词之所以会发生语法化，主要应该归因于语用因素，其中主观化在语法化过程中起到了相当大的作用。

3.1 主观化

主观化是包含“主观性”的。正如 Lyons(1977)所指出的，“主观性是指语言的这样一种特性，即在话语中多多少少总是含有说话人‘自我’的表现成分。也就是说，说话人在说出一段话的同时表明自己对这段话的立场、态度和感情，从而在话语中留下自我的印记。‘主观化’(subjectivisation)则是指语言为表现这种主观性而采用相应的结构形式或经历相应的演变过程”。沈家煊(2001)指出，主观化既是一个“共时”概念，也是一个“历时”概念。“共时”是指某个时期说话人采用什么样的结构或形式来表现主观性，而“历时”是指表现主观性的结构或形式是如何经历不同时期通过其他结构或形式演变而来的。

Traugott(1995)认为，语法化中的主观化就是语言中用来表达主观性的可识别的语法成分是如何通过非语法成分的演变而逐步形成的一个层级现象。最初这种现象呈现为具有具体的、词汇性的、客观意义的一个语言形式或结构式在句法环境中通过频繁使用而逐渐获得抽象的、语用的、人际的或依赖说话者的功能。主观化与语法化是密不可分的，很多学者认为，所有的语法化都涉及主观化。虽然这个问题还存在分歧，但可以肯定的是，疑问词的遍指、虚指以及其他非疑问用法都包含着明显的主观化印记。可以说，疑问词非疑问用法的语法化程度也是主观化程度的反映。更确切地说，语言的主观性负责表达说话人的各种主观的思想、观点、情感和态度，而且还承载着言语主体要实施的言语行为。说话者所说的每句话都是对自己的思想和观点进行编码，不管在客观上他们的说法是否正确或者被大众所接受。因为语言的主观性透视的是语言表达式的意义具有主观性色彩，而不仅仅是客观现实。而说话者为了表达这种想法、观点，就会采用与平常不同的特殊句式结构或语气等手段，这种结构逐渐发展、形成并固定下来，这种演变过程就叫做主观化。比较下面的用例：

(7)在列车开过时，你有没有看到[什么]动静？(宋运文《萧山"通天案"(上)》)

(8)都是这个老东西，[什么]事也不管；下雨的时候，连劈柴也不搬进去！(老舍《四世同堂》)

(9)[What] can I do to make you love me?

(10)[No matter what] they tell us, [no matter what] they do, [no matter what] they teach us, what we believe it's true.

例(7)中的"什么"简单表达了说话者的疑问，如果没有上下文的语境，听话者很难体会到言者想要表达的情感和态度，而从例(8)中则可以清晰地感受到说话者强烈的感情色彩，这是因为采用了"什么……也"这种特殊句式，这种句式表明了说话者主观的心理路径，带有很强的主观性，在这种特殊的句法环境下，这种客观的语言形式逐渐获得了抽象的语用功能，而这种抽象的演变过程就被看作主观化的过程。同理，例(9)和例(10)也是经历了相似的演变过程。

疑问词的遍指用法带有很强的主观性，说话者要通过遍指用法表达自己对某一事件强烈的肯定或否定态度。以下是疑问词的遍指用法中的用例：

(11)那你搜好了，我这里[啥]也没有。(周而复《上海的早晨》)

(12)[多少多少]机关都搬到南京去，随着机关走的不止是官吏与工友，而且有他们的家眷。(老舍《四世同堂》)

(13) More fool you, I wouldn't go, no matter [how] much they offered me.

(14) A stray dog attached itself to me [wherever] I went and would not leave me.

在例(11)~(14)中，疑问词的[+传疑]和[+询问]功能都已经消失了，不再表示客观语境，而是带有主观性的标记，表示[+不定]；任何一个都表现了说话人对某一事件的概括，意义变得越来越植根于说话人对命题内容的主观信念和态度，这已经完全是主观化的成分了。

反诘用法更是带有强烈的主观性，说话人要通过反诘句来表达自己强烈的否定态度，这就带有很强的主观性标记。例如：

(15) 自身难保，能佑[何]人？(《人民日报》)

(16) [什么什么]"柔情似水"？(冯苓植《雪驹》)

(17) [Who] are they to determine who's to die and who's to live?

这三句话在句式上都是问句，但从修辞的角度来看，说话者的真实意图并不是询问某件事是什么或某件事的对象是谁，而是通过这种句式来表达比陈述句更强烈的感情、态度，此时的疑问词已经失去了[+询问]的功能，而被主观化了。

通过例(15)~(17)可以看出，疑问词的非疑问用法表达了说话人的主观态度和立场，说话人的作用在话语中被凸显出来了，这就是主观化因素在起作用。它们通过句法环境的变化，消除[+询问]这一语义特征，而仅仅"涉及某个范围的全部成员"，进而发展出遍指的用法。在此基础上又通过句法环境的变化消除"涉及某个范围的全部成员"，发展出例指、确指、逐指、某指、特指等非疑问用法，这是一个语义引申演化的语法化过程。这个过程就是疑问词表示疑问的客观特征[+询问]逐渐丧失的过程，也是疑问词主观性逐渐增强的过程，即主观化的过程。很多研究汉语的学者都注意到了这一现象，吕叔湘(1980)、范晓(1998)和邵敬敏(1996)就是其中的代表。他们认为，疑问词不再表达疑问，而是表达说话者的主观态度，表现了很强的主观性。

因此，我们认为，疑问词的非疑问用法经历的这种主观性过程就是疑问词的语法化过程。

3.2　语法化的路径

在语法化路径的问题上，Hopper & Traugott(1993)有很多表述。他们提出如下假设：语法化的路径并不是直接从词汇成分演化到形态成分，而是词汇成分或短语通过在某种高度限制性的句法环境中的使用而重新分析为具有某种句法和形态功能。

按照这一路径假设，语法化过程中词汇成分必须首先需要话语功能，然后才能在句法上固定下来，一般是演变为构式，并最终演化为形态成分，即词干或词缀。这个假设提出这些语法化链条优先向一个方向进化，比如说疑问词可能会降为非疑问词，但是这些非疑问词不会再反过来升成疑问词。这就是我们所说的单向性①(Hopper & Traugott，1993)。

从词典释义的先后顺序同样也可以看出词义的发展变化轨迹。“词的义项其中一类是一个词的词义体系内部的源生关系，如本义、引申义和比喻义。着眼于区别性，义项的分立应该从词义引申规律出发，注意词义发展中的区分点，充分掌握词义发展的纵向和横向脉络，才能避免重复和交叉。”(陈炳迢，1991)

以“谁”为例，从《现代汉语词典》《新华字典》《辞海》等汉语词典中可以看到，“谁”的第一个义项都是“疑问代词，什么人”，也就是我们所说的疑问用法；接着是“任何人，无论什么人”，即遍指用法；然后是“某人——用以泛称”，是虚指用法。

依据词典义项的排列顺序，加之一些权威人士、年轻学者的研究，比如 Hopper 和 Traugott(1993)，吴福祥(2003)，王葆华、张尹琼(2008)，一个典型的语法化过程就清晰地呈现在我们眼前：

---

① 吴福祥(2003)就“单向性”问题在国外的争论情况做过大量详细的分析，并介绍了这场争论的起因、背景、焦点和实质。

语用—语义方面：具体义>较少抽象义>更多抽象义
客观性>较少主观性>更多主观性
形态—句法方面：自由>较少粘着>更多粘着
可选性>较少强制性>强制性
多范畴特征>较少范畴特征>完全丧失范畴特征
语音—音系方面：完整的音系形式>弱化的音系形式

根据语法化路径单向性的假设，还可以为疑问词建立起一个共时的语法化链（chain of grammaticalization）（Traugott 和 Heine，1991；Hopper 和 Traugott，1993），具体如下：

意　　义：疑问——→遍指——→虚指等
句法环境：相对自由——→较少强制性——→较多强制性
主 观 化：客观性特征较多——→较少主观性——→主观性较强

以下用例可借以说明疑问词的语法化过程或共时的语法化链：

（18）有[什么]消息没有？（老舍《四世同堂》）
（19）今天咱们门口的暗沟完工，也不是要开[什么]大会，就是办喜事的意思。（老舍《龙须沟》）
（20）您心里有这点委屈别扭，就看[什么]也不顺眼，是吧？（老舍《龙须沟》）
（21）[Who are you]，and whom do you serve?
（22）[Who are you] to point the finger? The agreement came with world-class perks.
（23）What all of us believe is in this America that we love so much，no matter [who you are]，no matter who your family is，and no matter what the color of your skin，none of those things will control your destiny.

从例(18)~(23)的汉语和英语的用例中可以看出，两种语言的疑问词都经历了相似的语法化路径。例(18)中的“什么”在意义上是单纯表达疑问信息，询问有没有消息，其句法环境很自由，没有语气和结构的特定限制，客观性程度也较多。例(19)中“什么”虽然在句法结构方面看不出什么限制，但是它已经失去了询问的信息，取而代之的是表达不确定的人或事，相当于“某个(些)”，也体现了一定的主观性。例(20)中的“什么”通常要形成“(无论、不管)什么也(都)”的句式结构，其中，“也(都)”是不能省略的，也就是说其句法环境带有较多的强制性，同时也表达了说话者强烈的情感和态度，具有很强的主观性。英语的疑问词也可以看到类似的变化，我们以“你是谁”为例，例(21)中仅仅表达了客观疑问信息；例(22)中在句式方面没有变化，但语气较前者强硬，表达了一定的主观性情感；例(23)在句式上有很强的限制性，表达了强烈的主观态度。

应该指出的是，疑问词的这种语法化链是从共时角度提出的，但并不意味着疑问词在语法化的过程中表示疑问的用法就消失了。国内外学者对此都有阐述，例如：“无论从历时还是从共时的角度，我们都很难对这一连续体做出截然的划分，确定它们各自的阶段和分化的时间。因为语法化不是一个新形式完全代替旧形式，一个意义突然代替另外一个意义的过程，常见的是两者或多者并存的现象”(王寅、严辰松，2005)。“一个语法形式也许会和非语法化的形式共存，这个共存的时间很长，有时会长达几个世纪，……新旧语言形式和意义共存是一种正常现象，而不是一种例外”(Traugott，1995)，因为有些词还会出现脱语法化或语法化中途停止发展等现象。从疑问词的实际使用情况来看，除了增加了不少表示非疑问的用法以外，表示疑问的用法仍然是最基本、最常见的用法。

4. 结语

通过考察语料，我们发现，单用或连用的疑问词有表示疑问和非疑问的两种用法，以“谁”为例，它的疑问用法用例只占 6.2%，非疑问用法用例占93.8%。疑问词的疑问用法在现行语言中是基本用法，而它们的非疑问用法是通过语法化过程演变而来的，是在语义和句式环境两种机制作用下的结果。从疑问用法到非疑问用法的语法化过程是一个客观意义逐渐缩减而主观性意义增加的主观化过程，是疑问词通过在某种特定句法环境中的使用而重新分析为具有某种非疑问用法或语用功能的过程。

◎参考文献

[1]陈炳迢：《辞书编纂学概论》，复旦大学出版社1991年版。
[2]储泽祥，谢晓明：《汉语语法化研究中应重视的若干问题》，载《世界汉语教学》2002年第2期。
[3]丁声树等：《现代汉语语法讲话》，商务印书馆1961、1999年版。
[4]范晓：《汉语的句子类型》，书海出版社1998年版。
[5]李淑静，徐盛桓：《英语陈述疑问句》，载《外语学刊》1999年第2期。
[6]鹿钦佞：《疑问词"什么"非疑问用法的历史考察》，延边大学硕士学位论文，2005年。
[7]吕叔湘主编：《现代汉语八百词》，商务印书馆1980、1996年版。
[8]邵敬敏：《现代汉语疑问句研究》，华东师范大学出版社1996年版。
[9]沈家煊：《"语法化"研究综观》，载《外语教学与研究》1994年第4期。
[10]沈家煊：《语言的"主观性"和"主观化》，载《外语教学与研究》2001年第4期。
[11]石毓智：《现代汉语语法系统的建立：动补结构的产生及其影响》，北京语言大学出版社2003年版。
[12]石毓智，李讷：《语法化的动因与机制》，北京大学出版社2006年版。
[13]孙朝奋：《〈虚化论〉评介》，载《国外语言学》1994年第4期。
[14]唐燕玲，韩娜娜：《汉英新词语的认知语用解读》，载《外语学刊》2008年第3期。
[15]王葆华，张尹琼：《汉语疑问词语法化的单向性路径——以"谁"、"什么"为例》，载《对外汉语研究》2008年第4期。
[16]王力：《中国语法理论(上下)》，山东教育出版社1944、1984年版。

[17]王寅，严辰松：《语法化的特征、动因和机制——认知语言学视野中的语法化研究》，载《解放军外国语学院学报》2005 年第 4 期。
[18]卫阑：《疑问代词任指用法的使用条件》，载《南京大学学报(哲学·人文·社会科学)》1998 年第 3 期。
[19]吴福祥：《关于语法化的单向性问题》，载《当代语言学》2003 年第 4 期。
[20]吴福祥：《汉语语法化研究的当前课题》，载《语言科学》2005 年第 3 期。
[21]解惠全：《谈实词虚化》，见《语言研究论丛》第 4 辑，南开大学出版社 1987 年版。
[22]邢福义：《汉语语法学》，东北师范大学出版社 1997 年版。
[23]张其云，刘小玲：《论语法化现象内部机制的认知体验基础》，载《外语学刊》第 2 期。
[24] Hopper Paul J., Elizabeth Closs Traugott. *Grammaticalization*. London: Cambridge University Press, 1993.
[25] Lyons John. *Semantics* (*Vol.* 2). Cambridge: Cambridge University Press, 1977.
[26] Traugott Elizabeth Closs, Bernd Heine (eds.). *Approaches to Grammarticalization* (*Vol.* 1 & 2). Amsterdam/Philadelphia: John Benjamins Publishing Company, 1991.
[27] Traugott Elizabeth Closs. Subjectification in grammaticalization, In Dieter Stein, Susan Wright (eds.). *Subjectivity and Subjectivisation*. Cambridge: Cambridge University Press, 1995.

“WP+语气词”句补论

王　珏

（上海交通大学人文学院）

1. 缘起

学界对“WP+语气词”句的讨论主要是围绕“WP+呢?”问句展开的，集中讨论过如下问题。

第一，关于“呢”的功能，学界主要提出如下6种观点：①“呢”不表疑问，句子的疑问信息是由语调或特定语境提供的（王力，1985：236；胡明扬，1981；邵敬敏，1989；曹逢甫，2000；石毓智，2004；屈承熹，2008）；②“呢”表疑问（陆俭明，1982；刘月华等，2004：420）；③“呢”表疑惑（史金生，2000；齐沪扬，2000；Alletn，1981）；④“呢”很像疑问代词，起着“支撑谓语的作用”（胡炳忠，1989）；⑤“呢”单独充当句子的提问项（叶蓉，1994）；⑥“呢”是准主位转换标记，主要功能是“在一个原有的主位结构的基础上转换一个新话题或变换一个新的表述角度”（方梅，1995），并“强制性要求一个新述位出现，以便与原有主位结构中的述位有效地衔接起来”（李大勤，2001）。

第二，关于“WP+呢?”问句的功能，王力（1985：236）认为，表示“根究某人或某物的所在，或要求对于某人或某物加以叙述、描写或判断”。文炼（1987）认为，先行句为疑问句时，可理解为“WP+句义信息核心”；先行句为非疑问句时，可理解为对句义信息核心的提问。李宇明(1989)、李晟宇(2005)认为，多表示“问人之所在”，少表示“问物之所在”。多数学者认为，该句功能在于询问人或物之所在或怎么样，Alleton(1981)认为表示揣测性发问，高华(2009)认为具有自主问和对比问两种功能。更多学者认为，它可理解为特指问、选择问，也可理解为是非问(Alleton，1981；陆俭明，1982；邵敬敏，1988；李宇明，1989；曹逢甫，2000)。此外，赵元任(1979)认为是作为问话的话题零句，方梅(1994)、李大勤(2001)认为是独立的主位零句，高华(2009)认为是话题问句。

第三，关于句类属性，学界先后提出过特指问(王力，1985：236；丁声树等，1961/1980：203；文炼，1987；语言班，1962/1982：209；刘月华等，1983：505；金立鑫，1994；胡裕树，1995：412；吕叔湘主编，1999：365)，特指问和选择问(陆俭明，1982)，特指问、选择问和是非问(李宇明，1989)，疑问和非疑问(邵敬敏，1988)以及“第五种疑问句”说(胡炳忠，1989)。

第四，关于“WP+呢?”问句的形成机制，学界先后提出过省略说、①非原型的名词性零句说(张延成、李晗菲，2018)。李大勤(2001)提出，“呢”强制性要求一个新述位出现的功能特征和“WP 呢”的“述位缺项”是该句式成立的必要条件，“WP 呢”与“CP”的篇章距离大于或等于 1 时或分属一个相邻对的不同话轮是其语篇机制。

第五，关于“WP+呢?”问句的语言类型学地位，高华(2009)认为，汉语的话题问句与日语和韩语非常相似，区别在于话题后“呢”不是专用话题标记，且只能用“呢”，这可能与它表示“提醒兼深究”功能有关。

然而，初步考察发现，首先，能附着 WP 构成问句的语气词绝非只有“呢”以及学者偶尔提及“的”“了”“吗”“啊”，②其他语气词也能附着 WP

① 主要见黎锦熙(2007：282)、刘月华等(2004：420)、陈建民(1986)、王力(1985：236)、丁声树等(1980：203)、文炼(1987)、北大语言班(1982：209)、金立鑫(1994)、胡裕树主编(1995：412)、吕叔湘主编(1999：365)和李大勤(2001)等。

② 如王力(1943/1985：236)最早指出：“首品带‘吗’字，表示听不清楚或诧异。”赵元任(1979：359)指出，“啊”用于构成证实问句和呼而告之句。邢福义(1984)专门讨论过“NP+了”句式。

构成“WP+语气词?”问句。其次，“WP+语气词”序列不仅能实现为问句，还能实现为其他各种句类。最后，即便是“WP+呢?”问句也不限于表示人/物所在或是什么，还可表示其他意义。即上可知，“WP+语气词”序列还有不少可以开拓的空间。下文拟依次讨论如下问题：附着 WP 成句的语气词；“WP+语气词”序列的句类功能；“WP+语气词”句的功能属性。为了讨论更加集中，下面讨论仅限于体词充当 WP 的句子。例句除注明者外均来自 CCL 语料库，不逐一注明文本出处。

2. 附着 WP 成句的语气词范围

王珏(2016)依据形式与功能将普通话语气词分为 2 类 3 种，并姑以所附对象命名，见表 1。

表 1　普通话语气词的 2 类 3 种系统

<table>
<tr><td rowspan="8">话语语气词</td><td rowspan="7">述题语气词(26)</td><td rowspan="4">肯定语气词(10)</td><td>低肯定(4)</td><td>去、来(着)、而已、罢了</td></tr>
<tr><td>肯定静态(2)</td><td>似的、的</td></tr>
<tr><td>肯定动态(1)</td><td>了</td></tr>
<tr><td>强肯定动静态(3)</td><td>呗、呢、着呢</td></tr>
<tr><td rowspan="3">非肯定语气词(16)</td><td>确信语气词(6)</td><td>吗、吧$_1$、不、不成、不是、没有</td></tr>
<tr><td>确认语气词(5)</td><td>吧$_2$、得了、好了、就是(了)、算了</td></tr>
<tr><td>惊讶语气词(5)</td><td>啊、哎、哦、嘛、哈</td></tr>
<tr><td>话题语气词(8)</td><td colspan="3">啊、哎、呢、嘛、吧；时、的话、的时候</td></tr>
<tr><td colspan="2">非话语语气词(5)</td><td colspan="3">啊、的、了(啦、咧)、也罢……也好、来</td></tr>
</table>

表 1 所列 2 类 3 种语气词里，只有述题语气词及其同形的单纯话题语气词(啊、哎、哦、嘛、哈)才能附着 WP 构成“WP+语气词”句。26 个述题语气词里，只有 13 个能参与构成“WP+语气词”句(孤例不计)，占总数的一半。就词汇结构看，它们包括 10 个单纯语气词(的、了、呗、呢、

吗、吧$_1$、吧$_2$、啊、哈、嘛)和 3 个复合语气词(而已、罢了、似的)。就口气功能看,“而已、罢了、的、了、呢”是肯定语气词,“啊、哈、嘛”是惊讶语气词,“吗、吧$_1$”是确信语气词,“吧$_2$”是确认语气词。换言之,即使是述题语气词,也并非都能附着体词构成“WP+语气词”句,见表 2。

表 2　附着 WP 成句的语气词范围

语气词类别 \ 能否参与构成“WP+语气词”句		不能	能
肯定语气词	低肯定	去、来、来着	而已、罢了
	肯定(静态)		似的、的
	肯定(动态)		了(啦、咧)
	强调(动静态)	着呢	呗、呢
确信语气词		不成、不是、没(有)	吗、吧$_1$
确认语气词		得了、好了、算了、就是(了)	吧$_2$
惊讶语气词		哎、哦	啊、哈、嘛
合计(个)		13	13

由对比可见,参与构成“WP+语气词”句的述题语气词主要是肯定词、惊讶词和常用的确信词“吗”“吧$_1$”和确认语气词“吧$_2$”。如果接受话题语气词由述题语气词语法化演变而来的观点,那么还得承认这样一个事实,附着 WP 成句的语气词,并非通常所谓话题语气词,而是述题语气词。这对认识“WP+语气词”序列及其功能属性将是一个重要依据。

3. “WP+语气词”序列的句类功能

已有研究仅关心“WP+呢”序列实现为问句的现象。但语料显示,“WP+呢”以及其他语气词序列不仅能实现为问句,而且还能实现为其他句类。下面按表 2 对语气词的分类依次讨论。

3.1 “WP+肯定语气词”序列的句类功能

(1) 丽鹃浑身鸡皮疙瘩爆起，大喊一声“坏了！”就冲进厕所。丽鹃冲进厕所褪下裤子一查，虚惊一场。水而已。

(2) 王伟叹了一口气道：“你还真是老实！其实按 SH 给你的 OFFER，你的年薪才加了多少？三万块而已！只能说是聊胜于无。”

(3) 小事情，一点风寒罢了。

(4) 她算什么？一个小艺员罢了！

据句末号(下同)，“WP+而已/罢了”在例(1)(3)里实现为陈述句，在例(2)(4)里实现为感叹句，而且都是承前而隐省谓词的简省句。“而已”“罢了”肯定 WP 的重要性程度低或数量少，均可隐省而不影响句子的合语法性和命题内容，但影响口气表达。

(5) 那、那个、那个酒杯啊，这旁边儿有俩、有俩拿手儿，耳朵似的。

(6) 路旁的人说：“看这个孝子，大人似的！”

(7) 芮小丹说：“这大热天的，去哪儿也不如在家里呆着。”

(8) 我给他们算定了，出不去三四年，全完！咱这可不是血口喷人，盼着人家倒霉，大年灯节的！

“WP+似的/的”在例(5)(7)里实现为陈述句，在例(6)(8)里实现为感叹句，而且都是承前句而隐省了谓词或中心语的简省句。“似的”表示比况式肯定口气，“的”表示肯定口气。“似的”的隐省在语法上不自由，影响句子的合语法性和口气表达；“的”的隐省不影响合语法性，但影响口气表达。

(9) 仪器有节奏的吸吮声开始了。威尔逊大夫仰面看了一下钟。

剩二十秒了，心跳阴性。……十秒了。仍没有脉搏。连一线希望也很少了。五秒了。……三秒了。……剩一秒了。心跳仍是阴性。零秒。

（10）转眼春妞已有十八岁，大姑娘了！（邢福义，1984）

“WP+了”在例（9）里实现为陈述句，在例（10）里实现为感叹句。“了”表示对事件已然的肯定口气，其隐省不影响句子的合语法性和命题内容，但影响口气表达。

（11）“上哪儿去呀，这么急。”“还能上哪儿？我朋友那儿呗。”

（12）“你知道人有几条命？”“一条呗！”

“WP+呗”在例（11）里实现为答语性陈述句，在例（12）里实现为答语性感叹句，而且都是承前隐省了谓词的简省句。“呗”的隐省不影响句子的合语法性和命题内容，但影响口气表达。

（13）（“宋大哥的家伙呢？”）“老褚手里呢。”

（14）他说：“我也没知道儿子已经生了三个。一个还容易，只说死了。两个一起死吧，该是传染病。三个呢！分别死的？还是一起死的呢？没法儿谋杀呀。”

（15）（呼天成说：“炳灿，我问你，你住的房子是谁的？”王炳灿低着头说：“村里的。”）呼天成说：“屋里的沙发呢？”王炳灿说：“村里配的。”呼天成说：“挂钟呢？王炳灿说：“村里的。”呼天成又说：“粮食呢？水呢？电呢？八月十五吃的月饼呢？说！”

（16）我没听到爆炸。你们呢？

“WP+呢”在例（13）里实现为答语性陈述句，在例（14）里实现为感叹句，在例（15）里可理解为特指问句，在例（16）中可理解为是非问句“你们听到了吗？”。它们都是承前隐省谓词的简省句。陈述句和感叹句里的“呢”

可隐省而不影响句子的合语法性，只影响口气表达；疑问句里"呢"的隐省影响句子的合语法性，也影响口气表达。这值得特别注意。

3.2 "WP+惊讶语气词"序列的句类功能

(17) a. "呜！妈妈……好香的白米饭啊！"妈妈不响，眼泪偷偷地从那两副小脸儿上流下来了。

b. 子露，上面生产日期赫然写着1998年。古董啊！

(18) a. 他月黑风高时能做二十七个我信，这时间地点，七个不到。心理啊。问题啊。

b. 张：小学上哪拿(呢)？

白：北大附小啊。

(19) a. 秋香：念什么诗啊？唐伯虎的诗啊？

b. 铁星月怪叫道："哈！不是楷书是什么？四书啊？篆书啊？经书啊？"

(20) 他说："手啊！手啊！生日快乐！今天你一百岁了。"然后他要跟他的脚讲话："脚啊！脚啊！生日快乐！今天你一百岁了！"

"WP+啊"在例(17)~(20)里依次实现为感叹句、陈述句、是非问句和呼语句。而且陈述句和是非问句都是承前隐省谓词的简省句。"啊"表示对命题意外性的惊讶，可隐省而不影响句子的合语法性，只影响口气表达。

(21) 可是他们这个封建道德还是有的，就是说，好像一个人有钱，那么养一家子还是可以养得起的。一个大院儿哈。

(22) 佟湘玉：你这个龙门镖局的女婿，名气也不小。

白展堂吓一跳，咽口水。

白展堂：龙门镖局的女婿哈？

佟湘玉：咋咧？你不想当是吧？

“WP+哈”在以上例句里先后实现为陈述句、是非问句，而且都是承前隐省谓词的简省句。“哈”表示对命题意外性的含蓄惊讶，隐省而不影响句子的合语法性，只影响口气表达。

(23) 谁也搞不明白收取那种乳白的浆液能治什么病，只是互相神秘莫测地重复说：“那是罂粟。罂粟就是罂粟。药嘛！”

(24) ……那么那个最大的共同的祖先是谁呢？是什么呢？炎黄子孙嘛。黄帝陵嘛。

“WP+嘛”在例(23)(24)里依次实现为感叹句、答语性陈述句，而且都是承前隐省谓词的简省句。“嘛”表示理当如此的惊讶，可隐省而不影响句子的合语法性和命题内容，只影响口气表达。

3.3 “WP+确信语气词”序列的句类功能

(25)“现钱吗?”“现钱!”

(26)“你知道人一般是死在哪里?”“不知道。医院里吧?”我没有多大把握地说。

(27)“一共欠你多少钱?”“5万多块吧。”

“WP+确信词”在例(25)(26)里承问句隐省谓词“付”“是死在”而实现为是非问句，例(27)中“WP+吧$_1$”承问句隐省谓词“一共欠”而实现为答语性陈述句。“吗”表示对听者给予肯定答案的低确信和低委婉口气，“吧$_1$”表示对听者给予肯定答案的高确信和高委婉口气，都可隐省而不影响句子的合语法性和内容，只影响口气表达。这与前述“呢”字问句有所不同。

3.4 “WP+确认语气词”序列的句类功能

(28) 他说，“我给你们什么好呢，茶呢还是旁的东西？或者一杯啤酒！啤酒是够冷的。”“啤酒吧！”康妮说。

（29）家里没吃的了，没准备，打算等你们来了一起去采买，看什么合你们的胃口。今天不在家吃了。明天吧！

“WP+吧$_2$”在例（28）（29）里实现为祈使句，由承前隐省谓词（“给我”“在家吃”）而成。“吧$_2$”表示就祈使行为语气对听者的委婉口气，隐省而不影响句子的合语法性，只影响口气表达。

3.5 小结

对前述所论“WP+语气词”序列的句类功能进行归纳，见表3（±表示语气词可以隐省，+表示语气词不可隐省）。

表3 “WP+语气词”序列的句类功能

	肯定词							惊讶词			确信词		确认词	合计
	而已	罢了	似的	的	了	呗	呢	啊	嘛	哈	吗	吧$_1$	吧$_2$	
陈述句	±	±	+	±	±	±	±	±	±	±		±		11
感叹句	±	±	+	±	±	±	±	±	±	±				10
是非问							+	±		±	±	±		5
特指问							+							1
祈使句													±	1
呼语句								±						1
合计	2	2	2	2	2	2	4	4	2	3	1	2	1	29

表3显示出如下规律。

①各种句类拥有“WP+语气词”序列的数量及其类型不同。陈述句拥有11种“WP+语气词”序列，其中肯定词7种，惊讶词3种和确信词“吧$_1$”1种。感叹句拥有10种序列，其中肯定词7种，惊讶词3种。是非问句拥有5种序列，其中确信词2种，惊讶词2种，肯定词1种。呼语句只有“WP+啊”1种，祈使句、特指问句和选择问句都只有“WP+呢”1种。“WP+语气

词”序列的数量可简示为如右序列：陈述句(11)>感叹句(10)>是非问句(5)>呼语句/祈使句/特指问句/选择问句(1)。换个角度看，以往学界青睐有加的“非疑问形式+呢$_?$”句，仅仅是众多“WP+语气词”句类之一，而且还是句式最少的。

②“WP+语气词”序列实现的句类明显不同。这主要是由语气词类别及其功能不同决定的。首先，肯定词和惊讶词附着体词基本上只能实现为陈述句和感叹句。其次，确信词附着体词只能实现为是非问句，确认词附着体词只能实现为祈使句。这说明前两者和后两者分别是功能相通的。肯定词和确认词都是言者指向为主型，给予听者多而索取少：前者向听者传递对命题的肯定口气，后者向听者传递对命题意外性的惊讶口气(以肯定为前提)。确信词和确认词都是听者为主型，给予听者少而索取多：前者传递对听者给予肯定答案的低确信和对听者的低委婉口气，后者传递对听者的委婉口气(王珏，2020a)。如果忽略细节，语气词与其附着 WP 实现的句类之间大体呈现出如下对应关系：

		陈述句	感叹句	是非问句	祈使句
言者为主型	肯定词	+	+	○	○
	惊讶词	+	+	○	○
听者为主型	确信词	○	○	+	○
	确认词	○	○	○	+

③语气词附着体词实现为句类的数量不同。首先，肯定词里的“呢”和惊讶词里的“啊”附着体词分别实现为 4 种句类，“哈”实现为 3 种，“嘛”实现为 2 种。其次，除“吧$_1$”外，确信词和确认词都只能实现为 1 种句类。总体看，肯定词、惊讶词附着 WP 实现为句类的能力强于确信词和惊讶词；肯定程度最高的“呢”和中性惊讶的“啊”实现的句类最多。

④除了“似的”“的”和用于问句的“呢”，语气词都可隐省而不影响句子的合语法性和命题，只影响口气表达。

以上说明，“WP+语气词”里的语气词与它们位于述题之后的表现是基本一致的。这也为“WP+语气词”句的功能属性提供了重要依据。

4. “WP+语气词”句的结构成分及其特征

4.1 语气结构假设及其类型系统

对句子结构的认知，结构主义语法学有两种主张，即“句子＝词组”和“句子＝词组+语调”。国内学界，以朱德熙(1999：344)为代表的学者认可前者，以吕叔湘(1979：61-62)为代表的学者接受后者。虽然“句子＝词组”观曾经一时风头无两，但最终“句子＝词组+语调”观却渐成学界共识，并针对语调和语气词之间的关系先后提出多种假设。以此为基础，王珏(2020b)提出，普通话述题后有一个层次高于它并以之为辖域的语气结构(mood structure)，其结构模式为：述题>[语调/疑问标记$^{n=1}_{\text{语气((speech act) mood)}}$+语气词$^{n=0\text{-}3}_{\text{口气(tone (of voice))}}$](>表示前项位置先于且层次低于后项)。其中，语调/疑问标记择一强制表示语气，平调、曲调、降调和升调4种基本语调依次表示陈述、感叹、祈使和是非问语气；疑问代词、正反谓语和析取连词3种疑问标记依次表示特指问、正反问和选择问等非是非问语气；语气词可选性表示语气的下位口气，肯定、惊讶、确认和确信语气词，依次表示对述题的肯定、惊讶、确认和确信口气。而且，据上标“n＝0≥3”，述题后的语气词可出现0/1个或2/3个右向递层迭用，可构成如下4类句式：

a. 零语气词句＝述题>[语调/疑标+语气词$^{n=0}$]

b. 单语气词句＝述题>[语调/疑标+语气词$^{n=1}$]

c. 二迭语气词句＝述题>[语调/疑标+语气词$^{n=2}$]

d. 三迭语气词句＝述题>[语调/疑标+语气词$^{n=3}$]

仅就单语气词句观察，语调/疑问标记和语气词共现组合构成4类16

种 75 式语气结构，分别表示 75 种“语气+口气”综合值，见表 4。

表 4　普通话语气结构类型系统

语气类型 语气词类别	陈述语气	感叹语气	祈使语气	疑问语气		合计
				是非问语气	非是非问语气	
肯定词	A. 平调+肯定语气词(10)	A1. 肯定语气词>曲调(9)	A2. 降调+肯定语气词(4)	A3. 肯定语气词>升调(10)	A4. 疑标>肯定语气词(10)	43
惊讶词	B1. 平调>惊讶语气词(5)	B. 曲调+惊讶语气词(5)	B2. 降调>惊讶语气词(5)	B3. 升调+惊讶语气词(3)	B4. 疑标>惊讶语气词(3)	21
确信词	○	○		C. 升调+确信语气词(6)	○	6
确认词	○	○	D. 降调+确认语气词(5)	○	○	5
合计	15	14	14	19	13	75
				32		

4.2　重新认识“WP+语气词”句

4.2.1　“WP+语气词”句的内部结构成分

据语气结构假设、语气结构类型和语气词句式类型(王珏，2019)，“WP+语气词”句理应有如下 2 类 4 个内部结构成分：

音段成分　　　WP、语气词
超音段成分　　强调重音、语调

以上2类4个内部结构成分在句子里的层次、作用、地位以及对句子结构和意义的贡献不同。

首先，WP是强制性成分。由前举例句可知，充当WP的词语既可以是普通名词、抽象名词、时间名词、方所名词和称谓名词，也可以是数量词语和代词；可以是单音节，也可以是多音节。除了呼语句要求称谓词充当WP外，其余句类并无特别要求，而且几乎都可实现为各种句类。

其次，语气词必须是述题语气词。述题语气词在线性序列上位于WP之后，但层次高于WP，和语调一起构成句子的语气结构，并表示各自上位语气范畴的下位口气。两两共现组合成语气结构，表示"语气+口气"综合值。如：

(30)冲：(着急地)哥哥，四凤呢？
　　萍：我不知道。
(31)她们穿的是什么？吊带衫吗？

例(30)中的"WP+语气词"句可分析为"四凤>[升调+呢]"，语气结构表示对"四凤"的"特指问语气+强肯定口气"综合值。例(31)中可分析为"吊带衫>[升调+吗]"，语气结构表示对"吊带衫"的"是非问语气+低确信兼低委婉口气"综合值。其中的"吗"可隐去，仅由升调表示是非问语气。相比之下，WP独词句同样可以实现为陈述句、感叹句、疑问句、祈使句和呼语句等。如果后加语气词，即可构成"WP+语气词"句。

此外，"WP+语气词"序列要实现为句子，还要满足如下两个条件。

条件1：必须有重音与WP同现，通过加大音强力度赋予WP以新信息兼焦点信息。如：

(32)"这是哪儿？"杨冬迷惑地问。"地球啊。如果没有生命，地球演化到现在，表面就是这个样子。"

(33)解放前我当鼓手，婚丧嫁娶用的乐器，哪那。(解放后呢?)
解放后蹬三轮儿。

例(32)(33)里的"地球"和"解放后"都带有重音。例(32)里的"地球啊。"是对前句"这是哪儿?"的最简答句，表示新信息兼焦点信息。例(33)里的"解放后呢?"是与前面的"解放前我当吹鼓手"相对比的最简问句，强化新信息兼焦点信息。与此形成鲜明对比的是，它们的后续句里的"地球"和"解放后"都不带重音，不是新信息兼焦点，可以隐而不现。简言之，重音使 WP 实现为新信息兼焦点。

条件 2：必须有特定语调与之同现，并可延伸到其后的语气词。4 个基本语调分别表示句子的 4 种言语行为语气类型，层次高于体词，作为"表达述谓性的万能手段"(斯米尔尼茨基，1960)，语调最终使"[WP+重音]+语气词"实现为句子。

据上分析，"WP+语气词"句的内部成分的结构模式可表示如下(+表强制性，±表可选性，>表示后项层次高于前项)：

$$\text{“WP+语气词”句}=[+\text{WP}+\text{重音}]>[+\text{语调}_{\text{语气}}\pm\text{语气词}_{\text{口气}}]$$

上面的结构模式表明"WP+语气词"句具有如下两个重要特点：

①表面上"WP+语气词"句只有两个音段成分，实际上有 4 个成分：WP、重音和语调是 3 个必有成分，语气词是可选成分。

②"WP+语气词"的 4 个内部成分里，WP 及其重音可视为常项，表示句子的新信息兼焦点信息。语调和语气词可视为两个变项，前者表示句子的言语行为语气，后者表示它们的下位口气。4 个基本语调和 4 类 13 个语气词两两共现组合构成 29 种语气结构，分工合作表示 29 种"语气+口气"综合值。根据表 1 整理"WP+语气词"句的语气结构类型，见表 5。

表 5 所列语气结构，按照语调类别，可归纳为如下类型：

①"平调+肯定词/惊讶词/确信词/确认词"，分别表示"陈述语气+肯定/惊讶/确信/确认口气"综合值；

表 5 “WP+语气词”句的语气结构类型

语调＼语气词	肯定词							惊讶词			确信词		确认词	合计
	而已	罢了	似的	的	了	呗	呢	啊	嘛	哈	吗	吧$_1$	吧$_2$	
平调	平调+而已	平调+罢了	平调+似的	平调+的	平调+了	平调+呗	平调+呢	平调+啊	平调+嘛	平调+哈		平调+吧$_1$		11
曲调	曲调+而已	曲调+罢了	曲调+似的	曲调+的	曲调+了	曲调+呗	曲调+呢	曲调+啊	曲调+嘛	曲调+哈				10
升调							升调+呢	升调+啊		升调+哈	升调+吗	升调+吧$_1$		5
降调													降调+吧$_2$	1
特指问调							特指问调+呢							1
呼语调								呼语调+啊						1
合计	2	2	2	2	2	2	4	4	2	3	1	2	1	29

②“曲调+肯定词/惊讶词”，分别表示“感叹语气+肯定/惊讶口气”综合值；

③“升调+肯定词/惊讶词/确信词”，分别表示“是非问语气+肯定/惊讶/确信口气”综合值；

④“降调+确认词”，表示“祈使语气+确认口气”综合值；

⑤“特指问调+肯定词”，表示“特指问语气+肯定口气”综合值；

⑥“呼语调+惊讶词”，表示“呼叫语气+惊讶口气”综合值。

4.2.2 “WP+语气词”句的外部成分

由于承前隐省谓词或“述位缺项”带来的信息缺陷，理解“WP+语气词”句离不开背景成分——特定会话情景或特定上下文——的支持。如例(30)中“四凤呢?”一句的特定会话情景是，周冲急于找到四凤而来到她最有可能出现的客厅，但只见到哥哥周萍。据此情景，“四凤呢?”一句的确解应该是“四凤去哪儿了?”或“您知道四凤去哪儿了吗?”再如：

(34)祥子青筋蹦跳的坐下。“我那点钱呢?”“老头子手里呢。”

例(34)中有两个“WP+语气词”句。前一句“我那点钱呢?”的情景是祥子把准备买车用的30块钱存在虎妞父亲刘四爷那里了，离开人和车厂前夜，他想把这笔钱取出来。所以句子的确解只能是“我那点钱在哪儿?”或“我那点钱能现在给我吗?”。后一句“老头子手里呢”，之前一个“WP+语气词?”问句为背景，本句的确解就是“(你那点钱)在老头子手里呢”。至于例(31)中的“吊带衫吗?”，上文是“她们穿的是什么?”，据此确解只能落实为“(她们穿的)是吊带衫吗?”。

由上可知，依赖情景或上下文隐省谓词或述题而形成的“WP+语气词”句，其谓词或述题只能理解为情景隐含或上文里的谓词或述题。如例(31)中“吊带衫吗?”的谓词只能是“是”。这完全符合吕叔湘(1979：68)为省略规定的两个条件：“经过添补的话是实际上可以有的，并且添补的词语只有一种可能。”因此，“WP+语气词”句的功能只有在会话情景和上文的支持下才能得到确解。

进一步看，既然"WP+语气词"句承前隐省谓词或述题，意味着它们的结构里理应有一个隐省谓词或述题的空位成分，位于 WP 前后。据此，前述结构模式应改写如下：

"WP+语气词"句 = [[+WP+重音]+谓词/述题^0]>[+语调$_{语气}$±语气词$_{口气}$]

改写之后的结构模式具有如下两个优势：

第一个优势，将 WP 分为两类。一类 WP 和谓词^{0}具有句法-语义关系。如例(16)中"你们"是"听到爆炸"的主语，例(28)中"啤酒"是"给"的宾语，例(29)中"明天"是"在家里吃"的时间成分。另一类 WP 和谓词^{0}不具有句法-语义成分，只是述题^{0}的话题。换言之，"WP+语气词"句绝大多数是谓词^{0}句，只有"WP+呢"问句为述题^{0}的新话题零句。这有如下两个理由。

理由一，常规话题必须以非重读显示其有定性和已知性，使之不能成为句子的自然焦点(陆俭明，1986)。但在"WP+语气词"句里，WP 必带重音，这显然不符合常规话题的要求。但如果依据 WP 是句法-语义成分还是新话题，重音可分为两类：标记句法-语义成分的重音和标记新话题即对比话题的重音。这样就得到了圆满解释。

理由二，那些非问句里的 WP 不可能是新话题，而且 13 个述题语气词的绝大多数不能附着话题，即便是已经演变出话题标记功能的"吧$_1$""啊""嘛"附着 WP 的问句里，WP 也不一定是话题零句，只有"呢"问句里，WP 才是新话题，如例(15)(16)(30)。

第二个优势，语气结构的辖域不仅仅是 WP，而是包括谓词^{0}及其 WP。这为"WP+语气词"句里的语气词都是述题语气词这一事实找到了合理解释。简言之，谓词^{0}和述题语气词一起共同决定了绝大部分"WP+语气词"句都是述题零句，只有"WP+呢"问句才是新话题，即对比话题零句。这也为"呢"在其中不可隐省提供了合理的解释，即"呢"在新话题即对比话题零句里承载着强调新话题即对比话题的功能，所以不能隐省。

5. 结语

上文在已有研究基础上围绕"WP+语气词"句讨论了3个问题，得出如下初步结论。

①可附着WP成句的语气词包括13个述题语气词，其中"呢""吧$_1$""啊""嘛""哈"4个已经演变出话题语气词功能。

②由于语气词功能不同，"WP+语气词"序列所能实现的句类及其数量明显不同。肯定词和惊讶词附着WP只能实现为陈述句和感叹句，确信词附着WP只能实现为是非问句，确认词附着WP只能实现为祈使句。同时，各种句类拥有"WP+语气词"序列的数量及其类型也明显不同。

③在"WP+语气词"实现的句类里，语气词隐省几乎不影响句子的合语法性和命题内容。只有"似的""的"由于语气词化程度低不能隐省，问句里的"呢"由于它的"强肯定+强提醒"口气功能有助于构成疑问句而不能隐省。

④"WP+语气词"句拥有WP及其重音、语调和语气词4个内部结构成分，同时拥有承前隐省的谓词/述题空位^0。据此，可将"WP+语气词"句的结构模式假设为：[[+WP+重音]+谓词/述题^0]>[+语调$_{语气}$±语气词$_{口气}$]。该结构模式可以合理解释WP的句法-语义归属和附着它们的述题语气词，并有助于说明"WP+语气词"句绝大多数是谓词^{0}零句，仅"呢"问句为新话题，即对比话题零句。

◎参考文献

[1]北京大学中文系1955、1957级语言班：《现代汉语虚词释例》，商务印书馆1982年版。
[2]曹逢甫：《华语虚字的研究与教学——以"呢"字为例》，载《第六届世界华语文教学研讨会论文集》，世界华文出版社2000年版。
[3]陈建民：《北京口语语法》，语文出版社1986年版。

[4]丁声树等：《现代汉语语法讲话》，商务印书馆1961、1980年版。
[5]方梅：《北京话句中语气词的功能研究》，载《中国语文》1994年第2期。
[6]高华：《“WP呢？”问句疑问功能的成因试析》，载《语言教学与研究》2009年第6期。
[7]胡炳忠：《有关“呢”的两个问题》，载《语言教学与研究》1989年第2期。
[8]胡明扬：《北京话的语气助词和叹词》，载《中国语文》1981年第5、6期。
[9]胡裕树主编：《现代汉语》，上海教育出版社1995年版。
[10]金立鑫：《关于疑问句中的“呢”》，载《语言教学与研究》1996年第4期。
[11]李大勤：《呢字问句疑问功能的成因试析》，载《语言教学与研究》2001年第6期。
[12]李晟宇：《呢字简省疑问句的内制外联》，载《语言文字应用》2005年第9期。
[13]李宇明：《“NP呢”句式的理解》，载《汉语学习》1989年第3期。
[14]刘月华，潘文娱，故韡：《实用现代汉语语法》，商务印书馆2004年版。
[15]陆俭明：《由“非疑问形式+呢”造成的疑问句》，载《中国语文》1982年第6期。
[16]陆俭明：《关于现代汉语里的疑问语气词》，载《中国语文》1984年第5期。
[17]吕叔湘：《汉语语法分析问题》，商务印书馆1979年版。
[18]吕叔湘：《中国文法要略》，商务印书馆1982年版。
[19]吕叔湘主编：《现代汉语八百词》，商务印书馆2002年版。
[20]齐沪扬：《“呢”的意义分析和历史演变》，载《语言文字学》2002年第5期。

[21]屈承熹:《关联理论与汉语句末虚词的语篇功能》,载《华东师范大学学报》2008年第3期。
[22]邵敬敏:《语气词"呢"在疑问句中的作用》,载《中国语文》1989年第3期。
[23]邵敬敏:《现代汉语疑问句研究》,华东师范大学出版社1996年版。
[24]沈家煊:《口误类例》,载《中国语文》1992年第4期。
[25]石毓智:《"呢"的语法意义以及与疑问代词共现的条件》,见《汉语研究的类型学视野》,江西教育出版社2004年版。
[26]史金生:《语气词"呢"在疑问句中的功能》,见陆俭明主编:《面临新世纪挑战的现代汉语语法研究》,山东教育出版社2000年版。
[27]王珏:《语气词的功能系统试论》,见《语法研究和探索》(十八),商务印书馆2016年版。
[28]王珏:《语气词句式及其系统初探》,载《汉语学报》2019年第4期。
[29]王珏:《由功能模式出发研究语气词口气及其系统》,载《中国语文》2020年第5期a。
[30]王珏:《由语调/疑问标记和语气词的共现关系构建述题的语气结构》,载《语言教学与研究》2020年第2期b。
[31]王力:《中国现代语法》,商务印书馆1985年版。
[32]文炼:《疑问句四题》,载《语文学习》1987年第5期。
[33]邢福义:《说"NP了"句式》,载《语文研究》1984年第3期。
[34]叶蓉:《关于是非问句里的"呢"》,载《中国语文》1994年第6期。
[35]张延成,李晗菲:《现代汉语名词性零句研究述论》,载《湖北科技学院学报》2018年第1期。
[36]赵元任:《汉语口语语法》,吕叔湘译,商务印书馆1979年版。
[37]朱德熙:《语法讲义》,商务印书馆1982年版。
[38]Alleton V.. Final Particles and Expression of Modality in Modern Chinese. *Journal of Chinese Linguistics*, 1981(19): 91-114.

状位方式框架"以/用N的方式"的句法语义研究

王丽彩

（深圳大学文学院）

现代汉语中一些名词可以光杆形式直接做方式状语，例如：

（1）阳光执法、民主选拔、电话拜年、短信下载、网上缴费、义务劳动等。

我们把这种不用介词引进而直接做方式状语的形式称为零标记方式状语。目前对零标记方式状语的讨论有以下两个方面：一是例举这类名词（孙德金，1995）；二是解释这种语言现象的形成动因（王丽彩，2013）。

除了零标记方式状语，方式状语还有一种形式，是在介词"以"的介引下作状语。例如：

（2）季陶民还向他解释：以排行称呼，是古人风气，不是看不起他。

（3）他们完全以朋友对待他，虽然他是个乡下人。

我们把方式介词"以""用"引介的方式状语称作单标记方式状语。

除了上面的例子，我们还从语料中发现了下面一种方式状语的形式，例如：

(4) 中国部队带去的一部分“健力宝”以“礼品”的方式送给了友军和当地居民。

(5) 是的，罗西是在用生命热爱足球，以足球的方式热爱生命。

例(4)(5)中的方式状语除了前面有介词“以”，后面还有名词“方式”，中间有定语名词，这三个部分不可或缺，形成一个“以 N 的方式”的框架结构。如果删除掉“方式”，句子将不能成立，例如不能说“以礼品送给友军和当地居民”，“以足球热爱生命”。我们把这类前有介词“以”引介，后有名词“方式”的双标记方式状语称为方式框架。何洪峰(2012：279)也提到，现代汉语方式结构的标志是产生了一种标明方式义的介词框架结构：介. X. 的方式/方法。

这类框架结构的方式状语目前研究得较少，本文将分析状位“以 N 的方式”的句法语义特征，需要回答几个问题：①定语 N 的语义类；②“N”与“方式”的语义关系；③方式框架中名词“方式”的隐现机制；④方式框架中名词“方式”的句法语义价值。

1. 方式框架中定语“N”的语义类

现代汉语中的名词可以做定语，是不是所有的名词都能进入“以 N 的方式”呢？从对北京大学 CCL 语料库中搜集到的“以 N 的方式”进行统计发现，进入框架的名词有具体事物名词、抽象事物名词、指人名词、地域名词、时间名词等五类。

1.1 N 是具体事物名词

框架中做定语的名词有表示具体事物的名词，包括以下几类：

①信息传递类名词。如“电话、邮件、信函、网络、短信”等。

(6) 遂于去年 5 月 3 日起，多次以函件方式与叶永烈及作家出版社联系。

(7) 贺信以特快邮递方式寄出，无论寄到什么地方，统一价格为6.95欧元。

(8) 朝日新闻社11日、12日两天以电话方式对冲绳县民进行了民意调查。

信息传递类名词做方式框架中的定语，句子中的动词有“报告、通知、联系、邮寄”等表示信息传递功能的动词。

②语言文字符号类名词。如“文字、汉字、字母、字体、图形、图标、图案”等。

(9) 他今年第一次将自己的悲惨遭遇以文字的方式记录下来，在博物馆广场展出。

(10) 第二部分主要以图片方式介绍天津的“意大利风情区”，及对未来的设想。

(11) 他的故事是用口语方式写的。

文字符号类名词做方式框架中的定语，句子中的动词一般是“展示、介绍、公布、传递、写作”。

③文体类名词。如“电影、歌剧、舞剧”，另外还有“小说、文学、诗歌、足球”等。

(12) 庄子的思想，我们一向都病其“消极”。那么以漫画方式传播于青少年是否恰当呢？

(13) 中共地下组织要吸收一些摄影人才到延安，以完成这部纪录片，进而以电影、照片的方式，向国内外宣传延安、宣传八路军抗战。

(14) 梅勒在这书中，以小说的方式，记叙美国好几十万人民齐集华盛顿举行反对越战大游行的经过。

文体类名词做方式框架中的定语，句子中的动词有“介绍”“再现”“传播""描述""展示""宣传"等。

④经济金融类名词。包括货币、信用卡等类名词和经济契约类名词。例如"合同、协议、许可证"等。

(15) 如果价格"合适",他们愿以现款方式,一次购买全部五艘快艇。

(16) 产品供需以合同方式保证。

经济金融类名词做方式框架中的定语,句子中的动词一般有"支付、交易、结算、购买"等。

⑤工程及运输类名词。

(17) 工程以隧道方式穿越长江南港水域,长约8.9公里;以桥梁方式跨越长江。

(18) 贩毒分子经常在这两大毒品产区出没,将收购到的大批毒品以海运方式贩运到美国、墨西哥和欧洲等地销售。

⑥生活类名词,包括婚姻、日常生活类名词。

(19) 结婚3年来孙老师一直以AA制方式与丈夫生活。

⑦印刷出版类名词。

(20) 再由《读书文摘》以文摘方式重行发表,这一行动在于抑制中间人的从中渔利。

(21) 该刊将通过"封面故事"对国内外重大事件进行深度报道,以"专题"的方式对读者关心的社会现象开展多视角的讨论。

1.2 N是较概括、抽象类名词

进入方式框架做定语的除了有具体事物类名词,还有较概括抽象类名词。从搜集的语料来看，方式框架中的抽象名词包括法则类名词、政治策略类名词、写作方式类名词、学科类名词。

①法则类名词，包括“法律、法规、法则”等，句子中的动词一般是“规定、解决”等。

(22) 以法律方式规定社会各单位按一定比例安排残疾人就业。

(23) 建材主管部门1992年颁布的《建材包装产品生产使用管理办法》，以法规方式出台，是一部融生产、使用为一体的全方位行业管理办法。

②政治策略类名词，包括“和平、战争、暴力、武力、政治”等。句子中的动词一般是“解决、营救”等。

(24) 他拒绝以战争方式解决(科特迪瓦)危机，并坚持这一立场。

(25) 该国一直没有试图以武力方式营救人质。

③写作方式类名词，包括“比喻、象征、寓言”等。句子中的动词一般是“表明、表述、书写”等。

(26) 当基督教说人是由上帝用“泥土”造成的时候，它是用比喻或象征方式表明：人是自然的一切。

(27) 这种对人生境界的描述，中国人经常是用比喻的方式来写的。

④学科类名词，如“哲学、数学”等学科类名词。句子中的动词大多是“表明、表述”等。

(28) 写作应该是一种“向着……”并求努力“融入……”的生命祈愿，用哲学的方式表述。

(29) 火电厂、核电站、万吨轮船……都可以用数学方式表达出来。

1.3 N是指人名词

(30)王朔以痞子的方式对僵硬的意识形态实施了成功的破坏。

(31)奥斯曼人的国家以商人的方式追逐利润，确立、宣扬和推进他们的政治目标。

方式框架中做定语的指人名词是“痞子”“男人”“商人”“军人”等名词。这些名词都是从不同的角度对人加以分类的名词。进入此框架后，凸显的是这类名词的性质。在形式上，进入框架的名词均可以进入“程度副词+名词”格式，如“很痞子、很男人、很商人、很军人等”。

1.4 N是时间名词

(32)八十年代的青年人的议政仍然以“五四”的方式在街头进行。

(33)如果以目前的方式用水，到2010年中国将出现全面的水危机。

做修饰语的时间类名词除了常见的“过去、现在、目前、当前、未来、将来”等时间名词，还包括事件类名词。例如“五四”虽然是一个时间词，但更重要的是表示一种事件，包含了较多的语义内容，例如“五四”的方式就是写文章、在街头发传单等。

1.5 N是地域名词

(34)他正在学习中国功夫，他要用中国方式向我表示欢迎，他说完向我深深鞠了一个躬。

(35)他总是恶狠狠地说：“我们必须用土耳其的方式治理他们，让他们拼命干活，给以猪一样的吃喝。”

进入此框架的地域名词有“亚洲、非洲、美洲”等洲名，“中国、土耳其、日本、美国”等国家名，还有“北平、华盛顿”等城市名。

这些地域名词所包含的具体的语义内容要么为一般人所熟悉，要么在文中具体说明。如例(34)中的“用中国方式向我表示欢迎”，后面补充说明具体内容“向我深深鞠了一躬”；例(35)中的“土耳其的方式”，后面解释“让他们拼命干活，给以猪一样的吃喝”。

综上，方式框架中做定语的名词有具体事物类名词、较概括抽象类名词、指人名词、时间名词、地域名词等五大类名词。进入这个框架的名词有的是偏正结构，例如“AA 制”“海运”“空运”等具体说明动作方式的具体内容，有的暗含着语义内容，例如比喻、象征等，这都能具体说明动作方式的内容，使语义概括的名词“方式”有具体所指。

2. 框架中的名词与“方式”的语义关系

方式框架中“以 N 的方式”中的可变项 N 与不变项“方式”有多种语义关系，下面分析一下二者之间的语义关系。

2.1 N 表示“方式”的具体内容

(36)他今年第一次将自己的悲惨遭遇以文字的方式记录下来，在博物馆广场展出。

(37)下次拍卖将以人民币方式支付。

(38)朝日新闻社 11 日、12 日两天以电话方式对冲绳县民进行了民意调查。

例(36)(37)(38)中的修饰语都表示“方式”的具体语义内容，修饰语具体指明了“方式”的内容。二者之间可以用“这种”来复指。如例(36)(37)(38)中可以变换成“以文字这种方式记录”“以人民币这种方式支付”“以电话这种方式进行调查”。从认知模式上看，修饰语跟“方式”之间是

“内容跟容器”的语义关系。

还有一类方式框架结构，名词表示“方式”的语义内容，同时这个名词是句子中谓语动词的受事，例如：

(39)他们胡编乱造，罗列出曾嵘“八大经济问题”，以传单方式在职工中散发。

(40)下月初阿拉多公司将以整车方式进口1万辆奇瑞QQ轿车。

(41)中国部队带去的一部分“健力宝”以“礼品”的方式送给了友军和当地居民。

这类例子在我们搜集的语料中也不少见，这类例子中的定语N也是句子中谓语动词的受事，例如例(39)中“散发传单”。例(40)中的定语“整车”与动词的宾语“奇瑞QQ轿车”所指同一。

2.2 N表示“方式”的领属

(42)他没有放弃自己的责任，他以基督徒的方式作了最大努力。

(43)莉莎说，既然是在做生意，也就只得以商人的方式行事。

(44)他说：“我愿意以索马里的方式与各反对派实现和解，因为他们都是索马里人。”

例(42)(43)(44)中的修饰语表示“方式”的所属，形式上可以变换成“属于N的方式”，如例(42)(43)(44)中可以变成“属于基督徒的方式”“属于商人的方式”“属于索马里的方式”。

2.3 N表示“方式”的性质

(45)广大武警官兵以志愿者的方式投入到艰苦的训练和执勤工作中，不伸手向组委会要一分钱。

(46)这些经营者不少以包工头方式接活，无证、无照。

这类N表示动作“方式”性质。这类名词虽然也是指称人，但是跟上面的一类不同，这里的例(45)凸显的不是志愿者这个群体，而是他们的属性，就是不向组委会要一分钱，所以不能变换成“武警官兵是志愿者”。例(46)中的“以包工头方式接活”也是如此，凸显的是无证无照，同样也不能变换成“经营者是包工头”。

3. 框架中“方式”的隐现机制

上面的例子都是方式框架的完整形式，即“以/用N的方式”的形式，我们也注意到，有的方式框架可以省略掉“方式”，形成“以/用N”的形式。框架中做定语的名词表示“方式”的领属、时间、处所时，“方式”不能省略，必须用双标记的方式状语。那么名词表示“方式”的内容时，可以省略吗？本节讨论名词“方式”的隐现机制。

3.1 可以省略“方式”的框架结构

(47) a. 尤凤伟的《泱泱水》、《金龟》以象征的方式表达人性的善和恶。

→b. 尤凤伟的《泱泱水》、《金龟》以象征表达人性的善和恶。

(48) a. 通常的消防通信指挥车一般都是以语音方式调度现场人员、车辆。

→b. 通常的消防通信指挥车一般都是以语音调度现场人员、车辆。

(49) a. 该国一直试图以武力方式营救人质。

→b. 该国一直试图以武力营救人质。

例(47)(48)(49)方式框架中的“方式”省略后，句子仍然成立，当名词表示的是“方式”的具体语义内容时，可以变换为“表达人性的方式是象征”“调度现场人员、车辆的方式是语音”“营救的方式是武力”。“象征”这一“方式”是动词“表达”的规约“方式”，“武力”这一“方式”也是动词“营救”的规约“方式”，“语音”这一“方式”也是动词“调度”的规约“方式”。那这一条件是不是“方式”隐现的充分条件呢？继续看下面的例子。

3.2 不能省略“方式”的框架结构

(50)a. 这些刊物管理混乱，发行均以现金方式结算，从不设账。

→b. 这些刊物管理混乱，发行均以现金结算，从不设账。

(51)a. 下次拍卖将以人民币方式支付。

→b. 下次拍卖将以人民币支付。

(52)a. 上市公司将在某一阶段(一般是一年)的部分盈利以现金方式返给股东。

→*b. 上市公司将在某一阶段(一般是一年)的部分盈利以现金返给股东

(53)a. 截至2日晚，陕西省救灾募捐中心以现金、支票方式收到捐款657万余元。

→*b. 截至2日晚，陕西省救灾募捐中心以现金、支票收到捐款657万余元。

例(50)~(53)中的状语都是现金、人民币、支票类名词，例(50)(51)中的谓语动词是“结算”“支付”，这是现金、人民币、支票的常规功能。这里的名词“方式”删掉后也不影响人们对句子语义关系的理解。例(52)(53)中的谓语部分是“返给股东”和“收到捐款”，这不是现金、支票的常规功能，名词“方式”删除后影响句子的成立，“以现金返给股东”“以现金、支票收到捐款657万元”，我们会觉得这两个句子的接受度降低。这是因为这两个句子中的谓语动词“返给股东”“收到捐款”不是现金、支票的常规功能，所以需要另加“方式”标记出来。

下面这两个例子更能说明问题：

(54)a. 贩毒分子经常在这两大毒品产区出没，将收购到的大批毒品以海运方式贩运到美国、墨西哥和欧洲等地销售。

→b. 贩毒分子经常在这两大毒品产区出没，将收购到的大批毒品以海运贩运到美国、墨西哥和欧洲等地销售。

(55)a. 援救人员只能派两架直升机以空运方式将受困者救至附近的安全地点。

→*b. 援救人员只能派两架直升机以空运将受困者救至附近的安全地点。

例(54)(55)的对比很能说明问题，例子中做修饰语的都是表示运输方式的名词——“空运”和“海运”。例(54)中的“方式”删除后句子仍然可以成立，“以海运贩运到美国、墨西哥等地”。例(55)中的“方式”删除后句子的接受度降低，这是因为例(54)中的动词是“贩运”，跟“海运”在同一个概念域——交通域中，例(55)中的动词是“救援”，跟“空运”不在同一个概念域中，这是一种临时的功能，需要另加标记“方式”明确指出来。

通过上面的分析可以看出，方式框架中“方式”的隐现是由“名词”与“方式”的语义关系、“方式”的所指与谓语动词的关系两个因素决定的。隐现的条件一是做定语的名词表示“方式”的具体内容，条件二是方式框架中的名词所指与句子中谓语动词关系密切，在一个概念域中。例如，上面我们提到的“象征、比喻、口语”等是一种表达方式，所以当句子中的谓语动词是“表达、表述、写作”等表述类动词时，可以省略掉“方式”，可以说“以象征表达寓意、以比喻写作、以口语写作”等。反之，方式框架中的名词所指与谓语动词不在一个概念领域中，名词与谓语动词是一种临时的、非规约的联系，“方式”就不能省略。这也是一种象似关系的体现。

4. 方式框架中“方式”的作用

既然方式框架中的“方式”不能省略，那么“方式”的作用是什么呢？

“以/用 N 的方式”有何意义？何洪峰(2012：279)认为，这类结构明确标明其语义表达方式，比只用“介 X”结构语义更显豁。我们认为，这类框架结构在语义上不仅仅是更显豁，除此之外，“方式”还发挥着其他的语义句法作用。本节将从语义、语用两个方面来说明框架中“方式”的价值。

4.1 “方式”的句法语义价值：明确论元关系、规定“N”的语义内容

看例子：

(56) a. 米兰·昆德拉也用词典的方式写过小说和随笔。

b. ＊米兰·昆德拉也用词典写过小说和随笔。

例(56)中的“用词典的方式写过小说和随笔”，如果改成“用词典写过小说和随笔”，那么状语和动词的论元关系不仅会从方式变成工具，还改变了句子的语义内容，指“词典”这个实体。而“用词典的方式写过小说和随笔”不是指某一部实体的词典，而是指“词典特定的编排形式”。

(57) 中国西部探索以市场方式解决水荒。

(58) 旧城改造、房地产开发、商品房出售，现在都以市场方式进行。

例(57)和(58)中同样也说明“方式”的语义作用，如果改成“以市场解决水荒”就改变了句子的意义。原句的“市场”不是实在的、有形的市场，而是市场的运作方式、市场的规则，这些运作方式、规则通过名词“方式”来确定。

(59) a. 生活在这块土地上的人们，已经学会了用阳光的方式接纳它们，供养它们。

b. 用阳光暴晒。

例(59)b句中“用阳光暴晒”，这里的“阳光”指的是“阳光”这种物质、实体，形式上可以用“刺眼的、强烈的”等词语修饰；例(59)a句的“用阳光的方式”不能删除“方式”，这里的“阳光”指的是名词“阳光”的性状义：积极、向上、乐观。再有，“以阳光的方式执法”也是如此，“阳光”不是实体，而是一种性质义，指的是“公开、透明”。

(60)用记者会的方式澄清事实。→用记者会澄清事实

(61)用记者会的方式上课。→ *用记者会上课

例(60)和(61)中的方式框架都是“用记者会的方式”，“记者会”表示“方式”的具体语义内容，但是例(60)中的“用记者会”和谓语动词“澄清事实”在一个认知域中，在我们的认知中，记者会的一个功能是澄清事实。例(61)中“用记者会”和谓语动词“上课”不在一个认知域中，这里的“用记者会”是一种转喻，指的是记者会的一套程序，可以变换成“像开记者会那样上课”等。

4.2 “方式”的语用价值：状语“以N的方式”是正式语体的标志

方式框架“以N的方式”的使用，让句子的论元关系更加明晰。从搜集的语料来看，使用双标记方式框架集中的语域是新闻稿、说明文、应用文、专业学术论文等。这些领域都属于正式语体，句中动词经常用形式动词“进行”“加以”等，而且还使用较复杂的结构。例如“以信访方式就政府工作和社会问题向有关部门提出意见和建议”。

(62)朝日新闻社11日、12日两天以电话方式对冲绳县民进行了民意调查。

(63)新入学的大学生，最好以书信方式与父母保持经常联系。

另外，此方式框架还用于论述语体“下定义”的场合，例如：

(64)书信广告就是用书信方式劝人订阅某种刊物、邀你成为某个商店的会员、购买物品。

(65)所谓“科技图”，就是将最先进的农业科技知识，用连环画的方式展示给农民。

词典解释词义时使用这个格式较多。例如：

(66)[招考]：用公告的方式叫人来应考：~新生|~学徒工。《倒序现代汉语词典》

(67)[口头]：用说话方式来表达的。a)区别于“思想”或“行动”。《倒序现代汉语词典》

通过上面的分析，我们可以知道框架中的名词“方式”有独特的句法语义和语用价值。刘丹青(2006：53)提到英语中半虚化的方式名词可以用来引导方式状语从句，如 the way，例如，I'll treat you the way you treat me（我将以你待我的方式对待你)，而完全的名词不能不带介词做状语。汉语中没有半虚化的方式名词，只有“方式”“方法”等语义概括性非常强的名词，这类名词不能直接引导方式状语从句，也不能直接受方式介词的介引，例如不能说“用方式做事，用方法提意见”等。

汉语方式状语的表达有方式框架这一形式，我们都知道动作行为总是伴随着一定的方式，这是一个人人都知道的信息，但是表达中说明动作具体使用何种方式发生，这是一个新信息，所以“方式”的前面需要有定语修饰，以说明动作方式的具体所指。汉语中方式框架这一表达形式跟英语不同，方式框架体现了汉语表达明晰和语义精确的特点，尤其是在公文、新闻稿、学术著作中使用较多。

◎参考文献

[1]何洪峰：《汉语方式状语》，中国社会科学出版社 2012 年版。

[2]刘丹青：《语法调查研究手册》，上海外语教育出版社 2006 年版。

[3]王丽彩：《NV式结构的语义关系和形成动因分析》，载《语文知识》2013年第1期。
[4]孙德金：《现代汉语名词作状语的考察》，见胡明扬主编：《词类问题考察》，北京语言文化大学出版社1996年版。
[5]彭睿：《名词和名词的再分类》，见胡明扬主编：《词类问题考察》，北京语言文化大学出版社1996年版。

亳州城区街道名称用字特点与民俗文化分析①

王绍玉

（亳州学院中文与传媒系）

一座城市的街道名称，不仅是具有标识作用和定位作用的语言符号，也是该城市在一定发展阶段的政治、经济、文化等信息的映射，是历史、地理、信仰、文化心理、道德观、价值观、美学观的反映。亳州是一座古老而又年轻的城市，其城区街道名称具有厚重、悠久的文化积淀。综览有关城市街道名称研究文献，鲜有探讨街道名称用字原则者，本文运用调查统计与定量分析相结合的方法，对亳州城区街道名称用字原则进行了深入的归纳与分析，这对考察和了解街道名称用语的历史与现状，对挖掘地方文化内涵、增强文化自信、促进城市文明建设、实现文化强市都具有积极意义。

现从亳州城区街道名称用字特点、命名方式、命名原则三方面论述如下。

---

① 基金项目：安徽省教育厅质量工程项目“省级教学团队－语言学教学团队”（2019jxtd132）；教育部国家语委项目“中国语言资源保护工程”（YB1824A013）；安徽省高校人文社会科学研究重大项目“亳州方言文化典藏”（SK2018ZD059）；安徽省教育厅人文社科重点项目“文化传播视域下的亳州方言熟语研究”（SK2018A0857）；亳州市2018年度哲社课题“亳州城区街道建设与民俗文化研究”（A2018057）；安徽省高校人文社科重点项目“亳州劝善文化研究（SK2019A1143）”；安徽省教育厅人文社科重点项目“亳州方言轻动词认知研究”（SK2020A0582）。

1. 亳州城区街道名称用字特点

亳州市地处安徽西北部，东经115°53′~116°49′，北纬32°51′~35°05′，呈东南—西北向斜长形，长约150公里，宽约90公里。三皇五帝时代，帝喾代颛顼，都于亳，汤灭夏建商，周初，神农氏后裔被封于亳，置焦国。春秋时期，陈于亳建焦城，楚灭陈改称谯城，秦灭楚后改称谯县。秦汉以降，随着朝代更迭，地名和隶属都有变化，民国元年改称亳县，2000年，经中华人民共和国国务院批准建立地级市亳州市，下辖利辛、涡阳、蒙城三县和谯城区。目前，亳州市谯城区面积60平方公里，城区常住人口50万人。

本文考察的街道名称只限于亳州市谯城区。街道名称的依据，一是《1981年亳县人民政府关于街、路、巷、胡同更名命名报告的批复》(以下简称《批复》)，《批复》中的街道视为老城区街道，凡141条；二是亳州市民政局公布的城区道路名称通告，视为新城区街道，凡207条。

1.1 通名用字特点

街道名称通常由专名和通名两部分构成，专名指能够确定其地理位置，具有指别作用的部分；通名指附于专名后，具有街道分类作用的部分。街道名称具有“专名定位，通名定类”的语言特点。表1直观地体现了亳州城区街道名称通名用字分布状况。

表1 亳州街道通名用字分布情况

通名	街道名称实例	数量	比例
路	三曹路、芍花路、光明路	209	60.00%
(大)街	大有街、老砖街、纸坊街、白布大街	55	15.80%
巷(口)	爬子巷、打铜巷、夏侯巷，洪巷口	27	7.70%

续表

通名	街道名称实例	数量	比例
大道	希夷大道、汤王大道、魏武大道	13	3.70%
胡同	井胡同、鸭鸭胡同、马家胡同、董家胡同	8	2.30%
市	姜麻市、大牛市、小牛市、干鱼市	6	1.70%
坑	熟皮坑、瓷器坑、杉木坑	5	1.40%
无通名	二郎庙、皮场殿、辘轳弯	25	7.23%

亳州街道通名用字有“路、街、巷(口)、大道、胡同、市、坑”7种类型，10个汉字字符，标识323条街道，另有无通名街道，即直接使用地名作街道名称的，计25条。《说文·足部》解释“路，道也。从足从各”。“路”与车关系密切，“路”通“辂”。亳州城区街道通名中“路”字占总数的60.00%。“街”字占总数的15.80%，《说文·行部》解释“街，四通道也，从行，圭声”。有步行之意，从“彳”从“亍”，两字都有行走义。“巷”字占总数的7.70%。“巷，巷伯，奄官，掌王后之命，于宫中为近。”“巷”主要指连接街道的狭窄通道。“直者为街，曲者为巷；大者为街，小者为巷。”(许填昌、马先红，2014)大街小巷的确能够体现它们在规模上的区别，但是，二者在功能上的区别也不应当忽视，“街”侧重于商业功能，如“纸坊街”“白布大街”分别以经营纸张和白布为主。“巷”侧重于行人便捷的通行功能，如“白家巷”“高家巷”等。《说文·辵部》解释“道，所行道也”。《周礼·地官·遂人》云：“百夫有洫，洫上有途；千户有浍，浍上有道；万夫有川，川上有路。”“道”与人行走有关，“道不容车，故曰步道”。“路”和“道”现代汉语意义相近，“道”通常用作书面语，“路”通常用作口语。“大”只与“街”和“道”组合，不与其他通名组合，说明“道”和“街”在建筑规模上大于“巷”“市”“胡同”。亳州现有以“大道”作通名的13条，占总数的3.70%，全部位于新城区。“胡同”，“元朝时汉语从蒙古语中借来，蒙古语原来的意思为水井，即有水井的地方就有人家，因此水井成为居民聚居区的代称进而成为街道的代称，由此产生胡同一词”(赵媛媛，2015)。

亳州以“胡同”“市”“坑”作通名的街道分别为8条、6条、5条。亳州无通名街道现有25条，即直接借用某地名为街道名称，占总数的7.23%，说明街道用字也具有习用性和经济性特点。新城区现有街道207条，“路”193条，“大道”13条，“街”1条。“巷”“胡同”“市”“坑”以及无通名街道仅出现于老城区，说明街道名称用字与时代变迁有关联。

1.2 专名用字特点

亳州城区街道专名用字以双音节形式为主，占总量的93.24%，如“高家巷”“三义街”等；单音节专名的街道2条，如“新街”“羊市”，占总量的0.57%；三音节专名街道26条，如“筛子市路”“组神庙街”等，占总量的4.47%；四音节专名街道6条，如“香港步行街”“财神阁子街”等，占总量的1.72%，音节分布呈现两头小中间大的格局，见表2。双音节专名因表义明确、重名率低、承载文化内涵较为丰富，也是现代汉语词汇双音节化的具体体现，被称作“黄金语格”。单音节专名多义性强，独立性弱，承载的语言信息量较少，三音节及三音节以上专名不符合语言经济性原则，在街道名称使用上受到很大限制。

表2　亳州街道专名音节分布情况

专名音节数量	街道名称实例	数量	比例
单音节	新街、羊市	2	0.57%
双音节	夏侯巷、大有街、仙翁路、和平路	314	93.24%
三音节	花戏楼路、五禽戏路、板蓝根路	26	4.47%
四音节	香港步行街、财神阁子街、西淝水沟(路)	6	1.72%

亳州城区街道名称以三音节形式为主，这是因为专名用字以双音节为主，通名用字以单音节为主，双音节专名后加单音节通名为亳州街道名称的主要结构形式，三音节街道名称因表义清晰、结构凝练、易写易记而被广泛运用。

2. 亳州城区街道命名方式

亳州城区街道命名方式可以通过表3直观显示：

表3 亳州街道命名方式分布情况

命名方式	街道名称实例	数量	比例
以中草药名称命名	沉香路、天麻路、连翘路	105	30.00%
以地理方位命名	辘轳弯、前局街、后局街	51	14.65%
以历史人物命名	三曹路、木兰路、汤王大道、希夷大道	49	14.08%
以村庄姓氏名称命名	曹家巷、丁家胡同、闫家寨	28	8.04%
以祈愿用字命名	崇文路、和平路、尚学路	25	7.18%
以商业特征命名	白布大街、老花市、纸坊街	24	6.89%
以行政区名称命名	涡阳路、利辛路、蒙城路	4	1.14%
以白酒命名	古井大道、酒城大道	2	0.57%
以其他方式命名	哑巴巷、坛咀子、人民路、新华路	60	17.24%

表3中“以其他方式命名”是指因年代久远而无法考证其文化意义的街道名，如“哑巴巷”“坛咀子”等，或者修筑于“文革”时期，可以理解其义但难于归类的街道名，如“人民路”“新华路”等。数据显示，亳州城区以中草药名称命名的街道占街道总数的30.00%。亳州是我国最大的17个中药集散地之一，为全国最大的中药材交易市场，亳州盛产的“亳芍”“亳菊”为名贵中药材，被收入《药典》。亳州1981年之后公布的207条街道，以中草药名称命名的街道105条，占总数的50.72%，足见亳州近年来中药行业的迅猛发展。以地理方位和古建筑名称命名的街道51条，以历史人物命名的街道49条，二者之和占街道总数的28.73%。与曹魏文化有关的街道8条，与道家文化有关的街道9条，表明亳州街道命名注重对历史文化的开发利用。古井贡白酒是亳州两大支柱性产业之一，但是，以白酒命名的街

道仅有 2 条。原因是亳州市政府常务会议纪要明确要求南北向街道主要以历史文化命名，东西向街道主要以中药材名称命名；企业兴衰、停产、转产等不可控因素可能对街道名称长久使用产生不利影响，不主张以企业名称为街道命名。

3. 亳州城区街道名称与民俗文化

从理论上讲，街道名称只是一个代号，只要能够起到定位作用和区别作用即可，事实上，街道名称用字有其自身规律，受到以下原则影响和制约。我们可以运用认知语言学、社会语言学、社会心理学等理论对其进行简要分析。

3.1 表意性

汉字是表意文字，亳州城区街道用字表意性体现在：通名用字意在显示街道主要作用及规模大小。如“街”“市”主要用于商业经营；“胡同”“巷（口）”主要用于市民居住和行人通行；“路”“（大）道”主要用于现代交通。新城区 207 条街道中以“大道”命名的街道 13 条，占新城区街道总数的 6.28%，充分展现了改革开放后的经济腾飞。专名用字的表意性更加显性化，表现在以下五个方面。第一，外观描绘，如“辘轳弯、下坡街、老砖街”等 9 条街道专名大致反映该街道的地形地貌、走势、建筑材料等特征，符合汉族人追求名实一致的思维方式和形象化思维方式；“纸坊街、白布大街、筛子市路、姜麻市、羊市”等 23 条街道专名反映该街道经营类型和范围。第二，纪念义，如“汤陵北路、问礼巷、木兰路、花戏楼路、雪枫路”等 7 条街道专名记载历史故事、历史人物。第三，宣传义，以历史人物及历史事件命名的 49 条街道名着意宣传地方历史文化；以中草药名称命名的 105 条街道名集中反映亳州中草药种植与交易规模和经济地位，具有很强的对外宣传效应。第四，寄托义，如“振谯路、菁华路、养生大道”等街道专名寄托市民美好愿望。第五，传承义，街道名称是城市文化载体，具有文化传承功能，历史人物和历史事件通过街道名称代代相传，永不磨灭，如“汤王大道、老子大道、三曹路、建安路”等。认知语言学象似性理论告诉我们，人类语言与其对外界的认知存在对应关系，同时符合关联理论真实性原则。认知语言学心理通路理论、理解期待理论都主张街道专名绝非仅仅指称世上某一具体事物，它可以激活一系列的百科知识，可以激活一系列广为人知的特征及联想，并且言语表达对语言的理解具有规约性，语言的规约性为语言交际的高效性和经济性所塑造。

3.2 地域性

亳州街道用字的地域性特征表现在：街道名称用字展现历史人物出生地、历史事件发生地，如“三曹路、曹冲路、子建路”等8条，凸显曹魏文化；“三清大道、老君大道、太清路”等9条，凸显道家文化；“养生大道、五禽戏路”2条，凸显亳州养生文化，“药都路、药王路、亳芍路、亳菊路”等105条，凸显亳州是中药材产地、交易集散地；“古井大道、酒城大道”凸显古井贡酒经济贡献，及其在全国白酒行业的知名度。从认知的角度看，人类的注意力容易集中于感知性显著的实体，符合典型性理论原则，周边城市街道用字不见中药材名称以及三曹称号。风土民情、生活习惯等地域性在街道用字上也有反映，老城区以“庙”“寺”“庵”“观”“神”“龙”等字符命名的街道15条，体现先民对鬼神的崇拜；以村庄和姓氏名称命名的街道19条，凸显豪门富户的影响力。老城区街道专名形象化、直观化特征明显。新城区街道名称用字注重弘扬历史文化、传递正能量、服务地方经济。

3.3 文明性

大众化要求街道名称通俗易懂，雅俗共赏。主要受到大众语用需求和接受心理的制约，街道名称用字对文明性要求很高，面向不同性别、年龄、场合、地位、身份、文化程度、欣赏能力以及生活品位等，这一语言领域最具有社会普遍性，要求字符健康、高雅，表义清新。亳州现有街道名称348个，677个汉字，出现1116次。其中，次常用字7个，如“枫”“菊”“纬”等，非常用字10个，如“黉”“蒙”“绅”等，用字上充分体现了文明性、习用性和大众化特点。其中方位词出现“东、南、西、北、前、后”6个，44次，如“州东街、州西街、涡河南路、涡河北路、京九东路、京九西路”；“一”和“二”两个数字，出现7次，如“西二环路、北二环路、纬一路(现名百合路)、纬二路(现名槐花路)”等，方位词和数字的使用体现了街道命名的序列性原则、关联性原则。需要说明的是，“东、西、南、北”四个方位词有时指某路的一段，而不是平行的两条路，如“新华南路”和“新华北路”分别指新华路的南、北两段。常用字符反复使用符合大众认知心理和认知能力，348条街道，680个实义字符没有出现一例冷僻字或粗俗字。汉语常用字、文雅字数量多，冷僻字、粗俗字数量少，也为街道命名实现文明性提供可能性。

3.4 时代性

街道名称用字体现鲜明的时代风貌。亳州街道用字时代性主要体现在老城区和新城区街道名称的组合类型、命名方式和字符选用三个方面。亳州城区街道名称的组合类型，上文已做较为翔实的分析。关于命名方式，老城区以村庄姓氏名称命名的街道28条，出现姓氏名称20个，新城区没有出现，说明随着时代的发展，人们对“家族观念”有新的认识；老城区以祈愿用字命名的街道10条，体现了对物质财富的追求，如“大有街”“金定路”等；新城区以祈愿用字命名的街道15条，突出对科学文化的追求，如“振谯路”“尚学路”“菁华路”等，说明不同时代的人有不同的追求。亳州街道字符选用也体现了鲜明的时代色彩，前文“通名用字的语言特点”对通名用字的时代性已作简要比较；专名用字的时代色彩也很鲜明，如老城区带“神”的街道6条，带“庙”的街道5条，带“寺”的街道3条，带“龙”的街道2条，带“观”“庵”的街道各1条，这些专名用字在新城区街道命名中没有出现，说明人类对神灵的崇拜与敬畏让位于对科学的追求。

以上用字原则在街道命名中的地位和作用并不均衡，呈递减的趋势，简单表述为表意性>地域性>文明性>时代性。表意即实用最为重要，具有明确的区分作用，并蕴含象征意义，如考察的348条街道，除标识、定位功能以外，每一条街道至少还具有本文所分析的一项功能；表2出现五音节街道名，如“香港步行街”“财神阁子街”“西淌水沟(路)”等，超出“黄金语格”，影响韵律美，最终屈从于表意性要求。

地域性原则在街道命名中的作用和地位高于文明性原则和时代性原则，客观因素决定主观因素，从认知的角度看，典型事物最能揭示事物的本质，最容易激活其他相关特征和相关联想，便于识解、记忆和传播。一个地方的生活习惯、建筑风格、街道名称用字，乃至人们生活中的其他日常用字，无不打上地形地貌、气候特点、水文土壤等自然要素的印记，体现鲜明的地域特色。地域特色具有恒常性特点，不以人的主观意志为转移。时代不同，社会文明程度不同，时代性与文明性具有相容性，街道命名的时代性从街道名称用字中体现出来，居于从属地位，本文将时代性原则置于最后。

通过对亳州城区街道通名用字、专名用字、组合类型以及命名方式等相关内容的考察与分析，可以看到：城市街道命名方式、字符选用、城市特征的凸显度以及市民的文化心理、生活观念随时代变化而变化，但是，制约街道命名的原则基本不变，街道名称折射的语言学原理不变。看似杂乱无章的街道名称，却是一个有机整体，构成一幅多彩的城市画卷，街道名称不是可以任意打扮的小姑娘，街道名称刻录着城市的发展历程，表现城市发展水平，是对外宣传和对外交流的平台，是城市宝贵的无形资源和竞争软实力，因此，地名学、语言学、经济学、广告学等相关学科应当一同关注城市街道命名业的健康发展，为新城市建设作出更大贡献。

◎参考文献

[1]金文钦：《地名不是被任意打扮的小姑娘》，载《中国地名》2016年第9期。

[2]李琴美：《地铁站名的罗马化转写规范探析——以深圳、广州、北京、

上海为例》，载《语言文字应用》2016 年第 2 期。
[3]路沥云：《郑州市街道名称调查报告》，载《焦作师范高等专科学校学报》2013 年第 3 期。
[4]潘峰：《店名语用的三个原则——以高校附近的店名为例》，载《语言应用研究》2011 年第 3 期。
[5]孙利：《关联理论视阈下的口译认知过程与口译教学探究》，载《外语界》2013 年第 1 期。
[6]汤浩：《北京胡同的历史与未来》，载《城市住宅》2009 年第 7 期。
[7]许慎：《说文解字》，中华书局 1963 年版。
[8]许镇昌，马先红：《宁波市区街道名称的社会语言学考察》，载《语言应用研究》2014 年第 9 期。
[9]赵媛媛：《安阳市街道名称的语言和文化分析》，河南大学硕士学位论文，2015 年。
[10]郑梦娟：《当代商业店名的社会语言学分析》，载《语言应用研究》2006 年第 3 期。
[11][美]罗纳德·W. 兰爱克：《认知语法导论》，黄蓓译，商务印书馆 2016 年版。

小句整合中的成分融合与功能演化

温锁林

（天津师范大学文学院）

汉语中经常出现具有相对独立表意功能的两个小句被整合为一个单一小句的现象。伴随着小句的整合，有的小句中的句法成分、小句间的连接成分的功能也出现了明显的变化。这是迄今尚未引起语法学界足够关注的语法化现象。本文专门讨论特定构式，特别是新兴构式的小句整合中出现的句法成分的融合与功能演化现象：一种是构式中的同一小句内两个以上的句法成分被融合为一个类程度词的现象；另一种是构式中两个小句间的连接成分演化为准句法成分的现象。如果说对已经完成语法化的某种语言现象的研究有点像影视片的回放，那么，本文所关注的新兴构式中正在进行着的语法化现象就有点儿现场直播的性质。所以，本文研究的现象更值得语法化研究者关注。

1. 小句内多个句法成分的融合及功能的演化

汉语史上同一小句内部由两个以上不同的句法成分融合而成为一个句法单位的现象屡见不鲜。如现代汉语中助动词“情愿”原先是个主谓结构：

（1）情愿，替娘娘受苦。（沈家煊，1994）

“替娘娘受苦”为追加语，这种句式用多了就变成“情愿替娘娘受苦”，“情”和“愿”的分界消失，出现了成分的融合，“情愿”变成了一个双音节助动词。情态副词“好像”也经历了几乎同样的变化过程，请看：

(2)a. 他们两个长得好像。(状+动)
b. 那个人好像我哥哥。(状+动)
c. 他好像有个哥哥在东北。(副词)

汉语中几乎所有的述补式复合词(如“打倒、扩大、散开、放大、走红”等)、主谓式复合词(如“心疼、头疼、眼红、地震、肉麻、腹胀”等)，都是由不同的句法成分融合而成的，大体也经历了短语之间的句法界限消失的语法化演变。不过，这些复合词都早已完成了语法化的过程，是尽人皆知的语法化现象。本文所关注的是发生在当下的小句中两个以上的句法成分被融合为一种“类词”的现象。“类词”者，指其有词的特点，但词化的程度还不高，或者说这种语法化的进程还远未完成，这种现象可以说是一种新兴的语法化现象。比如，我们在研究汉语“指认式范畴聚焦”构式时发现，该构式中的“那叫个”开始有了由构式的框架成分慢慢演化为一个程度词的迹象。

何谓“指认式范畴聚焦”构式？下例中下画横线的句子都是结构高度统一的主观命名性小句“那/这才叫(一)个X”。从范畴化运作的角度看，这种句子表现的其实都是一种“指认式范畴化”的运作过程，即小句通过对某一范畴的指认来实现聚焦与强调，从而突显范畴内涵的特异性及其在说话者心目中的典型性地位，极具主观色彩。根据该小句的句法与表义特点，可称为“指认式范畴聚焦”构式①。

① “指认式范畴聚焦”构式“那/这才叫(个)X”在形式上与科学定义时的命名式定义格式“Y叫X”(如：成年的男性(Y)叫男人(X))很相似，但实质上很不一样。表现在以下几点：a. “Y叫X”有明显的命名性质，这种格式的用途是以命名的方式对被定义的目标范畴“Y”做出范畴的归类与确认，而“那/这才叫(个)X”并没有命名性，不具有定义的功能；b. 命名性的“Y叫X”可以转换成认同性的定义格式“X是Y”，如男人(X)是成年的男性(Y)，基本意思不变，而“那/这才叫(个)X”不能转换成“X(才)是那/这”格式，可见两种格式的功能并不相同；c. 命名式定义格式“Y叫X”的形成与使用上依据的标准是客观而恒定的，因而在使用时应该尽量避免主观性与随意性，而“指认式范畴聚焦”构式“那/这才叫(个)X”在使用中流露出的是强烈的主观色彩。(温锁林、胡乘玲，2015)

（3）a. 邀上三五伙伴，来盘麻辣小龙虾，冰镇啤酒下肚，那才叫一个爽！（新浪尚品频道 2013-06-17）

b. “当时全村 4 个小队两辆破车，10 头牲口瘦得要飞，那才叫一个穷啊！”村民们对过去的苦日子不堪回首。（《经济日报》2006-01-20）

c. 我们家所在的小区没有电梯，邻居张大爷的老伴长年卧病在床，每天张大爷都背着老伴下楼晒太阳。老婆每次见到都羡慕地对我说：“这才叫爱情呢！”（《平顶山晚报》2007-01-31）

d. 实际上，法治不是治老百姓，法治是治公权力。也就是说，约束公权力、保障公民私权，这才叫法治状态。（《法制日报》2010-03-09）

这种构式有三个特点：一是结构的框式化，即构式采用的都是“那/这才叫（一）个 X”的结构框图架；二是范畴所指的语境依赖性，以例（3）a 句的“那才叫一个爽”为例，如果脱离具体语境，我们根本不知道“那”和“爽”所指的对象是什么；三是范畴归类的主观性，例（4）a、b 句都用了“这才叫生活”，从中可以清晰地看出说话人在范畴归类时的主观识解：

（4）a. 购物、用餐后，看着儿子在广场上玩轮滑、陪伴妻子在广场上喂鸽子……李丁觉得，这才叫生活。（《人民日报》2012-08-02）

b. 驾着爱车，带着家人，驶向快乐田园。扶着老人，牵着孩子，在乡间的小路上走走，在冬日的山林间转转，这才叫生活啊。（《京华时报》2007-12-29）

什么样的生活才叫生活？答案可以千差万别。例（4）a 句中，“这”把“生活”的内涵指向了“购物、用餐后，看着儿子在广场上玩轮滑、陪伴妻子在广场上喂鸽子……”，而 b 句则把“生活”的内涵定位于“驾着爱车，带着家人，驶向快乐田园。扶着老人，牵着孩子，在乡间的小路上走走，在冬日的山林间转转”。可见，“指认式范畴聚焦”构式通过“那/这”的现场指示，从而实现了对其范畴聚焦的个性化诠释与移情，极具主观色彩。

可以说，正是由于该构式本质上就是一种主观性极强的范畴归类方式，所以伴随着构式的大量使用，特别是为适应说话者表达对特定范畴主观识解的需要，“指认式范畴聚焦”构式的整体功能也出现了由“指认性”到“感知性”的微弱变化。“指认性”指构式的功能主要体现为范畴的指认，“这/那”的所指必须依靠语境做出。而“感知性”指构式的功能主要体现为表达说话者内心的感知或情感的抒发。这种功能的变化首先可以从构式对其框架成分“这/那”的选择上看出端倪。在构式表达“指认性”的功能时，“这/那”都能使用，区别只在于近指与远指的差异，但二者在构式中的指称上都有一个共同点，那就是其所指客观实在且指代的内容一定存在于语境中，具有明显的现场“指认性”与语境依赖性。而当构式表达“感知性”功能时，指示成分只能由远指的“那”来充当，近指的“这”几乎不见使用。原因可能是近指的“这”在指称上具有现场指示性，所指内容实在，不容易产生虚指的用法。而远指的“那”所指可以不具有现场性，所以容易产生虚指的用法。可以说，由于二者在指称上的这种特点，构式在表达“感知性”功能时，充分利用了“那”的虚指特点，使其所指可以不依赖语境，完全指向说话者的感觉，具体见例(5)。需要特别指出的是，正是这种构式表达功能的变化，才导致了构式中的框架成分“那叫个”的功能演化。

构式的功能演化还出现了哪些变化呢？这些变化表现在：一是构式由具体的“指认”来申辩说话者对范畴的主观识解变为抒发说话者特定的心理感知，话语功能由申辩转化为抒发与宣泄，所以表申辩语气的“才”也可以隐去不用；二是目标范畴“那”在构式中的所指由具体的“事体”变成了一种抽象的心理感觉；三是构式的语气由申辩性变成了感叹性与夸张性。最能反映构式这种形式与功能变化的外在因素或语义线索就是在“那叫个”之前“心里、感觉”等词语的使用。

(5)a. 我每天的业余时间得跟着狗的排泄物走，心里那叫个窝火。(每日甘肃网 2013-01-24)

b. 一听这话，我心里那叫个美，忙拉着老婆问："快说，她都夸我什么了?"(《京华时报》2004-06-23)

c. 老年人看 3D 电影　感觉那叫一个爽。(《长春晚报》2014-09-05)

d. 在月明星稀的夏夜，就着徐徐清风喝一碗玫瑰冰糖紫米粥，应运而生的感觉那叫惬意。(人民网・旅游频道 2005-04-25)

e. 经常遇着那种不自觉的人，见着老人或孕妇就把脸转过去装作没看见，让人看见心里那叫个气。(人民网・二十四小时 2013-07-31)

例(5)中的"那叫个 X"与感叹句"太 X 了"表达的意思基本一致。如"心里那叫个窝火"类似于说"心里太窝火了"；"我心里那叫个美" 类似于说"我心里太美了"。在例(5)中，话语语气的感叹性与夸饰性已经十分显著。

我们看到，随着"那/这才叫(一)个 X"结构前表示心理与感觉等词语的出现，构式由原来可以独立的小句开始降格而做了谓语，有的还进一步出现了与前一小句整合为一个小句的迹象，如例(5)的 d、e 两句。随着"那/这才叫(个)X"结构由"指认性"演变为"感知性"的功能转变，"那叫个"句法上也出现了由三个实体成分变成一个类似程度副词的复合成分的趋势，即"那叫个"作为一个表示程度性的状语身份被整体嵌入句子，其句法语义功能与程度副词"太、特别、极其"类似。

(6)a. 区里对农村科技培训那叫个重视，书记、区长常常亲自参加……(《吉林日报》2014-06-27)

b. 我们村离县城 110 多公里，坡大沟深，山高路险，以前春耕买农资那叫个难，得到山西省右玉县采买。(《内蒙古日报》2014-04-20)

c. 孩子们……你不服我，我不服你，打得那叫个热闹啊。(《齐鲁晚报》2013-05-30)

d. 现在大哥大太笨重了，都成老古董了，但以前有个大哥大那叫个风光！(亚心网 2013-05-30)

这充分说明，“指认式范畴聚焦”构式的语用功能由彰显说话者对范畴聚焦“X”内涵特异性与主观性的强调与夸饰，变成了抒发说话者特定语境下纯粹的心理感知与宣泄。可见，话语主观性的融入是促使“那/这才叫(个)X”结构的语用功能演变的决定性因素，是语用法的语法化的一种结果。

“指认式范畴聚焦”构式中“那/这才叫”结构的演化路径：

	“那/这才叫个X” →	“那/这叫个X” →	“那叫个X”
句法演变	大都用“才”	大都不用“才”	不能用“才”
语义演变	“那/这”指实体	“那/这”指心理	“那/这”指程度
语用演变	侧重范畴指认	侧重心理感知	侧重主观程度

2. 两个小句的融合与关联成分的功能演化

长期以来，人们为现代汉语中的单复句的界限所困扰，企图找到把二者“一刀两断”的标准。然而根据邢福义先生(1993)的研究，现代汉语中普遍存在着复句与单句之间既对立又纠结的事实。据邢先生文章中对中学语文教材8篇课文的统计分析，发生单复句纠结的句子在40%以上。例如：

(7) a. 吃了也是白吃。

b. 说走就走。

c. 贵就别买。

d. 一排就排了两小时。

这类发生单复句纠结的句子实际上都经历了三个语法化阶段：第一阶段是典型的复句；第二阶段是紧缩句，通过对两个小句进行改造而来，具体说来，就是对复句经过“紧”(去掉小句间的语音停顿)与“缩”(减缩小句中的成分)的改造；第三阶段是最简紧缩句，即对紧缩句进行成分与结构的再精简再改造。以例(7)a为例，这三个阶段大体上可再现如下：

(8)a. 你就是吃了，那也是白吃。(典型复句)

b. 就是吃了也是白吃。(紧缩句)

c. 吃了也是白吃。(最简紧缩句)

最后一例可以说是介乎单复句之间的一种混沌句，在两个小句慢慢整合成一个小句的过程中，“也是”由后一小句中的连接成分变成了貌似副词的句法成分。这类混沌型的句子，在教材中常常被当成单句①。不过，尽管“也是”的句法位置在小句的融合过程中发生了变化，但是它的基本句法功能并未发生明显的变化。

本文所关注的是近年来才出现的一些新兴构式中的两个小句成分的融合现象。所谓新生构式，就是近一二十年来随着网络时代的到来而兴起的一些表达格式。例如：“A并B着”构式(“痛并快乐着”“爱并纠结着”)(温锁林、张佳玲，2014)；“我A，我B”构式(“我运动，我健康”“我选择、我喜欢”)(温锁林、李畅，2015)；“因为A，所以B”构式(“因为专注，所以专业”“因为爱、所以爱”)(温锁林、韩国颖，2015)等。这些新兴构式

① 如下面的句子，在教材中就是这样处理的：
a. 他不参加也好。(黄伯荣、廖序东例)
b. 这样就好了。(黄伯荣、廖序东例)
c. 派他去肯定是个失策。(邵敬敏例)
上面三例，做主语的分别为“他不参加”(主谓短语)、“这样”(代词)和“派他去”(兼语短语)，其实，三个句子均可看成混沌句，因为它们表达的实际上是复句的内容，并非一般意义上的叙述、描写，一加标点，马上就可恢复为复句，因为这些句子中尚留有复句的关联词语，这是它们在由复句向单句蜕化过程中留下的重要线索，是在紧缩句的基础上再紧缩形成的。

尽管形成历史很短，但有意思的是，在构式的产生与使用过程中也伴随着语法化的演变，可以说构式的形成与语法化进程几乎是同步实现的。我们在研究新兴构式“因为 A，所以 B”构式时发现，该构式在使用中出现了将两个小句的关联成分融合为一个句法成分的迹象。

“因为 A，所以 B”构式，也可称为“最简因果构式”，从外形上一看便知，它对传统的因果复句进行了成分的极简化处理。传统的因果复句中原因小句“因为”和结果小句“所以”之后，一般都由小句或短语充当，而新兴的最简因果构式“因为 A，所以 B”，只保留了“因为……，所以……”的关联框架，而把原来各自所带的小句或短语几乎全部压缩为单词。

(9) a. 因为相信，所以看见。(《湖南日报》2014-01-26)
b. 因为懂得，所以温暖。(《中国青年报》2005-03-16)
c. 因为信仰，所以执着。(《科技日报》2006-06-23)
d. 因为深爱，所以沉默。(《中国青年报》2013-06-04)

我们看到，上述最简因果构式形式上都是“因为 A，所以 B”，不过，与传统意义上的因果复句相比，除了上面提到的充当原因小句和结果小句的成分几乎全变成单词外，至少还有如下不同。一是，复句层次的要求有别。常规因果复句中的原因小句或结果小句中，可以再嵌入别的分句，形成多重复句①，而这种情况在新兴的最简因果构式中是不被允许的，“因为 A，所以 B”只能表示单纯的因果关系。二是，复句中因果小句的顺序可否变化有别。常规因果复句有时还可以采用先果后因的倒置格式，而在新兴的最简因果构式中只能是先因后果，绝不允许出现先果后因的倒置格式。三是，使用场合有别。常规因果复句极少做文章的标题，而新兴最简因果构式大多是作为文章的标题使用的，所以除了极个别的例句后使用问号或感叹号外，很少使用标点。这些特点的形成从以往传统的因果复句是不能

① “因为我们是为人民服务的，所以，如果我们有缺点，就不怕别人批评指出。”(毛泽东《为人民服务》)

完全预测与解释的，也不能从最简因果构式的组成要素中得以解释。这正是我们将其看成新兴构式的重要依据。

新兴的最简因果构式“因为A，所以B”虽然产生时间不长，但在使用的过程中，还发生了两种值得关注的结构上的显著变化。一种变化是原因小句与结果小句之间的句法界限消失，即两个小句间的逗号消失了，这使得本来已经高度简化的因果构式又继续出现了在结构上“收紧”的趋势。如：

(10) a. 舒马赫：因为快乐所以继续——老婆是护身符(《体坛周报》2005-03-07)
b. 崔健：摇滚乐面对的困难更多——因为恐惧所以批判(《南方体育》2003-10-24)
c. 因为爱情所以任性 西安小伙租直升机拍婚纱照(《三秦都市报》2015-01-04)
d. 官网打“X”：因为无视所以任性(中国共产党新闻网 2014-12-11)

另一种变化是标记因果关系的成对使用的关联词语也开始出现了非成对使用的情况，我们看到，有的新兴因果构式中表原因的连词“因为”缺席，因果关系只靠后边的表结果的“所以”来表达，这也表明，构式演化的过程还处于进行状态，是构式成分进一步“收缩”。如：

(11) a. 爱书，所以藏书。(《人民政协报》2015-04-13)
b. 喜欢，所以留下。(《西藏日报》2009-11-20)
c. 真诚，所以信赖。(中国共产党新闻网 2012-06-06)
d. 缺钱，所以缺底线？(《羊城晚报》2013-05-30)

例(10)(11)无疑是新兴因果构式“因为A，所以B”的两种新的紧缩式，是处于构式语法化进程中新产生的两个变体。新兴因果构式本来就是在因果复句的基础上经过缩减句法成分而来，但是，这一构式开启了因果复句语法演化的序幕，并有力地助推了新兴因果构式进一步的语法化进程。我们看到，以上展示的新兴因果构式出现了结构上“紧”与成分上“缩”的演变，其实，这一“紧”一“缩”，正是推动构式进一步演变的强大动力。两种因素的合力作用又必然进一步促使新兴的因果构式变得更加简化，从而引发另一种新的变体的涌现。而构式简化的方向是最简因果构式在外观上向单句进一步靠近。请看：

(12) a. 明星超生：有钱所以有特权？(《齐鲁晚报》2013-06-08)

b. 石油巨头不承担“政策性亏损”：财大所以气粗？(《燕赵都市报》2007-12-14)

c. 西南动车“微服务”交心所以贴心(人民网·重庆视窗 2015-03-26)

d. 经典所以流行 索爱 S700c 新春送套餐(人民网 2007-02-15)

例(12)各句是由“紧”“缩”两种力量催生的“因为A，所以B”构式的第三种变体。这种变体更值得引起我们的关注：一是，其结构外形与表达内容的脱节，即整个句子表达的是复句的内容，但外形上在向单句靠拢；二是，随着追求以文字简短为时尚化倾向的加剧，客观上造成了这些最简因果构式新的变体中两个小句体形极小而带来的独立表意能力变弱、结构上相互依赖性等特点。例(10)中各句原因与结果两个小句间没有用逗号相隔，已经出现了随着小句结构简化而带来的独立性变弱不得不进行“抱团取暖”的结构上的凝聚现象。例(11)中各句虽然着力点不在结构上的凝聚性，但是，由于前一小句中“因为”的省去，复句关系的表达全依仗后面的“所以”来进行。但无论如何，这两种变体尚未让人产生单句的感觉。例(12)各句所代表的新式变体则不同，不仅结构上收紧，小句间连逗号都不用(承继的例(10)的特点)，而且连原因小句中“因为”也省略了，光靠“所以”来表明因果的意味(承继的例(11)的特点)。所以从外形上看，这种变体倒更像一个单句。时下这样的用例还有很多，随便都能见到：

(13) a. 有梦所以坚持 90后北漂艺考路艰辛却执着(中国青年网 2014-11-10)

b. 90后买房宣言：继承四套房 不缺所以不将就(《北京晚报》2014-09-02)

c. 北京大兴第3起灭门案开审 嫌犯：生气所以杀人(中新网 2010-07-07)

d. 天然所以美味 台湾原住民风味餐(中国经济网 2010-12-31)

可见，这种时髦的话语方式正在成为最简因果构式“因为A，所以B”的新常态。当然，在这种外形越来越走向单句的演变中，构式中赖以标明其复句关系的唯一成分“所以”也在句法和语义上发生着某种微弱的变化。随着“所以”被整合进小句，整个构式酷似一个单句，“所以”正好处在类似句中状语位置这样尴尬的处境中，“所以”本来连接小句的关联作用正在被状语位置上表示情态的意义所侵蚀，其功能也由连接关联而附加上了一层情态语气的意味，有点类似语气副词“才”“就”的作用。从目前来看，虽然表示连接与关联仍然是其核心功能，但它所处的句法位置已经使它有了明显的准句法成分的演化迹象。预计不远的将来，随着它在类似单句的构式环境中的用法固化，演变为情态副词也只是时间问题。这种现象在现代汉语中随处可见。请看下面例子(选自陆俭明、马真，1985：217)：

(14) a. 即使大力士**也**不一定能拿得起来。

b. 就是没有犯过大的错误，而且工作有了很大成绩的人，**也**不应骄傲。

c. 假如大胖子**还**真钻不过去。

d. 要我**就**饶不了他。

e. 只有人民**才**是创造历史的动力。

f. 除非你**才**能把他管住。

陆、马两位先生认为，表示主从关系的连词(例(14)中句首下画横线者)中，有少部分能用来连接主语和谓语。(陆俭明、马真，1985：217)值得一提的是，例(14)各句表面上看是单句，但它们表达的都是复句的内容，所以，在单句中它们不典型，人们常提的紧缩句似乎也不包括它们。陆、马两位先生还特别指出，过去我们对于汉语里主语和谓语之间的关系，只注意到语法结构、语法意义和语义关系这三个方面，现在看来还得注意它们之间的逻辑意义关系。

要指出的是，例(14)中加黑的词一般被人们处理成关联副词，其实，这些起关联作用的副词也都是从关联连词演变来的。本文讨论的“A 所以B”小句，只有联系它们与新兴因果构式“因为 A，所以 B”之间的承继发展关系，特别是紧缩之后的“所以”在语义上微弱的变化，才能梳理出连词“所以”向语气副词演化的语义线索。这种现时的语法化现象更应该引起我们的关注。

Givón(1971)曾宣称“今日的词法曾是昨日的句法”“今日的句法曾是昨日的章法”。意思是说，要了解今天的词法，须先了解昨日的句法；要了解今日的句法，须先了解昨日的章法。Givón(1979)还根据“章法成分句法化”和“句法成分词法化”的思想，又提出一个语言演变的循环模式：章法成分→句法成分→词法成分→形态音位成分→零形式(→章法成分)(参见沈家煊，1994)。

本文所讨论的两种构式在形成与使用过程中伴随着小句整合而出现的成分融合现象，尽管其语法化的进程远未完成，但是，它们所代表的语法化的过程与途径却是非常值得关注的。“指认式范畴聚集”构式“那/这才叫(个)X”中“那叫个”由构式的框架成分到类似程度副词的功能演变，反映的是句法成分词法化的演变过程。而最简因果构式“因为 A，所以 B”中“所以”由小句的连接成分到类似语气副词的功能演变，反映的是章法(篇章)成分句法化的演变过程。本文简要地描述了两种构式成分的演化过程，并对其演化动因进行了解释，真实再现了正在发生语法化的两种构式成分现时的演变过程。我们相信，诸如本文所提到的这些正处于过程中的语法化现象一定不在少数。希望这些语法化现象能够受到更多的关注与充分的研究。

◎参考文献

[1]黄伯荣，廖序东:《现代汉语》(增订二版，下)，高等教育出版社 1999 年版。

[2]刘坚，曹广顺，吴福祥:《论诱发汉语词汇语法化的若干因素》，载《中国语文》1995 年第 3 期。

[3]陆俭明，马真:《现代汉语虚词散论》，北京大学出版社 1985 年版。

[4]邵敬敏:《现代汉语自学考试必读》，语文出版社 1993 年版。

[5]沈家煊:《“语法化”研究综观》，载《外语教学与研究》1994 年第 4 期。

[6]温锁林，张佳玲:《新兴构式“A 并 B 着”研究》，载《语文研究》2014 年第 1 期。

[7]温锁林，胡乘玲:《汉语“指认式范畴聚焦”构式研究》，载《当代修辞学》2015 年第 4 期。

[8]温锁林，韩国颖:《新兴因果构式“因为 A，所以 B”的建构与修辞功能》，载《福建师范大学学报(哲学社会科学版)》2015 年第 3 期。

[9]温锁林:《当代新兴构式“我 A，我 B”研究》，载《当代修辞学》2018 年第 1 期。

[10]吴福祥:《汉语语法化研究》，商务印书馆 2005 年版。

[11]邢福义:《汉语复句与单句的对立和纠结》，载《世界汉语教学》1993 年第 1 期。

[12]Givón Talmy. *Historical Syntax and Synchronic Morphology*: *An Archacolgist's Field Trip*. Chicago Linguistic Society, 1971, 7: 394-415.

[13]Givón Talmy. *On Understanding Grammar*. New York: Academic Press, 1979.

汉语名词短语的认知显著度及其词汇、句法表现

熊　岭

（黄冈师范学院文学院）

1. 引言

句式研究大多以动词为中心。形式主义注重动词对名词的选择限制，认为动词的论元配置决定句子的基本格局；词汇主义认为动词词汇本身携带的句法语义信息在很大程度上决定了句子的句法语义结构。邢福义（1998）指出："单独一个动词核心，无法在形式上形成明确的句子格局。"他的"动词核心、名词赋格"指的是在动词不变的情况下，名词的不同位置变化可以赋予句子不同的格局。

本文拟以入句后的名词性成分为观察对象，研究具有不同认知显著度的名词及其短语在句子线性结构中的配置情况。通过分析名词性成分自身的静态显著度和由凸显获得的动态显著度来观察它们在句子中的分布。

在无标记情况下，施事名词对应句法结构中的主语，处于句首，受事名词对应宾语，处于句尾。但是这种语义角色与句法位置的对应关系在有标记小句中发生了错位。如"把"字句、"被"字句中，受事名词跑到了动词前，存现句中施事名词则往往位于动词后，等等。类似现象学者们已经从不同角度做了大量的研究。本文给出汉语名词性成分显著度在词汇和句法

上的形式标准，用显著度理论来重新解释和分析语义角色和句法位置的错位现象。

2. 静态显著度

静态显著度包括词汇概念显著度和语义角色显著度。前者指的是词库中的名词所代表的事物的显著度，由事物自身属性所决定，是一种最基础的显著度；后者指的是名词性成分在事件结构中所充当的语义角色的显著度，由语义角色的性质所决定。在汉语无标记小句中，这两种显著度基本一致。静态显著度也叫“原始显著度”。

2.1　词汇概念显著度

抽象事物是混沌的一团，具体事物是有边界的离散个体，指称具体事物的名词比指称抽象事物的名词显著度高。表具体事物的名词有专名和通名之分。专名指称特定个体，通名表类，专名的显著度高于通名；名词所指事物有生命度等级，无生的处于最底层，有生的根据是否能移动、有意愿、有理性又有低等和高等之分；通名表类，类下面还可以分出次类、更次类，表次类的名词内涵增加，显著性也增加，如“电器 < 电视机 < 彩电”。整体由部分组成，整体名词比部分名词的显著度要高，如我们说“小李打了小王”，而不说“小李的手打了小王”。

由此，名词性成分词汇概念显著度的一般规律是：具体名词>抽象名词；专名>通名；有生名词>无生名词；次类名词>全类名词；整体名词>部分名词。词汇概念显著度是名词所指物基本性质的反映，可以称为基础显著度。

2.2　语义角色显著度

名词性成分在事件结构中充当着不同的语义角色。根据有无外来致使者，可以概括出两种基本的事件模式——致使模式和独立模式。

有外力因素的叫致使模式，表现一个典型的力传递过程。如图1所示，第一个圆圈代表发起运动的物体，是典型的施事。它主动发起针对特定客体的行为，在事件结构中具有突出的显著度。最后一个圆圈表示受事，力被动地传递到它身上，使之发生了状态的改变(圆圈中的曲线代表受事状态的改变)。受事静态存在，缺乏自主性，被动地受到施事行为的影响，显著度低于施事。

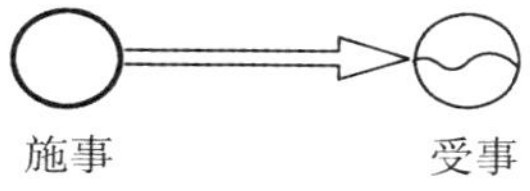

图1　典型的力传递过程

独立模式反映的是物体不受外力影响自动发生状态变化的过程。事件过程只包含一个实体，不涉及两个及以上实体的相互作用和关系。首先，事件变化发自内部，不具备外显的动态特征。其次，主体缺乏控制性和致使性，其活动是自指的而不指向外部。再次，主体无意愿性。生命性主体的活动是非自主的，如死、病；非生命性主体行为是本能的或机械的活动，如花开、水流等。

致使动力模式中的施事角色符合原型施事的一系列特征：自主性、感知性、使动性、位移性、自立性等(陈平，1994)，具有高显著度。致使动力模式中的受事和独立模式中的主体都是静态的、非自主的，在显著度上比较接近。人类语言有两种格配置模式：主格/宾格(nominative/accusative)系统和作格/通格(ergative/absolutive)系统。在典型的作格型语言中，非及物句的主语与及物句的宾语用的是同一个格——通格，与标示及物句主语的作格形成两分的对立。独立模式中的主体和致使模式中的受事正好分别投射为非及物句的主语和及物句的宾语。作格语言的配置模式证明了两者在语义角色及其显著度上的相似性。

3. 静态显著度与汉语无标记句式

3.1 静态显著度与及物性“SVO”句

3.1.1 静态显著度与一般“SVO”句

戴浩一(1994)认为，自然语序与凸显语序的重要区别是：前者以感知为基础，后者则带有说话人的兴趣、牵涉焦点等。汉语及物性“SVO”句式符合致使事件的时间顺序，句法成分与语义成分一一对应——主语对应动力链的链首施事，宾语对应链尾受事，小句的实义动词反映能量交换过程。

汉语是一种临摹性较高的语言(谢信一，1994)。从显著度的角度来看，句子线性序列越位于前端的位置越显眼，而越往末端走显著度越低。由此可以归纳出汉语的显著度位置原则：线性序列上越处于靠前(左)的位置，名词性成分的显著度越高。这有两层意思，一是不同的名词性成分，位置在前(左)的显著度更高。以领属性结构为例，汉语的领属结构，“领”在前，“属”在后。前者的显著度高于后者①，因为在认知上，听话人总是以“领”为参照来识别“属”。二是用不同句式来反映同一事件结构，充当同一语义角色的名词性成分，位置靠前则显著度高。“我打碎了花瓶”和“我把花瓶打碎了”，前句中的“花瓶”位于句末，后句中的“花瓶”位于句中，后者的显著度高于前者。

“SVO”句名词性成分的排列从施事到受事，显著度由高到低。该句式的显著度配置与名词性成分的语义角色显著度相契合，是无标记句式。无标记句式中名词性成分的语义角色显著度与其词汇概念显著度也基本吻合，详见本文第1.1节和1.2节。

① 这也属于一种语义角色显著度。

反映力传递过程但与“SVO”语序配置相悖的其他句式都是有标句式。如一部分“把”字句和“被”字句，把受事名词从动词后原型位置提到动词前，或让施事居于受事后，施事受事的句法配置与语义角色显著度相悖，属于为了达成某种语用效果的有标记的句式。这些句式中的名词性成分的显著度分布打破了静态的常规模式，因句式的凸显而呈现出一种动态的格局①。

3.1.2 显著度与双宾句

双宾句的句式意义是“X 致使 Y 获得 Z”(Goldberg，1995)，是转移事件在句法中的投射。转移事件包含三个实体：给予者、转移物和接受者。给予者是转移事件动作的发出者，具有意愿性和施力性，是典型的施事。转移物通常被认为是受事直接宾语，实际上与一般的受事宾语大不相同，它具备原型施事的位移性，但同时丧失了典型受事的静态性。接受者与事更特殊。首先它也处于动力流的下游，受到给予者行为的影响，成为给予动力事件的受益者，因此可以编码为宾语。但它又具有高生命性和感受性，能感知转移事件，体验事件的经过和结果，与转移物建立精神联系，接受、拥有和支配转移物。Langacker(1991)认为，与事在某种程度上与经事(experience)角色非常相似，称之为“目标域中活跃的经历者”。

由此，双宾句三个名词性成分的语义角色显著性依次为：施事>与事>受事。施事显著度最高，位于句首；与事显著度其次，能接受和拥有转移物，因受益或受损产生心理认知感受，位于句中；受事是被动的给予物，显著度低于前两者，但由于位置的移动，与一般受事相比，显著度要高。因此不采用汉语显著度词汇级别最低的光杆形式，而用高一级别的数量名形式。

“$S+V+O_{人}+O_{物}$” 的名词性成分的显著度线性配置符合其语义角色显著度，是双宾句的无标记模式，而偏离了这一模式的双宾句“$S+V+O_{物}+$给

① 动态显著度见第 4 节。

$O_{人}$”“S+把 $O_{物}$+V+$O_{人}$”“$O_{物}$+(被)S+V+$O_{人}$”等均是有标句式。

3.2 显著度与非及物性“SV”句

3.2.1 非及物句的生成过程

汉语致使模式一般由两个原子事件组合而成：一是施事针对受事发出了某个动作；二是受事发生了状态的改变。汉语通常运用“行为—结果”复合动词来整合这两个相关事件，如果事件的观察者只想凸显客体，概念结构中施事及动作就会被剪切。如“小王打开了门”这个事件把施事“小王”、动作“打”剪切，就只剩下受事“门”及其状态“开”。施事与受事的行动，如图 2 所示。

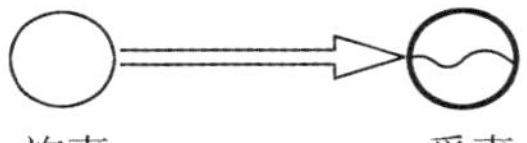

图 2　施事与受事的行动链

因此，我们认为，像“车停了”“门开了”“树倒了”这类不及物小句是由“××停下了车”“××打开了门”“大风吹倒了树”一类的原型及物小句在概念上剪切致使动力或原因后投射到句法中形成的句子。这样的句子与独立模式投射到句法中的句子同形——都以“N+V”的形式出现。这样，似乎两类表面同形的不及物句来自不同的概念结构：

(1) a_1. 门开了。a_2. 车停了。a_3. 树倒了。
　　b_1. 他醒了。b_2. 花开了。b_3. 水冷了。

这样，例(1)a_1~a_3句这类在概念上剪切致使动力或原因后投射到句法中形成的句子与例(1)b_1~b_3句这类独立模式投射到句法中的句子同形，都以“N+V”的形式出现。

3.2.2 显著度与非及物句

既然例(1)中 a、b 类句子统一于对实体状态的呈现，状态的拥有者成为事件中唯一的语义角色。作为句子唯一的名词性成分，在没有其他竞争者的情况下，应无标记地投射到句首动词前，形成无标“SV”句式，而把主体名词放置在句末的“VS”句式则是有标记的。

从语义角色的性质来看，正如 2.2 节所论，“SV”句式中名词性成分因为动性的缺失，反而与“SVO”句中宾语名词的显著度相当。当然，“SV”句中主语名词的显著度还是会因基础显著度尤其是生命度的不同而有差别，如例(1)b 句中“他”“花”“水”的显著度逐渐降低。

4. 动态显著度

动态显著度是入句后的名词性成分偏离其原始显著度而呈现出的一种临时显著度。表达者有意采取某种策略造成名词性成分显著度在原有基础上的提升或降低，以达到不同的表达效果。具体说来，方式主要有词汇策略和句法策略。

4.1 词汇策略

4.1.1 具体化、量化和定指化

汉语有一系列词汇策略增加入句后名词的显著度，下面是一条名词短语的显著度等级序列，显著度从左到右递增：

光杆名词→形(动)名结构(如：疯狗；咬人的狗)→数量名结构→指示词结构

从左往右依次分析，光杆表类名词显著度最低。形(动)结构及其多层套合形式通过不断增加内涵，缩小外延，显著度逐渐提高。从数量结构开

始，名词短语的属性发生了根本的从类到例的变化。数量名短语和指示词短语都标示个体，但前者是有指无定的个体，后者是有指有定的个体(熊岭，2013)。个体的显著度要高于较为抽象的类。指示词不仅使所指物个体化，更进一步使其固定在可辨识的特定个体上。

指示词的作用是引导听者去语境中挑出所指，是增加显著度的最直接的途径。由此，汉语中说话人增加名词性成分显著度的方法是：①加修饰性成分细化；②加数量词例化；③加指示词定指化。②造成的显著度比①高，而③造成的显著度又比②高——加指示词限定的名词短语在语境中得到了定位，具有了最高显著度。

4.1.2 显著度与定指度

汉语中的显著度等级与名词的定指度等级正相关。有定是指名词短语的所指在语境中能被确认(陈平，1991)。光杆名词到数量名短语①和指示词短语，依次标示类指、不定指和定指。所指物在听话者意识中逐渐清晰，显著度也不断增加，可识别性不断增加。汉语中表有定的还有两类特殊的词汇形式：人称代词②和专名。人称代词和专名指示交谈者都知道的对象，语言把这些对于交谈者而言最显著的东西直接赋予独立的简单符号③。因此人称代词和专名的高显著度属于符号本身的基础显著度。而名词通过加修饰性定语、数量词、指示词达到的显著度属于动态显著度。

4.2 句法策略

句法策略实质上是一种位置策略，以无标记的“SVO”句和“SV”句为基础，汉语主要通过线性序列上名词短语的前后移动来提升或降低其原始显

① 数量名短语又分为“一量名”和“数(> 1)量名”，前者表无定，后者主要表无定，也可表有定。

② 具有指别功能的第三人称代词与指示词同类。

③ 运作的机制不一样，专名在任何语境下都是固定符号，人称词的所指则随语境变化。

著度。

4.2.1 前移

根据显著度位置原则，句首位置的显著度最高。因此句法上提升名词性成分显著度最直接的方法就是使之居于句首。通过句法移位使在无标记小句中位于句尾或句中的名词性成分提升到句首位置。有两种情况：

一是句尾名词性成分前移到句首，如：

(2)我吃了那只鸡。→那只鸡(被)我吃了。

移位后的受事成分被给予了最高的显著度，句式强调了受事受影响的状态和程度。

二是句中名词性成分移位到句首。句中名词性成分一类是双宾语中靠前的宾语，一类是宾语中的领属性名词。前者如例(3)，后者如例(4)。

(3)我送他一本书。→他我送了一本书。

(4)我削了苹果皮。→苹果我削了皮。

把近宾语或领有性名词移到句首位置，给予最高显著度，句子的意义由表动态事件过程变成了对句首名词所代表的事物的描述。句尾和句中名词性成分提升显著度的移位造成句子及物性的降低。“SVO”句式是概念结构中的力传递模式在句法中的投射，表现的是施事向受事施力的过程，具有很强的及物性。原有的模拟自然过程的语序配置被打破，句子的意义由原来的“某人做什么”变成了“某人(物)处于某状态”。

4.2.2 后移

根据显著度位置规则，句尾位置的显著度最低，降低名词性成分显著度最直接的方法就是把它移到句尾，也有两种情况。

一是不及物句主语移至宾语位置，形成存现句。例如：

(5)飞机降落了。→(空地上)降落了一架飞机。

例(5)中的句首名词移到句尾，移位后留下的空位由处所性成分填充，形成了表出现或消失的存现句式，描述一个单一步骤作为一个整体被一次性认知的静态事件。这种句式里的名词性成分显著度低，不仅移到句末，还配以降低显著度的词汇策略——用“一量”结构修饰。

二是不及物小句中领属结构做主语时，中心语后移，形成伪“SVO”句式。例如：

(6)他(的)眼睛瞎了。→他瞎了眼睛。

变换前的名词性成分可以看成一个省略了“的”的领属性偏正结构。这个偏正结构的中心语移向句末，形成了箭头后的句子。移位前的偏正结构位于句首充当主语，中心语名词具有高显著度，谓语是对其状态的描述。移位后中心语所表示的名词显著度降低，表领有的名词处于句首，呈现出高显著度，整个句式具有了“某人经历了某事”这样的意义，领属性成分增添了“经事”的语义。由于这样的句式多表示“不如意”，如“他伤了手”“他扭了腰”“他跑了媳妇”，又被称为“受损句式”。受损句式主宾之间没有施受关系，不反映动力传递的过程，是一种伪“SVO”句式。

汉语句法上缺乏语义关系标志，语序是汉语标示“施动受”关系的基本策略。如果及物句中把施事放在宾语的位置上，形式标准会强制性默认其为“动受”关系，产生语义悖误。不及物句能允许主语名词移到动词后面，是因为动词不具有强动性和后指性，移位后语义关系不变，但句子的凸显对象改变了，整个句式的语义也随之变化。

4.2.3 句中位置显著度

既然线性序列中名词短语的显著度与排列先后成正比，汉语中主语后动词前的句中位置，显著度应该处于主语位置和宾语位置之间。句中位置不是事件必有语义成分施事、受事的原始位置，移到此位置相对于施事来说降低了显著度，相对于受事来说提升了显著度。

先看受事移位到句中的情况：

(7)武松打死了老虎。→武松把老虎打死了。

例(7)中“老虎”由动词后被提到动词前，显著度比原来处于句末时增加了。通常情况下移位到动词前的受事可以在前插入一个“把”字。插入“把”字强化了对受事的处置，是受事显著度提升的显性标志。

“把”字句相对于“SVO”句式是表达说话人主观情感的移情句式。(沈家煊，2002)“SVO”句式临摹了从施事发力到受事受力的物理过程。“把”字句把受事移到表征力的方式的动词前是对这一自然过程时间顺序的刻意违背，但这种违背又正好与施力者的主观心理过程一致，无疑施事总是先在心理上锁定了目标才去实施行动的①。

说话者为了凸显受事，会把它提到显著度最高的主语位置，形成被动结构，如“老虎(被)武松打死了”，而此时的施事则退居主语后动词前的句中位置。由于位置退后，施事的原始显著度下降，成为事件的背景。施事不能继续下降至句尾位置，否则会被句法强制成受事角色，但施事可以被“隐含”。

(8)a. 老虎(被)武松打死了。
b. 老虎被打死了。
c. 老虎打死了。
d. 老虎死了。

① 事件框架中还有一类非必有的凭事成分——工具或材料。投射到句法中一般也处于主语后动词前位置。工具类实体在认知心理上一般被看成与施事构成一个整体，像“拳头、胳膊”本身就是施事的一部分，即使是“锤子”一类的原型工具也常常被视为施事的施力器官的自然延伸。所以在句法上，经常放在施事后面与其形成一个整体。如：“我用锤子砸碎了鱼缸”“鱼缸被我用锤子砸碎了”。而工具类成分放在受事后一般形成不合法的句子，如“ * 鱼缸用锤子被我砸碎了。”而“我把鱼缸用锤子砸碎了”没有“我用锤子把鱼缸砸碎了”的可接受度高。

例(8)中a句的施事作为背景出现：b句的施事隐含在介词意义之中——“被”在汉语中是施事的语法标记，其出现强蕴含施事；c句的“打”弱蕴含施事——因为动词“打”概念结构中的施事参与者角色一般指人；d句的施事完全被剪切掉，说话者在概念上赋予受事以最大的独立性。

4.2.4 双向移位

这里主要指邢福义(2008：70)的“双名隔位赋格”现象的“测试二”框架。邢先生举的例子是：

(9) a_1.烈日晒着行人。→a_2.行人晒着烈日。
b_1.外宾住一招。→b_2.一招住外宾。
c_1.桂花开遍了桂子山。→c_2.桂子山开遍了桂花。

名词短语的位置互移后，例(9) a_1句由施事性主动宾句式变成a_2句受事性主动宾句式，b_1句由施事句变成b_2句这种重在“供用”的句子，c_1句由状态句变成c_2句的存现句。

例(9)中各组由于动词动性不强，首尾名词双向移位没有改变名词与动词的语义关系，但整个句式的格局发生了根本的变化。由于名词显著度的变化，句子的关注重点由常规的行为或性状的主体变成了非常规的受事、处所等，形成了受事主语句、供用句、存现句等汉语中的特殊句式。这些特殊句式各有其独立的句式语义。总之，双向移位的结果是原句的动性降低，变成纯粹表示某种状态或关系的具有某种特殊语用功能的静态句式。

4.3 词汇策略与句法策略的配合

汉语显著度的词汇策略与句法策略是相互配合的，具体来说呈现出以下趋势：

显著度-　　　　　　　　　　　　　　　　　　　　　　　显著度+

光杆名词——数量词+名词——数量名+修饰语+名词——指示词+名词(专名、人称词)

宾语　　　　　　　　　　　　　　　　　　　　　　　　　　　　主语

显著度高的词汇形式容易和显著度高的句法位置搭配。因此主语和指示词短语、宾语和光杆名词是无标记配对。由于显著度和有定度正相关，主语和专名、人称词也是无标记配对。数量名短语更靠近宾语位置，即更倾向于做宾语，但中心语受到的修饰越多，显著度越高，与主语位置的契合度也越高。如：

(10) a. ＊一个人进来了。
b. ? 一个女人进来了。
c. 一个打扮入时的女人进来了。

相反，“＊他送了一位同学这台电脑”之类的句子根本不能成立，因为根据双宾句语义角色的显著度等级——施事>与事>受事，这句话中的与事采用的显著度词汇形式比受事要低，显然是不允许的。如果说话者想要提高双宾句受事的显著度，可以采用有标记句式，词汇策略和句法策略并用，形成“他把这台电脑送给一位同学了”“这台电脑他送给一位同学了”之类的句子。

又如“鲁达打死了坏人”，专名“鲁达”充当主语、类名“坏人”充当宾语，是显著度词汇策略和句法策略相契合的标准句子；“鲁达打死了那个坏人”则是说话者运用词汇策略(指示词短语)提高了宾语名词的显著度；“那个坏人鲁达打死了”则是词汇策略和句法策略并用。

5. 结论

名词性成分的显著度有静态和动态之分。静态显著度包括名词性成分入句前的词汇概念显著度(又称“基础显著度”)和“入句后的语义角色显著度”。动态显著度是说话者运用词汇或句法策略赋予的句中名词性成分的临时显著度。句法策略是一种位置策略：往线性序列的前(左)端移动，名词显著度增加，反之，显著度降低。随着名词性成分原始显著度的改变，句子的句式语义也会发生变化。

当名词性成分的静态显著度与句式的显著度位置规则合一时，形成的是汉语的无标记句式。有标记的“把”字句、“被”字句、存现句、受事主语句等则是因句式显著度规则和名词性成分的静态显著度不一致而形成的带有某种主观凸显性的句式。双宾句中的“与事宾语在前受事宾语居后”的配置模式，符合三个名词性成分语义角色的静态显著度，并且描述了所有权转移后的内在拥有关系，是表示给予意义的无标记句式。

根据邢先生提出的“动词中心，名词赋格”理论，经过讨论分析，我们认为名词性成分显著度的变化会赋予句子不同的格局，使之呈现出特定的句式语义。

◎参考文献

[1]陈平：《释汉语中与名词性成分相关的四组概念》，载《中国语文》1987年第2期。

[2]陈平：《试论汉语中三种句子成分与语义成分的配位原则》，载《中国语文》1984年第3期。

[3]戴浩一：《以认知为基础的汉语功能语法刍议》，见戴浩一、薛凤生主编：《功能主义与汉语语法》，北京语言学院出版社1994年版。

[4]刘丹青：《汉语给予类双及物结构的类型学考察》，载《中国语文》2001年第5期。

[5]刘丹青：《汉语类指成分的语义属性和句法属性》，载《中国语文》2002年第5期。

[6]沈家煊：《如何处置“处置式”——论把字句的主观性》，载《中国语文》2002年第5期。

[7]邢福义：《说名词赋格》，见《语法问题追踪集》，中国社会科学出版社2008年版。

[8]谢信一：《汉语中的时间和意象》，见戴浩一、薛凤生主编：《功能主义与汉语语法》，北京语言学院出版社 1994 年版。

[9]张伯江：《施事角色的语用属性》，载《中国语文》2002 年第 6 期。

[10]Goldberg A. E.. *Constructions*: *A Construction Grammar Approach to Argument Structure*. Chicago: University of Chicago Press, 1995.

[11]Langacker R. W.. *Foundations of Cognitive Grammer Vol.* 2 *Descriptive Application*. Stanford: Stanford University Press, 1991.

[12] Tai James H. Y.. Cognitive Relativism: Resultative Construction in Chinese. *Language and Linguistics*, 2003, 4(2).

从量词看“NP 的 VP”结构的本质①

叶　狂

（杭州师范大学外国语学院）

1. 引言

现代汉语“NP 的 VP”结构，比如“这本书的出版”，一直是学界难题，因为该结构的内外性质不一致：内部呈动词性，可受副词修饰（这本书的曾经出版）、可以否定（这本书的不出版），还可带宾语（商务的出版这本书，沈家煊，2016：66）；而外部却呈名词性，只能做主宾语，不能受副词修饰，不能做谓语（朱德熙，1980：208）。这种矛盾可用图 1 表示：

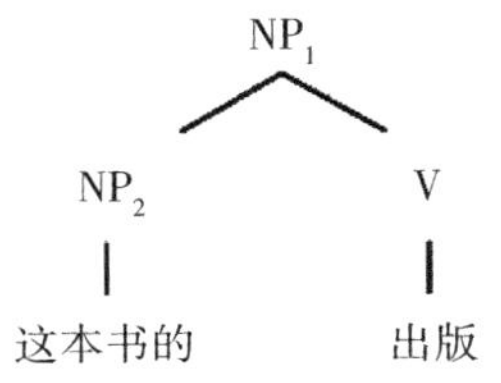

图 1　“NP 的 VP”结构难题

① 本文发表于《外语教学与研究》2020 年第 1 期，收入本书时，略有增补和修改。

如图 1 所示，如果主张 V 是结构核心，那么其最大投射应该是 VP，但“这本书的出版”却是名词短语 NP_1；如果认为 V 能投射出 NP，则违反了向心结构原则(Bloomfield，1933)。针对这一难题，前人做了大量探索，主要提出五种解释方案。本文第 2 节将作一简要评介，第 3 节详述本文的新方案，第 4 节讨论支持本方案的独立证据，最后为结语。

2. 前人的解释方案

第一种方案认为，动词以各种可能的方式变成了名词，如“转成名词”(黎锦熙，1924)、“活用为名词”(吕叔湘，1943)、“变性”(吕叔湘、朱德熙，1952)、“变位”(曹伯韩，1954)、“名词化”(史振晔，1960)、“动词名用”(吕叔湘，1979)、“活用为动词”(张静，1980)、“在性质上向名词临时转移”(邢福义，1980)、“动词类名词性”(陆丙甫，1985)、“兼有名词功能”(陈宁萍，1987)、“干脆说是名词性的”(施关淦，1981)等。(详见范晓，2009：184-185)

第二种方案要修改向心结构理论。针对第一种方案，朱德熙等(1980：193-224)认为，“NP 的 VP”中的动词没有变成名词，但整体结构确实是名词性的。朱德熙认为，要解决这一问题，就可能要修改向心结构理论。朱德熙(1984)提出了“双核心”说，比如“我的书”是双核心，“我的”和“书”都是核心，“我的”可以与“书”同指。但朱德熙同时又认为，双核心也不好解决“NP 的 VP”结构难题，因为“NP 的”不能指 VP。

第三种方案主张语义名物化。胡裕树和范晓(1994)在“三个平面”语法观下，认为 V 虽然在句法平面没有变化，但在语义平面发生了名物化。他们认为，汉语的名物化是与名词化分开的，而英语、俄语等语言的名物化与名词化是对应的。但问题是，离开了句法证据，我们就无法确定语义名物化是如何发生的、发生后是什么样子的。

第四种方案是把“的”分析为核心的功能范畴观。司富珍(2002、2004)、陆俭明(2003)发现，前人在动词上找出路面临困境，于是提出以

“的”为中心的功能核心说。司富珍(2004)认为，“的”是“这本书的出版”的中心语，“的”具有[+N]特征，“这本书”是指示语，“出版”为补足语。这样“出版”依然是VP，“的”插入使“这本书出版”整个结构发生了性质变化，从[+V]变成了[+N]。周国光(2005、2006)对这一观点提出质疑，他认为，没有独立证据来证明“的”具有[+N]的语义特征。邓思颖(2006)、李艳惠(2008)、潘海华和陆烁(2013)、陆烁和潘海华(2013)等也都不支持“的”为中心语的分析。①

第五种方案是空范畴观。其代表有熊仲儒(2001、2005)、石定栩(2004、2008、2011：36)等。其主要观点是认为既然动词性质不变，而“NP的VP”又是名词性，那么，一定有某种机制让这两者同时成立。对照英语的-ing名物化方式，并参考汉语缺乏形态这一事实，学者们就提出汉语也有一个类似英语-ing的名物化手段，比如可以记为n，但有可能语音形式为空。黄正德(2008)在讨论伪定语结构“你教你的英文”时，也使用了一个空的名物化短语(Gerundive Phrase)。空范畴观有两个缺陷无法解决：一是无法找到其他独立证据来证明汉语确实存在一个空的、没有语音的且永远不会显现的手段；二是难以说明儿童在母语获得时，是如何学会或掌握这个“无形”工具的。

总之，“NP的VP”结构难题给汉语句法研究带来了挑战，前人提出的五种方案虽然加深了人们的认识，但都存在问题。那么，该如何解释这一现象呢？我们在句法共性视野下发现这一现象其实与汉语的量词有直接关系。也就是说，“NP的VP”本质上其实是“NP的+限定词+数词+量词+VP”结构，前人都没有重视带量词的结构，因而忽视了量词在其中的作用。一旦发现二者的联系，“NP的VP”结构难题就会迎刃而解。

---

① “的”为中心语的观点引发了学界大讨论，《当代语言学》期刊先后发表了10余篇文章展开争论，如：周国光(2005、2006)、熊仲儒(2005)、邓思颖(2006)、司富珍(2006)、吴长安(2006)、李艳惠(2008)、任鹰(2008)、石定栩(2008)等。另外，刘礼进(2009)，潘海华、陆烁(2013)，陆烁、潘海华(2013)等的观点实际也是这一讨论的延续。

3. 本文的方案

如果把名物化(nominalization)视为一种跨语言通用的句法共性操作(叶狂，2014)，英语使用语缀-ing 来实现，如图 2 所示：-ing 是名物化核心，投射出 NP，-ing 选择 VP 做补足语，-ing 附缀到动词上，就形成了 John's singing the Marseillaise。那么，汉语使用什么来名物化呢？

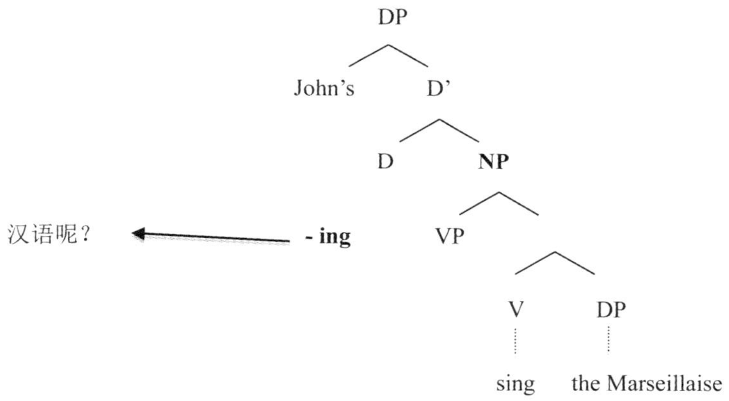

图 2　英语的名物化结构(引自 Abney，1987：142)

通过调查，我们发现汉语起到类似于-ing 功能的并不是无语音内容的空范畴，而是实实在在的量词，现代汉语有大量的相关语言事实。根据朱德熙(1982)、郭锐(2002)对量词的分类研究，加上我们的调查，我们发现，表现出名物化功能的量词主要有名量词“种”“份”“个”等，如例(1)(2)；动量词“次”等，如例(3)。① 相对而言，“种”“次”的使用频率较高，适用范围也更广一些，“份”“个”的使用频率较低，适用范围也更

① 至于还有哪些量词有名物化功能，需要做更全面的调查和研究，但这超出了本文范围，另文详论。

窄一些。①

(1)a. 这后人不指责男皇帝的这种有众多的女侍、嫔妃，只指责武则天拥有男宠。(CCL)

b. 我觉得她的这种自觉的切断叙述非常不同于普通的渴望倾诉的中国女人。(CCL)

c. 我们不能不佩服凤姐的这种即兴地发挥。(CCL)

d. 有一种说法，似乎诗的这种被忽视、被遗忘正是诗所求之不得的。(CCL)

e. 你的这种被动或者说不情愿，是出于什么考虑。(CCL)

(2)a. 为了坚持自己的这份孤傲，她也的确失去了许多次机会。(CCL)

b. 她无时无刻不在切盼自己的那份重新获得。(铁凝《玫瑰门》)

c. 两对情人的这两个告别都成了诀别。(沈家煊，2016：55)

(3)a. 印象较深的是章太炎的两次被囚。(CCL)

b. 老营长的精神——包括他的三次出太平间，他的要求吃纯正的苹果……(CCL)

c. 为啥我今天的两次炖排骨肉都老的不行呢。(BCC)

d. 1860 年英法联军和 1900 年八国联军的两次侵入北京，使得大量官私收藏的古代书画作品流失。(BCC)

(4)a. 我赞成她的这种不见记者。(石定栩，2004)

b. 我赞成她的不见记者。

例(1)~(3)中量词后的成分都是动词性结构。比如例(1)a、b 句中的“有众多的女侍、嫔妃”“切断叙述”都是动宾短语；例(1)c 句中的“即兴地发挥”是状中式动词短语；例(1)d 句中的“被忽视、被遗忘”是并列的两个

① 除特别注明外，本文例句均来自北京大学中国语言学研究中心语料库(CCL)和北京语言大学语料库(BCC)。

被动结构；例(1)e 句中的“被动或者说不情愿”以及例(4)a 句中的“不见记者”，都有一个带否定词的动词短语。例(2)a 句中的“孤傲”是形容词；例(2)b 句中的“重新获得”是状中动词短语。语感上，例(2)a、b 句更接近修辞用法，一般不这样说；例(2)c 句中的“告别”是动词。例(3)a 句中的“被囚”是一个被动结构；例(3)b、c、d 句中的“出太平间”“炖排骨肉”“侵入北京”都是动宾短语。例(1)~(3)中的量词连同限定词或数词都可以隐没不出现，虽然这会造成语义上的一些变化，但却不影响句子的合格性，正如例(4)b 句所示。

换个角度观察就会发现，原来带量词的结构才是“NP 的 VP”的本来面目。结合 Abney(1987)的 DP 理论，参考 Pan(1990，1998)、Tang(1990)、程工(1999)、Cheng & Sybesma(1999，2005)、潘海华、安丰存(2012)等对汉语 DP 结构和量词的研究，我们认为“NP 的 VP”的完整结构，如图 3 所示。

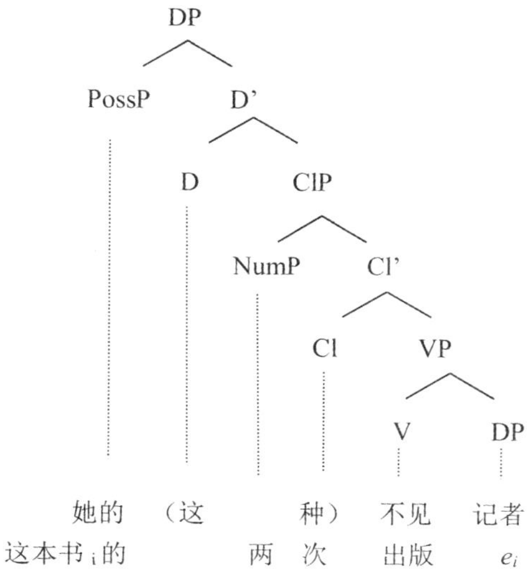

图 3 “NP 的 VP”的句法结构

如图 3 所示，以“她的(这种)不见记者”为例：整个结构是限定词短语(Determiner phrase，DP)，“她的”基础生成(暂称其为领属短语，possessor phrase, PossP),“这”生成于限定词核心,“种”生成于量词核心(Classifier, Cl),选择 VP“不见记者”做补足语,“不见”生成于 V 处(暂不讨论“不”的生成),“记者”生成于 V 的补足语 DP 处。“这种”“那次”等实际都隐含着数词“一”(郭锐,2002:202),当数词短语(numeral phrase, NumP)显性出现,就会形成“这一种、那两次”等结构。当“限定词+数词+量词”都隐性时,就形成表面上的“她的不见记者”,但完整结构还是如图3所示。“这本书的两次出版”做类似分析。略为不同的是,“这本书”要控制“出版”后的空位 e。语义上,“这本书”解读为“出版”的宾语。

这一结构的关键就是主张量词(动量词、名量词)可以选择 VP 做补足语。先讨论动量词“次”,有两条证据。一是 Zhang(2017)认为,动量词可以选择动词短语做补足语。她把动量词分为事件外和事件内两种。“次”“回”“遍”“趟”“顿”都是典型的事件外量词,“拳”“枪”“下”等都是事件内量词。事件外量词可以对整个事件进行计量,选择 VP 做补足语,事件内动量词选择 VP 做补足语。量词可允准动词短语省略,如例(5)所示。

(5)大林曾经三次迟到,玉如两次~~迟到~~。(Zhang,2017 例 26)

二是按照潘海华和叶狂(2015、2018)的同源宾语观点,在很多表达式中,动量词后面看似带了一个名词短语,但实际是一个动词短语,如例(6)a 句中的“三次上海”实际是“三次去上海”。例(6)a 句中在句法上是同源宾语结构,经语音层互补删略生成了表层句子,如例(6)b 句所示。郭锐(2017)也持类似看法,但在生成方式上稍有不同。他认为,只拷贝动词到 DO 位置,然后删略原位动词,如例(7)a、b 句。总之,出现在“NP 的 VP”结构中的动量词“次”与例(5)~(7)中的动量词性质相同,可以选择一个 VP 做补足语。

(6)a. 张三去了三次上海。

b. 张三[去~~上海~~了][三次[~~去~~上海]]。

(7)a. 张三[DO 了[三次去上海]]。

b. 张三[去了[三次~~去~~上海]]。

再看名量词，主要讨论“种”。“种”一般选择名词做补足语，但“种”表示的“类别”意义比较模糊甚至抽象，适用于具体名词，也适用于抽象名词或事件名词，如“两种人”“一种观念”“三种比赛”。事件名词实际与动作事件在语义上并没有多少区别。这样看来，“种”进一步发展，选择动词短语做补充语也不足为奇。这里举“各种”作为旁证。“各种”后通常带名词短语，如“各种人”“各种事情”，但我们发现，“各种”后也可以出现动词短语，而且大量使用，如例(8)所示。例(8)a~d 句中画线部分可以概括为“NP 的+各种+VP”结构，有两种分析法：一是把“各种”看作一个词化了的词(但 2019 年的《现代汉语词典》(第 7 版)还尚未收录)；二是看作“各+种”，因为“各”的组合能力很强，“各家”“各学校”“各派出所”等都不是词。按照后一种结构，“种”显然选择了动词短语做补足语，画线部分就是“NP 的 VP”结构。

(8) a. 就像多年来擅于排除<u>计算机程序中的各种不合逻辑</u>。(BCC)

b. 忽然想到<u>去年的各种上医院</u>~各种心酸。(BCC)

c. 假日的各种懒、<u>材料的各种不全</u>。(BCC)

d. 再加上<u>文档的各种不兼容</u>，死活试不出来咋用了。(BCC)

如果以上对“次”“种”的论证是对的，那么，在“NP 的 VP”结构中，量词选择 VP 后，整个结构形成了以量词为核心的量词短语 ClP，其内部 VP 的动词性不变。ClP 又做限定词的补足语，形成完整的 DP 结构。严格地讲，限定词 D 负责指称性或有定性(参见 Huang et al.，2009：296)，整个结构的名词性来自量词 Cl。量词天然具有名词性，这一点应该没有异议，例如，朱德熙(1982)就把量词归入体词，因此，量词本身就具有[+N]的特点。这样，在此结构下，“NP 的 VP”内部的动词性、外部的名词性这二者的来源就清清楚楚，“NP 的 VP”的结构难题因此得以妥善解决。

这里必须要明确一点，我们所说的“量词不出现”是指隐性存在，不是完全没有。具体讲，我们认为“NP 的 VP”结构中一定有隐性的量词存在(用 Ø 表示)，因此与有显性量词的表达式是同一结构，例如“这本书的出版”与“这本书的这一次出版”结构完全相同，如例(9)a、b 句所示。虽然隐性和显性在语义上会有区别，但句法结构完全相同。当然，量词的显性实现不是任意的，要与 VP 事件语义匹配。比如“一次出版”“ * 一份出版”。量词的隐性也不是任意的，如果隐性造成不合格，比如“ * 她的这不见记者”“ * 这本书的三出版”，这时量词必须显性出现。

(9) a. [$_{DP}$这本书的[$_{D'}$ D Ø [$_{ClP}$ NumP [$_{Cl'}$ Cl Ø [$_{VP}$ V 出版]]]]]

b. [$_{DP}$这本书的[$_{D'}$ D 这 [$_{ClP}$一 [$_{Cl'}$ Cl 次 [$_{VP}$ V 出版]]]]]

我们主张“NP 的 VP”中有一个隐性的量词存在，而且它可以显现为“种”“次”等，这一论证方法绝非特设，而是有大量的先例可循。比如 Huang et al. (2009：296)就认为，“三个人”作为一个名词短语而不是数量短语的时候，结构上就是个 DP，其中 D 为隐性，也可以实现为“这”“那”等，如图 4 所示。语义上，隐性和显性当然也会有差别。

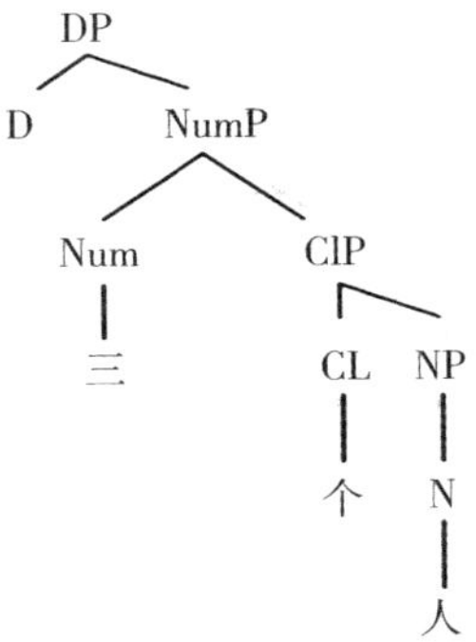

图 4　名词短语“三个人”的结构(引自 Huang et al.，2009：296)

Carnie(2013：372-373)在论证英语关系从句的结构时，认为其中一定存在一个隐性的算子(Operator)，而且要移位到 CP 的指示语位置，如例(10)所示。虽然在现代英语中这个算子不能显性实现，但在英语的早期变体中却可以实现为 which，可以和标句词 that 共现，如例(11)所示。不仅是古英语，巴伐利亚德语中的算子也可以显性实现为 der ‘who’，如例(12)所示。如果以上论证方法都是正确的，那么，我们对“NP 的 VP”结构的性质认定就完全是合理的。

(10) I know I bought $[_{NP}$ the book $[_{CP}$ that $[_{TP}$ you recommended *Operator*$]]]$

(11) thy freend *which* that thou has lorn

‘your friend that you have lost’. (Carnie, 2013：373)

(12) der Hund *der* wo gestern d’ Katz bissn hod

the dog who that yesterday the cat bitten has

‘the dog that bit the cat yesterday’. (Carnie, 2013：373)

与前人的观点尤其是空范畴理论相比，本方案至少有四个方面的优势。第一，有语言事实作依据。虽然我们认为“NP 的 VP”结构中有一个隐性的量词存在，但它在语义和语音上都能显性实现。因此，这一观点是基于客观事实的分析。而空范畴理论提出的空名物化手段却永远没有显性实现，缺乏本族语的直接证据。

第二，符合简约原则(沈家煊，2016：4-8)，避免纯理论性的假设。本文的量词观没有给汉语研究增加任何理论负担，只是发现了量词的一个新功能。实际上，所谓的“名物化”也是与英语比较而言，完全可以不用这个名称。而空范畴观却由于理论需要，为汉语新设了一个空范畴，是额外负担。

第三，可以解释儿童对该类结构的习得。因为量词是汉语的一个显赫范畴(刘丹青，2011、2012)，儿童很早就掌握了一些量词的用法(李行德，1997：78)，而空范畴理论无法解释儿童的习得问题。

第四，从语言对比看，更有利于解释跨语言之间的共性和差异。以英、汉语为例，两种语言的显著共性就是都选择本语言的优势系统来实现名物化。汉语之所以选择量词，是因为汉语是量词发达的语言；而英语选择形态附缀-ing，是因为英语的形态发达。这表面看似不同，实际都符合自身的功能最优化配置，“能者多劳”，具有共通性。英、汉语也有差异，至少表现在三个方面。一是能否隐性存在。量词属于功能性范畴(参见潘海华、安丰存，2012)，表现形式为词。句法上，功能性成分常常容许隐没。尤其当数词和限定词没有显性表述时，量词当然可以隐性。而英语的-ing虽然也是功能性的，但它的形式是形态语素，要附着到动词宿主身上，英语的动词在句法上要出现(除非有特定情形)，-ing随之也一定要出现，因此不能隐性存在。二是能否与数词短语结合。量词，英语称为 classifier，直译是“分类词”。顾名思义，量词是通过给动作事件分类的方法来实现名物化，分类就能与数词短语组合，或接受数词修饰，如“这本书的两次出版”。但英语的-ing是纯粹的功能语类，没有实际语义，因而不能受数词修饰(Kuno & Takami，2004：125)，如 * a criticizing the book。三是名物化对象也有不同。Milsark(2006：441)指出，英语的名物化结构不能有情态动词，即情态短语不是名物化的对象，如例(13)，但汉语却可以，如例(14)。原因也很明显：例(13)a 句不合格，因为-ing 不能附缀到情态动词身上，例(13)b 句不合格，因为 must 必须选择 VP 做补足语，不能选择名物化短语；例(14)a、b 句都合格，因为量词虽然是粘着词，但它是以限定词或数词为宿主(朱德熙 1982：48)，不附着到情态动词身上，因此对名物化的对象没有限制。以上这些差异都是前人方案难以解释的。例(14)更是空范畴理论的反例，因为空的名物化手段既不能放在情态动词身上，也不能放在情态动词后的 VP 上，这样就会预测，汉语的例(14)a、b 句与英语的例(13)a、b 句一样不合格，事实正好相反。

(13) a. * John's musting leave was surprising.

b. * John's must leaving was surprising.

(14) a. 我说她现在的这种不能释怀其实说明了她对那个人有一种别样的、近乎于爱情的感情。(CCL)

b. 鸦片烟的不能禁绝，实际是外国资本主义势力深入中国的一种表现。(CCL)

4. 独立证据

本文提出的量词观不是为“NP 的 VP”结构特设，还能用来解释其他现象，兹举三例。另外，汉语选择量词来实现名物化也不是跨语言的孤例，其他语言也有类似现象，比如苗瑶语。我们把以上情况统称为“量词具有名物化功能的独立证据”。

证据一：“很多+量词+VO”格式。“很多”能直接修饰名词性成分，但不能直接修饰动宾短语。如果要修饰，则必须增加量词，如例(15)：

(15) a. 很多书、很多想法

b. *很多看书、*很多去北京

c. 很多次看书、很多次去北京

这一事实对空范畴理论是一大挑战，但却是支持本文量词观的独立证据。具体讲，按照空范畴观，如果在“NP 的 VP”中存在一个空名物化手段，那么在“很多看书”“很多去北京”中也应该存在，它不能只限于一个结构。这样，例(15)b 句就应该是合格的才对，因为空范畴已经让“看书”“去北京”名物化了，事实却相反，例(15)b 句不合格。如果在动宾短语前增加量词，如例(15)c 句，就能受“很多”修饰了，这说明量词起了关键的名物化作用。

证据二：“有+一点儿+小(不)A/V”格式。陈一(2014)研究了汉语的“有点小(不)A/V”表达形式，例如：

(16) a. 有点小郁闷、有点小伤感、有点小紧张

b. 有点小下降、有点小促动、有点小增加

c. 有点小不开心、有点小不愉快、有点小不高兴

d. 有点小不理解、有点小不适应、有点小不相信

“有点(儿)”既可以看作副词，也可以看作“有一点儿”动宾结构。如果做后一种分析，陈一认为“有一点儿”句法上要求带名词性成分，形成“有一点儿+N”格式。但例(16)a~d句都是“有点儿+A/V”，为什么也合格呢？陈一认为，其原因就是根据沈家煊(2007、2009)提出的“名动包含”理论，动词是名词的一个次类，A和V当然也可以出现在这个格式。

这一分析不全面。因为如果这是对的，那么“有+小A/V”格式，如例(17)a、b句，也应该是合格的才对，与“有+N”(有钱、有信心)格式一致，但事实显然不是。说明这里不是“名动包含”在起作用，而是不定量词“点儿”起了关键的名物化作用。空范畴理论也会错误地预测例(17)a、b句都是合格的表达式，因为有空名物化手段让“有”后“A/V”名物化了。

(17)a. *有小郁闷、*有小伤感、*有小紧张

b. *有小不开心、*有小不愉快、*有小不高兴

证据三：“给+NP+数量+VP”格式。《现代汉语八百词》指出，“给”做动词时，一般情况下带双宾语，如“给你一份礼物”；有的时候第二个宾语还可以是动词、形容词，但这时必须增加数量词。例如：

(18)a. 给你一点厉害　　a’. *给你厉害

b. 给他一个不理睬　b’. *给他不理睬

这一事实对空范畴学说也是挑战，因为它会预测不需要“数量”成分也是合格的，即例(18)a’、b’句都可以通过空名物化手段来实现名物化，但显然这是不对的。而量词观却能解释上述句法对立：之所以不能去掉数量

成分，是因为量词在起关键的名物化作用。①

这里必须要回答一个问题，在以上三条证据中，量词为什么不能是隐性的呢？原因其实很明显：隐性会造成不合格。先看证据一的情况。按照图 3 的结构，数词短语“很多”位于 ClP 的指示语，结构上，当指示语与补足语 VP 都显性表达时，结构的中心语 Cl 必须出现；语义上，数词也不能直接与 VP 搭配，必须借助显性量词。② 正是这两个原因，让“很多”后的量词必须出现。再看证据二和三，同样道理，如果量词隐性造成表层结构不合格，那就必须显性出现。动词“有”“给”作为中心语都选择名词性成分做补足语，只有显性量词才能明确其后的 VP 名物化了。③ 因此，在“有+一点儿+小(不)A/V”格式和“给+NP+数量+VP”格式中，量词的显性出现具有强制性。而“NP 的 VP”结构不同，“NP 的”位于 DP 指示语位置，是附加语，它没有次范畴选择能力。因此，“NP 的 VP”结构中的量词可以隐性存在。本文用量词的显性与隐性差别来解释上述现象，并不是“见招拆招”。恰恰相反，正是量词观才帮助我们发现了上述微观句法特征，空范畴理论对此无能为力。

证据四：苗瑶语量词的名物化功能。李云兵(2005)指出，苗瑶语有一

---

① 语料调查有“给你关怀、给你疼爱、给你爱、给你恨”等表达，似乎是该条的例外。我们认为“关怀、疼爱、爱、恨”在这里很可能都不是动词。比如在这个句式中，它们都不能受“不”否定，“ * 给你不关怀”；用“曾经”修饰时需要增加“的”，“给你曾经的关怀”，其余类推。这些特征与“这本书的出版”中的“出版”完全不同。后者能直接受“不、曾经”修饰。也与例(18)不同。

② 有一些习语性表述或标题等数词可以与 VP 直接组合，例如：“三进山城”“二进宫”“三打祝家庄”等，这些数词后是否存在隐性量词值得进一步研究。但这些特殊的情况应该与本文讨论的一般情形有较大的差别。因此，这些例子并不威胁本文的观点。实际上，名词也有类似情形。数词与名词结合必须有量词，如“ * 三书”“三本书”，但一些习语性表达或成语中的名词前不要求量词必然出现(Zhang，2013：32-33)，如“三房两厅”“四菜一汤”等。

③ 王国栓、马庆株(2008)指出，“有+VP”中的“有”可看作能愿动词，如“那女孩有来过吗”，与“有+NP”中的“有”不具有同一性。也见王文斌、张媛(2019)从主观性视角对“有”的最新研究。

部分苗语支语言的量词能与动词、形容词组合，构成"量词+动词""量词+形容词"，这两种结构属于名词性短语，如果不加指示词，它就是一个名词化了的动词或形容词。如例(19)(20)所示(李云兵，2005：297)。虽然对应的汉语翻译用"的"字结构，但苗瑶语的确是用量词来实现名物化。

(19) 苗语黔东方言：

a. 量词+形容词

tɛ^{11}l̥hu^{33}（大的那个） 个 大	lɛ^{33}ɕho^{53}（红的那个） 个 红
tɕo^{55}ta^{35}（长的那个） 条 长	ʈaŋ^{33}tei^{55}（直的那个） 根 直

b. 量词+动词

tɛ^{11}ta^{13}（死的那个） 个 死	tɛ^{11}ɣə^{13}（活的那个） 个 活
lɛ^{33}mɛ^{11}（卖的那个） 个 卖	lɛ^{33}əu^{35}（要用的那个） 个 要

(20) 布努语布努方言：

量词+形容词

tuŋ^{232}tɔ^{221}（死的那只） 只 死	luŋ^{33}ntɔŋ^{43}（掉的那个） 个 掉
po^{43}hiŋ^{33}（高的那个） 个 高 33	ɳʈɕo^{21}shiŋ^{33}（新的那件） 件 新

这两种名物化结构再与指示词"这"组合，就组成了限定词短语。语序上，名物化短语前置于指示词，如例(13)a、b 句中的苗语黔东方言。实际上，把例(21)a、b 句直译为"这个红""那条长"也是可以的。

(21) a. lɛ^{33}ɕo^{53}noŋ^{35}(这个红的)

个 红 这

b. tɕo^{55}ta^{35}moŋ^{55}(那条长的)

条 长 那

总之，本节讨论的四条独立证据，加上第 3 节所举的大量带量词的

"NP 的 VP"例子，证明本文提出的量词观并非特设，也非纯理论假设，而是对语言事实的概括，有充分的语言事实支持。

5. 结语

本文在语言事实基础上，提出解释现代汉语"NP 的 VP"结构难题的关键是量词：该结构外部之所以呈名词性，是因为其中的量词在起名物化作用；结构内部依然呈动词性，是因为 VP 做量词的补足语，性质并没有发生变化。本文的一个重要主张就是有显性量词与有隐性量词的结构是同一结构，汉语使用量词来实现 VP 的名物化，在功能上与英语使用-ing 来实现名物化是相同的。四条独立证据进一步证明本文的方案并非特设，而是有充分的证据支持。本文的分析既在理论上优于前人提出的五种方案，揭示出更多显性和隐性的语言事实（胡建华，2018），同时也能更好地解释跨语言的共性和差异。

◎参考文献

[1]陈一：《说"有点小（不）A/V"》，载《中国语文》2014 年第 2 期。
[2]程工：《名物化与向心结构理论新探》，载《现代外语》1999 年第 2 期。
[3]邓思颖：《以"的"为中心语的一些问题》，载《当代语言学》2006 年第 3 期。
[4]范晓：《汉语句子的多角度研究》，商务印书馆 2009 年版。
[5]郭锐：《现代汉语词类研究》，商务印书馆 2002 年版。
[6]郭锐：《同形删略和离合词、不完整词形成机制》，载《语言科学》2017 年第 3 期。
[7]胡建华：《什么是新描写主义》，载《当代语言学》2018 年第 4 期。
[8]胡裕树，范晓：《动词形容词的"名物化"和"名词化"》，载《中国语文》1994 年第 2 期。
[9]黄正德：《从"他的老师当得好"谈起》，载《语言科学》2008 年第 3 期。

[10]李行德:《语言发展理论和汉语儿童语言》,载《现代外语》1997年第4期。
[11]李艳惠:《短语结构与语类标记:"的"是中心词?》,载《当代语言学》2008年第2期。
[12]李云兵:《苗瑶语量词的类型学特征》,见李锦芳主编:《汉藏语系量词研究》,中央民族大学出版社2005年版;又见刘丹青主编:《名词性短语的类型学研究》,商务印书馆2005年版。
[13]刘丹青:《语言库藏类型学构想》,载《当代语言学》2011年第4期。
[14]刘丹青:《汉语的若干显赫范畴:语言库藏类型学视角》,载《世界汉语教学》2012年第3期。
[15]刘礼进:《再谈中心词理论与"的"字结构》,载《现代外语》2009年第4期。
[16]陆烁,潘海华:《从英汉比较分析看汉语的名物化结构》,载《外语教学与研究》2013年第5期。
[17]陆俭明:《对"NP的VP"结构的重新认识》,载《中国语文》2003年第5期。
[18]潘海华,安丰存:《英汉名词短语核心句法层级结构比较研究》,载《外语教学与研究》2012年第5期。
[19]潘海华,陆烁:《*De*P分析所带来的问题及其可能的解决方案》,载《语言研究》2013年第4期。
[20]潘海华,叶狂:《离合词与同源宾语结构》,载《当代语言学》2015年第3期。
[21]任鹰:《"这本书的出版"分析中的几个疑点》,载《当代语言学》2008年第4期。
[22]沈家煊:《汉语里的动词和名词》,载《汉藏语学报》2007年第1期。
[23]沈家煊:《我看汉语的词类》,载《语言科学》2009年第1期。
[24]沈家煊:《名词和动词》,商务印书馆2016年版。
[25]石定栩:《动词的名词化和名物化》,见《语法研究和探索(十二)》,

商务印书馆 2004 年版。
[26]石定栩：《“的”和“的”字短语》，载《当代语言学》2008 年第 4 期。
[27]石定栩：《名词和名词性成分》，北京大学出版社 2011 年版。
[28]司富珍：《汉语的标句词“的”及相关的句法问题》，载《语言教学与研究》2002 年第 2 期。
[29]司富珍：《中心语理论和汉语的 *De*P》，载《当代语言学》2004 年第 1 期。
[30]司富珍：《中心语理论和“布龙菲尔德难题”》，载《当代语言学》2006 年第 1 期。
[31]王国栓，马庆株：《普通话中走向对称的“有+VP+(了)”结构》，载《南开语言学刊》2008 年第 2 期。
[32]王文斌，张媛：《主观化视角下的“有”义及其用法探讨》，载《外国语》2019 年第 5 期。
[33]吴长安：《“这本书的出版”与向心结构理论难题》，载《当代语言学》2006 年第 3 期。
[34]熊仲儒：《零成分与汉语“名物化”问题》，载《现代外语》2001 年第 3 期。
[35]熊仲儒：《以“的”为核心的 DP 结构》，载《当代语言学》2005 年第 2 期。
[36]叶狂，潘海华：《离合词的句法本质再探》，载《当代语言学》2018 年第 4 期。
[37]叶狂：《句法共性理论与汉语句式研究》，浙江大学博士学位论文，2014。
[38]周国光：《对“中心语理论和汉语的 *De*P”一文的质疑》，载《当代语言学》2005 年第 2 期。
[39]周国光：《括号悖论和“的 X”的语感》，载《当代语言学》2006 年第 1 期。
[40]朱德熙：《现代汉语语法研究》，商务印书馆 1980 年版。
[41]朱德熙：《语法讲义》，商务印书馆 1982 年版。
[42]朱德熙：《关于向心结构的定义》，载《中国语文》1984 年第 6 期。

[43] Abney S.. *The English Noun Phrase in its Sentential Aspect*. Doctoral Dissertation. MIT, 1987.

[44] Bloomfield L.. *Language*. New York: Henry Holt, 1933.

[45] Carnie A.. *Syntax: A Generative Introduction*. (*3rd edit.*). Wiley-Blackwell: Blackwell Publishing, 2013.

[46] Cheng L., Sybesma R.. Bare and Not-so-bare Nouns and the Structure of NP. *Linguistic Inquiry*, 1999, 30: 509-542.

[47] Cheng L., Sybesma R.. Classifiers in Four Varieties of Chinese. In G. Cinque, R. S. Kayne (eds.). *The Oxford Handbook of Comparative Syntax*. Oxford: Oxford University Press, 2005: 259-292.

[48] Huang C-T. James, Li Y-H. Audrey, Li Yafei. *The Syntax of Chinese*. Cambridge: Cambridge University Press, 2009.

[49] Kuno Susumu, Tatami Ken-ichi. *Functional Constraints in Grammar*. Amsterdam/Philadelphia: John Benjamins Publishing Company, 2004.

[50] Milsark G.. Gerundive Nominalization. In M. Everaert, H. van Riemsdijk (eds.). *The Blackwell Companion to Syntax* (*Vol.* II). MA, Malden: Blackwell Publishing, 2006: 436-458.

[51] Pan Haihua. Head Noun Movement in Chinese. *Paper presented at the 2nd Northeastern Conference on Chinese Linguistics*, Philadelphia, USA, May, 1990.

[52] Pan Haihua. Structures and Interpretations of Noun Phrases. *Paper presented at the 11th North-American Conference on Chinese Linguistics*, Harvard University, Boston, USA, June, 1998.

[53] Tang C.-C. J.. A Note on the DP Analysis of Chinese Noun Phrase. *Linguistics*, 1990, 28: 337-354.

[54] Zhang Niina. *Classifier Structures in Mandarin Chinese*. Berlin/Boston: De Gruyter Mouton, 2013.

[55] Zhang Niina Ning. The Syntax of Event-internal and Event-external Verbal Classifiers. *Studia Linguistica*, 2017(3): 266-300.

名词极性特征及其语义映射

云兴华

（山东师范大学文学院）

语义关系是语义成分通过语义组合形成的。语义成分能否建立语义组合并形成语义关系，是由语义成分所具有的极性特征决定的。进入语义组合的语义成分之间存在选择或拒斥其他语义成分的能力，表现为语义成分之间要么选择或被选择，要么拒斥或被拒斥。语义成分在语义组合中选择或拒斥其他成分的能力，称为语义极。名词具有极性特征，具有选择或拒斥其他语义成分的能力，名词含有语义极，称为名词语义极。名词语义极与其他语义成分的语义组合形成了丰富、复杂的语义关系，为语言交际提供重要保障。

1. 名词语义极的类

名词既含有功能义，又含有概念义。名词语义极在语义组合中表现出的选择或拒斥其他语义成分的能力可以从功能和概念两个角度进行分析，名词语义极也称为“功能语义极”和“概念语义极”，简称“功能极”和“概念极”。名词既含有功能极，又含有概念极，但各有自己的特点。名词语义极没有专用的形式特征，为了更清晰地表示名词语义极的特点，举例时我们用“ * →← * ”表示语义成分之间有功能极，用“ * ··→←·· * ”表示语义成分之间有概念极。

功能极是名词与其他成分在语义组合过程中显现的外在语义极性特征，决定着名词充当什么功能角色以及形成什么样的功能关系。名词在功能极的作用下经常充当主语、宾语、定语、定语中心语等功能角色，形成主谓、动宾、定中等多种功能关系。概念极是名词与其他成分在语义组合过程中显现的内在语义极性特征，决定着名词充当什么概念角色以及形成什么样的概念关系。名词在概念极的作用下经常充当施事、受事、主事、客事、工具、材料、目的、方式、原因、时间、处所等概念角色，与其他语义成分形成概念关系。如：

(1)张明→←认识→←李严。/李严→←认识→←张明。/张明‥→←‥认识‥→←‥李严。/李严‥→←‥认识‥→←‥张明。

(2)客人→←来。/来→←客人。/客人‥→←‥来。/来‥→←‥客人。

(3)张明→←的。/＊的张明。

例(1)中两个句子功能结构和功能关系相同，但概念关系不同。“张明”“李严”在前后两种语义组合中充当不同的功能角色和概念角色。

例(2)中两个语义组合功能结构和功能关系不同，但概念关系相同。“客人”在两个语义组合中充当不同的功能角色，在“来”之前做主语，“来”之后做宾语。“客人”在“来”前和“来”后都充当施事的语义角色。

例(3)中“的”是一个有功能极却没有概念极的语义成分，在“张明”后是正确的语义组合，而在“张明”前是错误的语义组合。

不同的名词可以含有不同的功能极和概念极，与其他成分建立不同的功能关系和概念关系；也可以含有相同的功能极和概念极，与其他成分建立相同的功能关系和概念关系。同一个名词可以含有多个不同的功能极和概念极，与不同的语义成分建立不同的功能关系和概念关系。功能极是功能结构形成的必备条件，同时也是语义结构形成的必备条件，没有功能极，就无法形成功能关系。概念极是概念关系形成的必备条件，没有概念极，就无法形成概念关系，但并不影响功能关系。功能极和概念极可以共处于同一个语义成分之中，但功能极和概念极的作用机制完全不同。

名词的功能极相对比较自由，它们可以同很多语义成分建立功能关系，可以进行某些句式变换。但名词的概念极比较稳定，它们能否与某个语义成分建立概念关系是在语言交际中长期积淀下来的，一般不会随意改变。乔姆斯基在《句法结构》一书中举过这样的例子："无色的绿思想在狂怒地睡觉。"从功能关系看，似乎没有任何问题，每个词的功能极都发挥了作用，但这样的句子是错误的，因为名词"思想"作为语义角色不能受"绿"这样的语义成分修饰，"思想"的概念极无法发挥作用，因而没有形成正确的概念关系。与此类似，"思想"也不能被"软、硬、轻、重、热、暖、冷"等语义成分修饰，"软思想、硬思想、轻思想、重思想、热思想、暖思想、冷思想"是错误的概念关系。"思想"可以受"新、旧、好、坏"等语义成分修饰，在"新‥→←‥思想、旧‥→←‥思想、好‥→←‥思想、坏‥→←‥思想"中"思想"的概念极和功能极都发挥了作用，因而是正确的语义组合。

2. 名词语义极的激活

名词未进入语义组合前是静态的，所有语义极隐含于名词之中，处于未激活状态，只是一种可进行语义组合的潜在能力。名词进入语义组合后，语义极由静态转换为动态，它们会根据其他成分所含语义极的不同情况进行选择或不选择。

语义组合时，功能极被激活。如果名词的功能极与其他成分的功能极匹配成功，就具备了概念极进一步匹配的条件。如果功能极不能有效匹配，则概念极失去匹配的条件，因而不能形成有效的语义组合。如：

(4) 桃树→←结→←桃子。/梨树→←结→←梨子。/桃树‥→←‥结‥→←‥桃子。/梨树‥→←‥结‥→←‥梨子。

(5)＊桃树→←结→←梨子。/＊梨树→←结→←桃子。

(6)＊桃子→←结→←桃树。/＊梨子→←结→←梨树。/＊桃子→←结→←梨树。/＊梨子→←结→←桃树。/＊桃子→←结→←桃树。/＊梨子→←结→←梨树。/＊桃子→←结→←梨树。/＊梨子→←结→←桃树。

(7)＊结→←桃树→←梨子。/＊结→←梨树→←梨子。/＊梨子→←桃子→←结。/＊桃树→←桃子→←结。

“桃树、梨树、桃子、梨子”在例(4)中功能极和概念极都可以激活，匹配有效，语义组合建立，语义关系形成。例(5)(6)中的功能极可以激活，但概念极不能激活，功能匹配有效，概念匹配无效，语义组合可以建立，语义关系无法形成。例(7)中功能极和概念都不能激活，功能极匹配无效，概念极匹配也无效，语义组合无法建立，语义关系无法形成。

名词进入语义组合之后，当且仅当有一个功能极和一个概念极被激活，其他功能极和概念极都不能被激活。如：

(8)买→←机器。/买‥→←‥机器。

(9)进口→←(一台)机器。/进口‥→←‥(一台)机器。

(10)进口(的)→←机器。/进口(的)‥→←‥机器。

(11)鸡→←不吃了。/鸡‥→←‥不吃。/不吃‥→←‥鸡。

例(8)中“机器”与“买”功能极匹配有效，概念极匹配有效，“买机器”是有效的语义组合。“机器”与“进口”在例(9)和例(10)中的功能极匹配和概念极匹配都不同，但这并不是说“机器”同时有两种功能极和概念极被激活，而是可以有两种不同的激活方式。在具体语境下，要么激活为例(9)，要么激活为例(10)。例(11)中“鸡”与“不吃了”只有一种功能极匹配，却有两种可能的概念极匹配，但在具体语境下只能有一个概念极被激活，形成一个确定的语义关系。

名词在与不含概念极的语义成分组合时，只有功能极被激活，而概念极不会被激活，所构成的语义结构只有功能关系而没有概念关系。如“树的”“老虎啊”等。

名词在语义表达中有时独立使用，并不与其他成分组合，这样的名词所有语义极都不被激活，呈现出无极性的“零极”状态。

3. 名词语义极的层级系统

一个名词可以有多个功能极、概念极，在与不同的语义成分组合时分别被激活，形成不同的语义关系。这些语义关系有时是独立的，有时并不独立，可作为更大语义结构中的一个语义成分发挥作用。语义关系这种嵌套现象使得语义极处于语义结构的不同层级，进而形成语义极的层级系统。

名词语义极可分为功能层级系统和概念层级系统。

功能层级系统体现功能极之间的层级关系。从语义组合层次看，有的语义组合比较简单，只包含一个层次、一种类型、一种关系，而有的则包含多个层次、多种类型、多种关系。如：

(12)(找→←妈妈)。

(13)((小→←蝌蚪)→←(找→←妈妈))。

例(12)中只有一个层次、一种类型、一种关系，属于单层级系统；例(13)中有两个层次、三种类型、三种关系，属于多层级系统。

这种多层次、多类型、多关系的结构，使得名词语义极有的处于上位层次，有的处于下位层次，形成了包容与被包容的关系。

概念层级系统体现了概念极之间的层级关系。语义范畴化使名词所指称的对象形成属种关系，反映这些属种关系的名词语义极形成概念层级关系。指称属对象名词的概念极在语义组合中会有更大的选择范围，而指称种对象名词的概念极选择范围相对较小。比如，“生物”做施事时可充当谓项的动词或形容词多于“人”做施事时可充当谓项的动词或形容词，同样

“人”做施事时可充当谓项的词多于“男人”“女人”中的任意一个。具有属特征名词所包含的概念极数量多于具有种特征名词所包含的概念极，它们具有上下位关系。具有总分关系的对象具有密切的亲缘关系，如“音节”与“声母、韵母、声调”。指称这类对象的名词，其概念极也具有总分关系。

从语义成分的匹配情况看，名词的语义极与其他成分所包含的语义极形成一对一、一对多、多对一、多对多等不同情况。一对一，就是一个名词的语义极只跟另一个特定语义成分的语义极匹配，如“鞠”只能跟“躬”匹配；一对多，就是一个名词的语义极可与多个语义成分的语义极匹配，如“朋友”可与“来”“走”“喜欢”“乐意”等多个语义成分的语义极匹配；多对一，就是多个名词的语义极与一个语义成分的语义极匹配，如“山”“水”“人”“环境”等与“好”匹配；多对多，就是多个名词的语义极与多个语义成分的语义极匹配，如“写”“读”与“文章”“小说”形成“写文章”“写小说”“读文章”“读小说”等多个语义组合和语义关系。

4. 名词语义极的方向性

语义结构中语义成分的前后排列位置与所含语义极的有向管辖，形成了错综复杂的方向性问题。

语义极具有管辖与被管辖、拒斥与被拒斥的能力。具有管辖能力的语义极为正语义极，具有被管辖能力的语义极为负语义极。正语义极管辖负语义极，负语义极被正语义极管辖。正语义极有自己的管辖范围，一旦超出管辖范围，就会被负语义极拒斥，从而导致语义组合失败。

名词语义极表现出功能极和概念极上两种管辖方向，形成了正功能极、负功能极和正概念极、负概念极，其中正功能极与负功能极对应，正概念极与负概念极对应。功能极一般与句法结构中的主语、谓语、动语、宾语、定语、中心语等句法成分有关，主语和谓语、动词和宾语、定语和中心语等功能关系是正功能极对负功能极实施的有向管辖。概念极与施事、受事、主事、客事、工具、材料等语义角色和谓词性成分有关，施事和谓词、谓词和受事、主事和谓词、谓词和客事等概念关系是正概念极对负概念极实施的有向管辖。功能极与概念极互相依靠，形成特定的对应关系，但功能极比概念极更灵活，概念极比功能极更稳定，这使得正负概念极之间的有向管辖与正负功能极的有向管辖并不完全一致。这种情况明显地体现在句式变换中。如：

(14) 木匠修好了桌子。/木匠把桌子修好了。/桌子被木匠修好了。/桌子木匠修好了。

(15) 爷爷起来。/起来爷爷。

例(14)中“木匠修好了桌子”是最基本的正负概念极管辖方向，其他3个句子是变换式，功能极方向发生了变化，但概念极方向没有改变。例(15)中“爷爷”与“起来”构成“爷爷起来”语义组合，功能极与概念极的方向保持一致。当变换为“起来爷爷”时，功能极之间的语义关系发生了变化，而概念极只是方向发生了变化，语义关系没有改变，这种情况有时当作语用倒装。

5. 名词语义极的语义映射

名词具有三种存在形式：一是未进入语流的静态形式，所有语义极都处于未激活状态；二是进入语流的独立形式，所有语义极也未被激活，有的可以借助语境由听话者自由激活，可看作语义组合的省略形式；三是进入语流的组合形式，语义极被激活，形成语义映射关系。

语义映射是语义成分之间相互识别、相互匹配、相互选择或拒斥的语义组合过程。一个语义成分进入语流，它的语义极被调动起来，处于待识别状态。同时，另一个语义成分的语义极也被调动起来，处于同样的待识别状态。两个语义成分的语义极相互识别，如果匹配成功，则各自被对方选择，建立语义关系，形成语义结构；如果匹配不成功，则各自被对方拒斥，不建立任何语义关系，但可以形成错误的语义结构。

根据语义组合的不同语境，语义映射可分为现实语境语义映射和非现实语境语义映射。现实语境语义映射是与现实生活真实场景一致的语义映射，语义组合形成的语义关系可以进行真值判断，与现实情况相符即为真，与现实情况不相符即为假。非现实语境语义映射是脱离现实语境的语义映射，即语义组合只考虑语言交际的历史经验及其类推可能，不考虑现实语境的实际情况。语料库中的语料出自现实语境，但经过加工后已经脱离了现实语境，属于非现实语境语义映射。

名词语义极的语义映射包括功能映射和概念映射。

功能映射是不同语义成分所含正功能极和负功能极之间发生的语义映射，是建立功能关系的基本方式，也是语义结构生成的根本动力。功能映射分为功能极识别、功能极匹配、功能极选择三个阶段。先进入语流的语义成分，其正功能极处于识别状态；后进入语流的语义成分，其负功能极处于被识别状态。两个语义成分按照管辖与被管辖的权限寻找相互对应的功能极，如果有一对正负功能极之间具有对应关系，则被激活，形成相应的功能关系。名词具有多种功能极，但在一个语义组合中，只能有一对功能极被激活并匹配形成功能关系，其他功能极不能被激活，否则功能映射失败。功能映射形成最基本的语义结构模型，存在于相应的映射实例中，见表 1。

表 1　功能映射的结构模型及实例

名词	其他成分	结构模型	功能映射	映射实例
名词 1	动词	主语+谓语	名词 1→←动词	乡亲→←说
名词 2	名词 3	主语+谓语	名词 2→←名词 3	今天→←初一
名词 4	动词	动语+宾语	动词→←名词 4	写→←小说
名词 5	形容词	定语+中心语	形容词→←名词 5	好→←书
名词 6	区别词	定语+中心语	区别词→←名词 6	快→←走
名词 7	名词 8	定语+中心语	名词 7→←名词 8	城市→←中心
名词 9	动词	状语+中心语	名词 9→←动词	明天→←走

续表

名词	其他成分	结构模型	功能映射	映射实例
名词 10	介词	介词+名词	介词→←名词 10	对→←人
名词 11	名词 12	名词+名词	名词 11→←名词 12	张伟→←刘强
名词 13	语气词	名词+语气词	名词 13→←语气词	流星→←啊
名词 14	助词	名词+助词	名词 14→←助词	私人→←的

概念映射是不同语义成分所含正概念极和负概念极之间发生的语义映射，是建立概念语义关系的基本方式。名词指称对象，各种对象之间以及这些对象与其相关的动作、行为、性质、状态、数量之间存在着特定的概念对应关系。概念映射是人类使用语言反映自然、社会、意识等各个领域中各种事件、关系、属性等认知成果的语义表达方法。主体和客体相互作用形成事件，不同对象按照不同方式形成关系，各种对象相互比较形成属性，通过概念映射形成概念关系。概念映射分为概念极识别、概念极匹配、概念极选择三个阶段。进入语流的语义成分，其正概念极和负概念极都处于待识别状态。两种语义成分的概念极按照管辖与被管辖的权限寻找相互对应的概念极进行匹配，若有一对正负概念极具有对应关系，则被激活，形成相应的概念关系。一个名词可能有多个概念极，但在具体语义组合中，只能有一对概念极被激活并形成概念关系，其他概念极不能被激活。概念映射是在功能映射基础上进行的，但具有一定的独立性，可以借助不同的功能映射实现相同的概念关系，这使得功能映射与概念映射在语义结构上并不完全同步，并最终形成不同的变换式。概念映射类型较多，这里只列举常见的类型和实例，不包括变换式，见表 2。

表 2　概念映射的结构模型及实例

名词	其他成分	结构模型	概念映射	映射实例
名词 1	动词	名词 1+动词	施事··→←··谓项	人··→←··说

续表

名词	其他成分	结构模型	概念映射	映射实例
名词 2	形容词	名词 2+形容词	主事‥→←‥谓项	水‥→←‥凉
名词 3	动词	动词+名词 3	谓项‥→←‥遭遇	梦‥→←‥周公
名词 4	动词	动词+名词 4	谓项‥→←‥受事	骗‥→←‥人
名词 5	动词	动词+名词 5	谓项‥→←‥说明	属于‥→←‥群众
名词 6	动词	动词+名词 6	谓项‥→←‥客事	输‥→←‥钱
名词 7	动词	动词+名词 7	谓项‥→←‥与事	给‥→←‥陈冬(笔)
名词 8	动词	动词+名词 8	谓项‥→←‥工具	做‥→←‥零件
名词 9	动词	动词+名词 9	谓项‥→←‥对象	访问‥→←‥事主
名词 10	动词	动词+名词 10	谓项‥→←‥目的	画‥→←‥画
名词 11	区别词	区别词+名词 11	限制项‥→←‥中心项	中等‥→←‥身材
名词 12	数量词	区别词+名词 12	限制项‥→←‥中心项	一种‥→←‥草药
名词 13	形容词	形容词+名词 13	修饰项‥→←‥中心项	暖和‥→←‥天气
名词 14	名词 15	名词 14+名词 15	限制项‥→←‥中心项	社会‥→←‥活动
名词 16	动词	动词+名词 16	修饰项‥→←‥中心项	管理‥→←‥机制

6. 余论

每一种语言都有一个完备的语义系统，名词只是系统中的重要语义成分之一。实现语义表达，仅靠名词不行，必须通过名词与其他词类的语义映射共同发挥作用。所有词类的语义极研究都非常重要。本文所讨论的名词语义极都是静态的，是非现实语境下的语义关系。名词语义极隐含于名词之中，随着新名词发展变化，名词语义极总是处于发展变化之中。名词语义极是一个十分庞大的数据系统，需要借助计算机强大的运算能力和大数据语料库统计分析才能加以全面细致地描写。

当前，计算机操作系统还处在以字符为基本单元的输入、输出阶段，字库在计算机中占有非常重要的地位，但是，字库中字符属性除了编码没有更多的信息，这对进一步发挥计算机语义分析、智能分析有很大的限制。人类语言交际是以词语为基本单元进行的，人脑中的“词库”远比计算机字库复杂。我们相信，未来计算机系统不仅有字库，更有词库，基于此，语义极研究显得尤为重要。

◎参考文献

[1][美]布龙菲尔德：《语言论》，商务印书馆 1980 年版。
[2]范继淹：《多项 NP 句》，载《中国语文》1984 年第 1 期。
[3]冯志伟：《自然语言的计算机处理》，上海外语教育出版社 1996 年版。
[4]高更生：《汉语语法专题研究》，山东教育出版社 1990 年版。
[5]格雷马斯：《结构语义学》，百花文艺出版社 2001 年版。
[6]胡裕树，范晓主编：《动词研究》，河南大学出版社 1995 年版。
[7]贾彦德：《汉语语义学》，北京大学出版社 1999 年版。
[8]蒋严，潘海华：《形式语义学引论》，中国社会科学出版社 1998 年版。
[9]李福印：《语义学概论》，北京大学出版社 2006 年版。
[10][英]利奇：《语义学》，李瑞华等译，上海外语教育出版社 1987 年版。
[11]吕叔湘：《汉语语法问题分析》，商务印书馆 1979 年版。
[12][美]乔姆斯基：《句法结构》，中国社会科学出版社 1979 年版。
[13][美]乔姆斯基：《句法理论的若干问题》，黄长著等译，中国社会科学出版社 1986 年版。
[14]沈家煊：《不对称与标记论》，江西教育出版社 1999 年版。
[15]石安石：《语义论》，商务印书馆 1993 年版。
[16]石毓智：《语法的认知语义基础》，江西教育出版社 2000 年版。
[17]束定芳：《现代语义学》，上海外语教育出版社 2000 年版。
[18]王军：《汉语词义系统研究》，山东人民出版社 2005 年版。
[19]王寅：《简明语义学词典》，山东人民出版社 1993 年版。
[20]王寅：《语义理论与语言教学》，上海外语教育出版社 2001 年版。

[21]王寅:《认知语言学探索》，北京大学出版社2005年版。
[22][英]维特根斯坦:《逻辑哲学论》，王平复译，九州出版社2007年版。
[23]翁富良，王野翊:《计算语言学导论》，中国社会科学出版社1998年版。
[24]伍谦光:《语义学导论》，湖南教育出版社1987年版。
[25]徐烈炯:《语义学》，语文出版社1995年版。
[26]俞士汶主编:《计算语言学概论》，商务印书馆2003年版。
[27]云兴华:《汉语语义研究》，北京教育出版社2008年版。
[28]云兴华:《语义组合中的概念指向与功能指向》，载《山东师范大学学报》2010年第1期。
[29]云兴华:《概念义素与功能义素的不均衡分布》，载《山东师范大学学报》2011年第2期。
[30]张乔:《模糊语义学》，中国社会科学出版社1998年版。
[31]张志毅，张庆云:《词汇语义学》，商务印书馆2001年版。
[32]朱德熙:《语法讲义》，商务印书馆1982年版。
[33]朱德熙:《变换分析中的平行性原则》，载《中国语文》1986年第2期。
[34]朱跃:《语义论》，北京大学出版社2006年版。

谈反义复合名词的相互组合与再整合①
——以“前后”“大小”“日夜”“是非”为例

曾常红　曹滟梅
（湖南师范大学文学院）

1. 引言

汉语反义复合词由来已久②，它在整个现代汉语词汇体系中自成一体，是显赫（prominent）度较高的封闭的类。汉语语法的本体和应用研究都不能回避反义复合词。近15年来，有专论反义复合词的认知机制和词类地位、内部语义表达及概念层级的（曾丹，2007；黄瑞芳，2017；张金竹，2015/2018），有分析“前后/左右/上下”的约量表达或者论述“行止”“去就”的形成演变和认知心理的（张豫峰，2004；马喆、邵敬敏，2009；秦洁，2013；曾丹，2013），还有探究影响二语学习者对反义复合词词义识解的因素的（刘玉倩、孟凯，2019）。但它们都没涉及复合词的相互组合、再整合问题。

---

① 本文系教育部人文社会科学重点研究基地重大项目“现代汉语教学语法研究”（编号：19JJD740004）、湖南省社科基金项目“名谓句构件的功能研究”（编号：16YBA288）阶段性研究成果。本文为第三届名词及其相关问题学术研讨会（2019.11，曲阜）论文，宣读时先后得到储泽祥教授、王珏教授的指教，受益匪浅。文中谬误概由我们负责。

② 殷代甲骨文中就已出现了“上下”“往来”“出入”等反义复合词。

反义复合词中大多是名词①，专论反义复合名词(以下称为“反义名词”)的是王红厂(2009)，其选取“前后”“左右”“上下”作为研究对象，深入详尽地研究了它们的意义、分布，和其他语法成分共现时的选择关系，以及彼此间在相同意义上的相同和不同之处等问题。不过，王著主要论述这三个方位词的单用，对其重叠式谈论较少，没有谈连用问题。储泽祥(1999)探讨了多项NP构成的粘合结构，把“大大小小(的灯笼)”看作形容词的连用，没有涉及反义名词的组合问题。华玉明(2003)论述了“男女”“老少”“前后”“左右”“文武”等反义名词重叠的语法意义和句法功能，没有谈“大小”“长短”等反义名词的重叠式。

其实，语料库调查显示，反义名词中有一小半既可以单用，又可以连用和重叠：“前后$_{1|2}$、左右、上下$_{1|2}$、内外、里外、东西$_{1|2}$、南北；春秋、日夜、日月$_{1|2}$、昼夜、经纬、男女、老少、老幼、父子、功过、因果、朝夕、子孙、祖孙；长短、大小$_{1|2}$、多少、粗细、恩怨、方圆、高矮、高低、高下、甘苦、好恶、好歹、好赖、黑白$_{1|2}$、厚薄、缓急、快慢、浓淡、平仄、轻重、深浅、生死、是非、死活、阴阳、远近$_{1|2}$、先后、早晚；成败、得失”②。例(1)a～d句说明“前后”除了单用结构，还有连用、重叠结构。

(1)a. 2000年<u>前后</u>，大家也不知道3G有什么用，直到几年后智

① 据张金竹(2018)的统计，在253个反义复合词中，复合名词有158个，占比63%。本文反义复合名词的范围不超过《现代汉语词典》(2016年第7版)的复合词。复合名词的重叠式以词汇意义为基础，凡是与原式的词义和句法功能差异明显的，不算重叠式。

② 不能重叠的有：“本末、标本、雌雄、今昔、天地、天壤、饭菜、夫妇、父母、夫妻、干支、规矩、儿女、兄弟、姐妹、姊妹、人物、手脚$_{1|2}$、手足$_{1|2}$、文武、官兵、将士、君臣、军民、师生、师徒、功罪、利害、利弊、利钝、矛盾、乾坤、始终、水火、水陆、旦夕、源流、宇宙、质量、首尾、中外、中西、主次、贵贱、曲直、异同、出入、存亡、没有、毁誉、买卖、开关、荣辱、收支、消息、优劣、行止、动静$_{1|2}$、言行”等。语料库调查显示，没有“文文武武”，而华玉明(2003：13)举到了这一重叠式。

能手机出现，我们才知道手机能上网，还有如此丰富的应用。

b. 像视频里的插队者，自我辩护的说辞就是“人家都没说啥，你凭啥说我”，前后排队者的沉默，反倒成了对她的变相鼓励。

c. 陈德龙立马脱下雨裤雨靴，一边忍着寒冷江水的拍打奋力划船，一边前后左右来回跑动保持小船平衡。

d. 平时找不到，此时忽然一拥而来。上上下下，前前后后，左左右右，里里外外，一窝蜂把他死死困在中心。

反义名词是概念整合的结果，对其再整合便产生了重叠式 AABB，两个及两个以上不同的反义名词并列组合就出现了连用式。有些似乎是反义名词的重叠式和连用，其实不是，例如：

(2) a. 铁匠跟他们打出来的铁器一样，有棱有角，规规矩矩，却又不失灵活和智慧。

b. 梅枝层层叠叠，曲曲直直，轻重徐疾，或积或泼，浓墨淡墨，晶莹活脱，笔笔峥嵘，激情似火。

c. 年老体衰走不得远路了，行行止止，最后选中了长江和狼山，静静地在那里终结了波涌浪卷的一生。

(3) a. 有一张桌子上，一列摆十几面镜子，一个大似一个，都是银的托子。一张桌子，长长短短，大大小小，方方圆圆，陈列着许多化妆品。|数不清复旦有多少棵树，也数不清复旦有多少种树。神态各异，习性不同，高高低低、粗粗细细、大大小小、老老少少，但它们和谐共生，竞相争绿，欣欣向荣，使这座百年学府充满了朝气和希望！|台北的淡水，一入街便见“铁蛋”的招牌，大大小小。|枕头是锦缎的，上面的斑点大大小小。

b. 什么麻烦？心中有了人家，便把我们全家大小生死大事都忘了。|有些细心的读者把宣传材料和报纸进行对照，前

后出入比较大，因而怀疑宣传的真实性。

(4)现在第一要办的，便是府上大大小小，上上下下要穿的孝衣，总在一百件以上。|大大小小六个人。|纪念堂大厅里的华表和立柱，大大小小拢共十三根。

例(2)a句中的“规规矩矩”属于形容词“规矩”的重叠，例(2)b、c句中的“曲曲直直”“行行止止”与反义名词“曲直”“行止”的语义和句法功能差别明显①。而例(3)a句中的“长长短短”“大大小小”“方方圆圆”“高高低低”“粗粗细细”属于形容词的反义叠结(邢福义等，1993)。而例(3)b句中的“大小”与“生死”以及“前后”与“出入”不处于同一层次，不属于连用。例(4)中的“大大小小”才是“大小”的重叠式，因为前者可以替换为后者，基本意思不变。同理，“上上下下”也是重叠式。

我们以“前后”“大小”“日夜”“是非”为例②，从结构、语义和表达上论述反义名词的重叠、连用机制。例句语料大部分来自BCC语料库和《人民日报》图文数据库(1946—2019)，少部分来自CCL语料库。

2. 反义名词的单用、重叠、连用结构的句法表现

2.1 “前后”的单用、重叠、连用结构

2.1.1 空间义的“前后$_1$”的单用

“前后$_1$”可以后接动词、数量(名)词组、名词，名词可后接“前后$_1$”。据王红厂(2009)，“前后$_1$”指示位置时，“前后$_1$VP”一般是主谓结构，“前

① 类似的还有“君君臣臣”“开开关关”“买买卖卖”等。

② 据《汉语国际教育用音节汉字词汇等级划分》课题组编《汉语国际教育用音节汉字词汇等级划分》(北京语言大学出版社，2010年版)，“前后”“大小”属于一级(初级)词汇，“日夜”属于二级(中级)词汇，“是非”属于三级(高级)词汇。就词汇等级和结构内语素类别而言，这4个词有一定代表性。

后$_1$”指示方向时，“前后$_1$VP”一般是偏正结构。

2.1.2 时间义的“前后$_2$”的单用

名词、动词和小句都可以后接“前后$_2$”；数量(名)前后都能接“前后$_2$”，如例(1)a句。

2.1.3 “前后”的重叠、连用结构

关于“前后$_1$”和“前后$_2$”单用时分布的规律，王红厂(2009：28-36)已有论述，此处不赘述。“前前后后”能做主宾语①及状语、定语。充当主语和介词宾语的“前前后后$_1$”都具有周遍义(王红厂，2009：28)，如：

(5)a. 前前后后都矛盾。(王红厂 用例)|希望今天我的前前后后再少几个人。|可到哪儿去呢？我们的前前后后，处处都是人。

b. 蓝天救援队队员穿着防护服，背着防疫消杀设备，将安置点前前后后全部喷洒了一遍消毒液。

“前前后后$_2$”可以做状语、定语，具有统共或统指义，如：

(6)a. 这封信是颐骏中心长者义工组的老人们委托其执笔起草的，前前后后一共写了六遍。|陈禹前前后后4次来沪，与杨妈妈促膝相谈。

b. 在前前后后近两个月的时间里，李芳几乎每天都奔波忙碌在学校、医院、二姐家这三点之间。|讲这件事前前后后的经过啊。

而做主语和宾语的“前前后后$_2$”，具有统指义，如：

① 反义名词的单用、连用、重叠结构充当主语、宾语和兼语时，常常作这些句法成分的中心词语，为了表述简便，本文直接用主语宾语和兼语表述。

(7)a. 这堂课含金量十足，种地瓜的前前后后讲了个透。

b. 在1、3号高炉点火的前前后后，孟泰干脆住进了工厂。|我把事情的前前后后告诉你们。

还要指出的是，“前前后后$_2$”能充当兼语：

(8)让人生的前前后后能够互相灌溉，互相滋润。

另外，以“前前后后$_2$”为中心词的偏正词组能做新闻或文艺作品的篇名(标题)，如：

(9)《一个农家子弟上大学的前前后后》|《国徽设计的前前后后》

“前前后后”可跟其他反义名词重叠式连用，如例(1)d句、例(10)，又可与连用式再并列，如例(11)：

(10)前前后后、上上下下，总计有三十个门。|刚才我已数了一遍，这地方前前后后、里里外外，一共死了八十三个人。|无法说清她的精灵是怎样前前后后、左左右右地围绕着他。|他自以为树大根粗，铜帮铁底，凭着上上下下、前前后后、左左右右、里里外外的关系、势力和“贵人”，他一定能够躲过“牢狱之灾”。

(11)一公示，范围扩大到全社会，前前后后、上下左右，无数双眼睛看着你。

“前后$_2$”不与“左右/上下”等连用；而“前后$_1$”可跟“左右/上下”等连用①，多视角表达方位义，使表述更精简，参照点限于句内。其句法功能

① 值得注意的是，与“前后”“左右”相接的“上下”可能是词组：4个月下来，体重在98~100左右上下了(微博)。|美元兑日元因受资金回流传言的影响而轻微受压，汇价在116.50左右上下20个点左右窄幅波动。(《都市快讯》2003-5-15)

与单用式相同，可做主语、宾语、状语和定语，分别如例(12)a~d：

(12)a. 宽街窄巷、商店门前、高层建筑物的前后左右，都是车。

b. 无数的爱心围绕在我们的前后左右。|在他的左右前后，簇拥着长工们。|狗跑过来，摇尾巴，在他左右前后乱跳，表示喜欢。|千万别在重庆人面前说什么东南西北，这里只讲左右和上下前后。

c. 人们又帮他上下前后地做了次检查。|人马到齐，张秃子骑上长角山羊，跳动着，左右前后的，穿营过队的，检阅了一番。|凡人坐久，常以两手按胃脘，可将两肩前后上下用力扭转数十通。

d. 为了分散被憋得心神不宁、站立不安的痛苦，我只好和前后左右的人东拉西扯。|他突然地叫了起来，把左右前后几间屋子里都惊醒了。|如做模具、机械设计，就不能只考虑自己情况，一定要考虑到上下前后左右之间相互的关系。

2.2 “大小”的单用、重叠、连用结构

2.2.1 程度义的“大小$_1$”的单用

“大小$_1$”可做主语、宾语、定语和谓语，分别如例(13)a~d：

(13)a. 内存的大小直接影响程序的运行情况。|他拿过一颗大小跟南瓜差不多的圆形果子。|第二张桌子上摆着一堆大小不一的瓶瓶罐罐和盒子。

b. 比一比大小。|赌大小。|视觉输入的刺激能在不同程度上影响大脑皮层的厚度、神经元的大小、树突分支的多少、视神经的精细等。|光谱仪的核心是光栅，它有一本

书的一半大小，能把光线的本来面目光谱显示出来。|自己从怀里掏出湿泥巴似的一团烟土，搓成药丸一样大小。

c. 能进镇办企业的人，大多跟大小干部多少沾亲带故。|实际上两个月里他杀死了大小36只猫。|他没有花多少时间就找到了一颗鹅蛋大小、十分趁手的石头。

d. 它和女人的脚一般大小。|祖父的棋子跟他的拇指一般大小。|有一张正对着沙发，客人一坐下就会对着凝睇的，活人一般大小。|共用之门的左右门柱上各插一面国旗，左边是巴基斯坦国旗，右边是印度国旗，一样高低，一样大小。|十多岁的我，与挑着的箩筐几乎一般高矮。|来人硬功甚强，立处两面脚印一般深浅，石碎如粉。

值得注意的是，许多与“大小”同类的程度义反义名词，如“长短”“粗细”“深浅”“高低”“高矮”等也可做谓语中心词。

2.2.2 年龄义的“$大小_2$”的单用

单用的“$大小_2$”可做主语、宾语、定语、谓语及兼语，分别如例（14）a~e：

（14）a. 就说我家里，一家大小成年吃不上一顿真正粮食。|一家大小都在痛哭。

b. 早早出去，早早回来，为一家大小去挣钱吃饭，是他的光荣与理想。|我不能把房子租给人民军的家属，我不能冒这个险，我还有自己的一家大小。

c. 她丈夫每月收入七十多元，要维持大小八口人的生活。|那谢家小子跟嘎子差不多一般大小年纪。

d. 她说我孩娃要活着就和你一样大小了。|不过猴子的一岁跟人的七八岁差不多，大概和你一样大小吧？

e. 于是种田人带领一家大小割起麦子来。|叶飞身穿白色西服，带领全家大小一起向父母的墓碑三鞠躬，并敬献了一

大束黄玫瑰。

由于生命度上的差异，“大小$_2$”能充当兼语，而“大小$_1$”不能。无论充当什么句法成分，“大小$_{1|2}$”都离不开参照词语，“大小$_2$”依赖句内参照。

2.2.3 “大小”的重叠式、连用式

“大小$_{1|2}$”重叠后主要充当主语、宾语，还可以做谓语，分别如例(15)a~c：

(15) a. 空中几片云混合着。大大小小各不相同。|其题款疏密，各尽不同，有的就夹杂在之间，大大小小，与画面相映，极意趣。|人们把一些大大小小连成一气的水库水塘水渠叫做“长藤结瓜”。|奇韬大队十五生产队过去搞会餐，一年大大小小达七十多次。|全村大大小小挤在一块儿，忙着制止怀中婴儿的哭声。|大大小小都到街坊家看电视去了。|果然，在靠东的一个开间里，主人家大大小小七八口人，原来一窝儿全躲在里面。|说话秋凉了，大大小小都要换衣裳。

b. 若不是他咬紧牙撑着，恐早八百年前就下去跟他们一庄大大小小团聚了。|门合打从生下以后，就跟全家大大小小一样，靠吃苦菜活命，过着糠菜半年粮的苦日子。

c. 周恩来同志十分重视普及教育工作。他曾说，“教育部的工作不能大大小小……中小学教育数量很大，关系也很大，决不能忽视。”

“大大小小”做谓语时有区分大小义，显然它不是形容词的反义叠结，其语义基础是“大小”的程度义。基础教育工作都重要，不能大小不一。

“大小”与其他反义名词连用后主要充当主语、宾语和定语，分别如例(15)a~c：

(16)a. 8 种铸币的大小厚薄轻重都不一样。|我发现我家大小上下老少都是双眼皮的!|你转过去我瞧瞧后边儿,嗯,合适!肥瘦大小长短没有一处不合体的。|这款手机配备了一块 3.7 寸的主屏,运行的是主流的安卓 2.3 操作系统,机身大小轻重都很适中。|原来秦砚儒有一双很漂亮的眼睛,剑眉、挺直的鼻梁,大小、厚薄适中的双唇,组合在他那张几乎完美的脸型上,真是帅得不得了!

b. 激光同时通过两个方孔的量的多少取决于方孔的大小、上下和左右的位置。|通过比较阅读,学生意识到,正是由于诗人对水有了整体、充分的认识,所以可从大小、冷暖、颜色、气势、速度等方面来塑造文学形象,表达不同的感情。|根据皮张大小、厚薄、老嫩和贮藏方法等安排组批。|从器物的大小、多寡、高下上显示其主人的尊卑贵贱。|每年谷雨前后,牡丹花必盛开,据说从花朵大小、多少可以预兆年景的丰歉。

c. 它意味着那些统治宇宙的阴阳、大小、上下的要素结合在一起会产生某种与它们自身不同、并且超越它们的东西。|在这里,判决与裁定分别为两个不同案件的生效法律文书,两者在法律力上不应有大小、优劣、先后之分。

“大小$_2$”常与“男女”“老少”连用。此外,值得注意的是,“大小”连用式还可以充当兼语,如:

(16)d. 在构成艺术和谐美中,作为艺术整体的各个有机部分、因素,常常是按一定比例与分寸,有序地组合而成的,其中有主次、大小、先后、急缓、密疏、繁简、刚柔,一一配合适宜。

“大大小小”可以与其他反义名词的重叠式连用,一起做主语,如:

(17) 人在江湖，本就该相濡而沫。大大小小、男男女女都一样。｜尤其看到自己努力好久，眼看就要到手的牛婵，还有其他牛家庄的大大小小、男男女女，甚至仆人，都对方世杰好得不得了，张克的心中更是妒火大烧。｜官场里上上下下，大大小小，一个衙门里有一个说一不二的老爷。｜蓉仙更不想让她操心，于是服务处里里外外、大大小小都得靠她。

另外，“大大小小”还可与反义动词的重叠式连用，又可跟其他反义名词的连用式再并列，如：

(18) 其实，大大小小、分分合合，皆为利益所驱，为潮流所动，并无可指责。

(19) 他们大大小小，男女老幼，都在绝望地眺着城门外的梦！

2.3 “日夜”的单用、连用、重叠结构

2.3.1 “日夜”的单用

单用的“日夜”可以做主语、宾语、状语和定语，分别如例(20)a~d：

(20) a. 有人提出日夜三班倒换着干。｜陈秀金担任党支部书记以来，照常日夜三班劳动。｜三个日夜下来，就算是铁打的人儿也要倒了。｜我一离开了他们的船，就已命令六个人，日夜不停二十四小时监视他们行动。｜我们日夜不分的奔驰，迎接我们的是没有曙光的清晨和伸手不见五指的夜晚。

b. 她和全团上下一字一句地抠，刻苦排练了几十个日夜。｜6月2日，王琴向记者讲述了玉林之行的6个难眠日夜。｜一天二十四小时不准关灯，不知日夜。｜富春同志解放那

年年龄接近半百，但他是有名的不分日夜、不知疲倦、不顾生活、拼命工作的一位领导者。|这样的一种单纯，这样的一种自然，是要用几千个日夜、几千个流泪与追悔的日夜才能孕育出来的。|唯一的花朵，没有日夜、没有季节的开在地狱的每个角落里，童谣中不是已经说了吗？|现在，我的眼前是一片积存了几百个日夜的大湖，无边无底的水。

c. 日夜兼程/兼行|有些丈夫在外另筑香巢，有些丈夫日夜不回家，有些丈夫整天对妻子怒目而视。|我思考再三，还是不能收养它，那样会使我日夜不宁。|她一直在流泪，泪水日夜不干。|那条日夜不息向远方流淌的爱荷华河，记录下作家们一起度过的难忘的日日夜夜……|她日夜为这些孩子操劳，“从没有去咖啡馆喝过咖啡”。

d. 六十多个日夜的人水搏击，谁不为之牵挂，谁不为之鼓舞，谁不为之动情啊！|我用两只手支住了头，坐在那里呆想，竟把时间的过去，日夜的分别都忘掉了。|从此以后的三十年，灵肉尖锐的冲突，成了他日夜的功课。|三年日夜的忧劳，使她肉体和精神都陷于颓唐之境。|是历史，是空间，是日夜的洪波，是洞庭的晚风，把它们堆涌到了一起。

2.3.2 “日夜”的重叠式

“日夜”重叠式的句法功能和单用时一样，也是充当主语、宾语、状语和定语，分别见例(21)a～d。

(21)a. 多少个日日夜夜三班倒的加班工作。|就在我写这篇小文时，离香港回归的日子整整有80天，80个日日夜夜一晃就到。|36个日日夜夜就这么“挺”过去，终于顺利完成

了粮检任务。|蒋国龙和医务人员一刻不离地为他喂饭喂药，端屎端尿，200多个日日夜夜从没间断。

b. 虽然离真琴的“离开”已经有一段时间了，也稍稍适应了没有真琴陪伴的日日夜夜。|开始怀念之前那些我们一起抱怨但又简单、快乐的日日夜夜。|这个的背后，是与微博“朝夕相伴”的365个日日夜夜。|毛泽东最喜欢去的就是南方。最喜欢被他称作第二故乡，在杭州住过40多次，800多个日日夜夜。| 这一干，就是1万多个日日夜夜。

c. 为了消愁，他爱上酒，日日夜夜他都以酒消愁。|他与工友们几乎日日夜夜“泡”在车间。|青蛙能够连续40个日日夜夜不停地交配。

d. 经过1000多个日日夜夜、上万次的反复试验，朱雪华和他的合作者终于成功地研制出填补国内空白的D3-六甲基环三硅氧烷和D4、DMC系列硅橡胶高科技产品。|千余个日日夜夜之后，赵修建无疑将迎来他人生的又一个金秋。

此外，“日日夜夜”还可与“朝朝暮暮”等重叠式并列，如例(21)e句。值得注意的是，“日日夜夜”也能做谓语，如例(21)f句。

(21)e. 谁道两情若是长久时。又岂在朝朝暮暮日日夜夜。我却要生生世世与你永永远远。|京城彷佛变成了一个遥远的呼声，日日夜夜、朝朝暮暮的在王小石咫尺间低唤。

f. 快乐快乐，谢谢亲爱的烟花易冷，生命在於折腾搞完辩论赛，又要投入口语考试的紧张气氛。只能够日日夜夜，然后又日日夜夜，无尽的日日夜夜……

例(21)f句末为多重复句，“无尽的日日夜夜”是一个解说分句，是对前面两个主谓分句构成的承接复句的解说。

2.3.3 “日夜”的连用式

“日夜”能与相关的反义名词连用，一起做宾语，如(22)a 句；也可做定语，如(22)b 句。

(22)a. 中国古代已经注意动物生理状态随日夜、潮汐、月令、季节变化的节律问题，留下了大量关于生物节律的历史记载。

b. 不知多久，她来到一个迷宫般的巷弄中，到处是烟雾弥漫，像分不出日夜、天地的所在。

语料库中没有见到“日夜”连用式充当主语、状语、补语及谓语的实例。

2.4 “是非”的单用、连用、重叠结构

2.4.1 事理义的“是非$_1$”的单用

单用的“是非$_1$”可充当主语、宾语和定语，分别如例(23)a~c：

(23)a. 有了被告人的辩护，案件是非更分明，责任就更清楚，对正确认定事实和适用法律都有很大帮助。|是非不分，方向不明，敌我不辨，憎爱不当，像瞎子一样，乱干一起，那就很多事会弄坏的。

b. 我们是要透过古的假象，辨析是非。|他把一切道德都转化成技术问题，不问道德上的是非，只问技术上对不对。|脑子里没有是非、真假的观念，只知道自己有罪，而且罪名越来越大。|假定没有道德判断、没有是非，那局势一坏他不就投机了吗？

c. 忠臣强调是非的原则、重规矩。亲信，比较注重人的关

系。|现实、人伦是非分明，但天意、天道却在是非之上，是通达于全人类的。

2.4.2 纠纷义的“是非$_2$”的单用

单用的“是非$_2$”可充当主语、宾语和定语，分别如例(24)a~c：

(24)a. 是非越来越多，事情也就总办不了。|家珍死得很好，死得平平安安，干干净净，死后一点是非都没留下。

b. 上一次巡回演出时，她在波隆那很是惹了一场是非。|各阶层的人都来到这些房子，因为在这里可以说话却不招惹是非。|这些委屈，她可不敢对丈夫说，怕挑起是非。|温饱思淫逸，闲懒生是非。

c. 是非之地|双子座很容易使你卷入是非之中。|这学期的是非之事真多。|那些回避人间烟火，削弱以至割断了与沸腾生活的联系，热衷于表现一己小感觉、小波澜、小恩怨、小是非之作。

2.4.3 “是非”的重叠、连用

重叠式“是是非非”能充当主语、宾语、定语和谓语，分别如例(25)a~d：

(25)a. 历史的是是非非因为文人和其他人在讲述历史的时候或被御用或为功名或只是一时不小心常常变得不可收拾。|淮北煤炭市场的是是非非，大起大落，给人们留下了不尽的思索……

b. 总体上，他不纠缠于一些事件的是是非非，而是告诫人们，犯错误的主要原因不是缺少经验，而是思想方法不对头。|综合看来，教育实在是个难解是是非非的大课题，

人类的智慧似乎还显得很不够用。

c. 是是非非中，市场各方对于保险资金态度的微妙变化，是一个需要深思的现象。|我死之后……你赶快离开上海，这里是是非非之地；不能久留。|在任何地方都是有人际关系的，只要你心里简单，就一切简单，做自己认为对的事情，不要参与到是是非非中去，做自己认为正确的事情，不要做违背自己原则迎合别人的事情。

d. 这条微博和联合国取消死刑努力的那条一起看，这个世界就是这么是是非非。

“是是非非”也可跟其他反义名词重叠式连用，如例(26)：

(26)《沉沦》和《男人的一半是女人》两部作品问世的前前后后、是是非非，便是一个明证。

“是非$_1$”常与“曲直”合为一体(成语)。“是非”的连用式常做主语、宾语和定语，分别如例(27)a~c：

(27)a. 这个问题如果弄不清楚，并且不形成强大的社会舆论，有些是非好坏就分不清楚，就会阻碍我们更好地前进。|毁誉、是非、利害全都阻挡不了，只有一条生路，那就是溜掉。|这个案件的是非曲直，如前所述其实毫不复杂。|历史家常是最势利的，批评女人的是非曲直总跟美貌而走。|不论对错、是非、成败、得失都可以借着我一生的行径，现身说法，提供他人做一点参考。

b. 道德是人们共同生活及其行为的准则和规范，是判断人们思想行为的是非、善恶、荣辱的标准。|该把他当个寻常人，然后再论他的善恶是非。|外面的如同镜子，境界是缘，引起了心中的好恶是非。如回光返照，观察自心，

即能觉悟。|对于任何一个事实的是非曲直，历史工作者都应当尽量从不同的角度加以考察、分析、甄别，只听一面之辞是很难得出正确结论的。|按照事情的是非曲直对国际事务独立地作出判断。|到底什么是黑白曲直是非对错公道正义。|人们对是非曲直、利弊得失、尊卑荣辱等的价值判断标准也在发生变化。

c. 可以说，任何一部优秀的文学文本都渗透着这些善恶、是非、美丑的精神内核。|在程琳又一次陷入是非、恩怨的漩涡而不能自拔的时候，一双有力的手伸向了她。|村里的老头老太太再来一大群，贵贱、是非、门风啥是非话都端出来，这事儿八成要"黄"。|我们在事实上既然能共感一是非善恶之事，则任何人想用理智方法来说明价值标准仅是相对的，都不能使中国人相信。|这中间并不存在人情原则和利益原则的高下是非之争的问题。

2.5　反义名词单用式、重叠式、连用式的句法特征

一般名词的连用和重叠，储泽祥(1999)和华玉明(2003)分别有所论述。前者认为，多项NP连用是一种语法手段，"代表性"是其句法—语义范畴。后者指出名词重叠式不能前加形容词和数量短语，可以做主语、状语，一般不能做谓语，也难以做宾语，其语法意义是多量义和相与义。

前述2.1~2.4节表明，程度义反义名词虽然不能单独做谓语，却有一定的谓词性，如"大小""长短""粗细""深浅""高矮""高低"等可以用于比对句式做谓语中心词，且有否定式(曾常红，2018)。连用式与单用式的句法功能基本相当，不同之处是生命度弱的反义名词相连用可以做兼语，而其单用则不能。延续性强的重叠式也有较弱的谓词性，如"大大小小""日日夜夜""是是非非"等在特定语境中可做谓语。另外，有界反义名词的重叠式可以前加形容词的重叠式，如"大大小小的男男女女"；也可以前接数

量词组，一般是较大的数目或概数，如“四五个男男女女”“365 个日日夜夜”“(结束)一年的是是非非”。重叠式做定语和宾语不受严格限制。

3. 反义名词的组合与再整合的语义基础

3.1 相连用的反义名词有语义亲近性

反义名词之间的语义亲近性是其构成连用式的语义基础。如“上下前后左右”是方位名词的组合，“大小厚薄轻重”是二维三维空间义名词的组合，“日夜天地”是时空义名词的组合，“毁誉是非利害”是评价义名词的组合。

诚然，反义名词的组合得遵循一定顺序原则，这些原则一般符合人们的认知规律，也就是说，一般按认知的先后顺序排列。需要指出的是，基于表达的需要，也存在非常规的弱势顺序(曾常红，2007)。据语料库统计，左右>上下>前后；上下前后(56)>前后上下(31)；上下左右(1170)>左右上下(148)；前后左右(216)>左右前后(36)①。“前后”参与连用的强势序列是：上下—前后—左右。这说明，虽然“左右”单用占比较高(马喆、邵敬敏，2009)，而“前后”与反义名词连用的概率相对较高。再如“老少”常跟“男女”连用，男女老少>老少男女。“上下”一般不与单独“老少”连用，二者的重叠式可连用。“上下”重叠后可与“男女老少”连用。“男男女女老老少少”也比“老老少少男男女女”更常见。

另外，大小厚薄(19)>厚薄大小(2)；大小长短(39)>长短大小(28)；是非曲直(515)>曲直是非(6)。顺序义不影响或顺应连用式所在句义的表达，一般就按强势顺序排列，如例(28)句；而例(29)a 句要说明的是砖茶的特点，其厚薄均匀比大小均匀更重要，再加上其说明顺序是二维(外表-边缘)到三维，因而采用非常规词序(弱势词序)。在书法作品中，字形长

① “>”表示(使用频率)大于。括号中的数目是出现频次。

短可能比大小对整体布局更加重要，所以，例(29)b 句选取“长短大小”这一组合，其后接的“长短参差，大小相间”则顺应了这一次序。

(28) 选一块大小厚薄合适的胶皮贴上去。| 恰如其分，方圆细碎，大小厚薄，总得打点妥当，若是乱七八糟的一锅煮，这也是菜，绝不配称之为好菜。| 以单字的形式被抽出后，又往往被处理成大小长短整齐划一。

(29) a. 四角边缘分明，厚薄大小均匀，汤色橙黄，香气纯正，滋味醇厚。

b. 字形长短大小不一，长短参差，大小相间。

3.2 反义名词的重叠式具有象似性

重叠式在连用式之后出现，二者产生之时就有象似性(沈家煊，1993；王寅，1999)。实例表明，上古时期已现连用式，例(30)a 句中的“上下左右”指的是位于人体上下和左右的双手和双脚。重叠式的产生应不晚于宋代，例(30)b 句中的两个“大大小小”都指称从大到小的所有人，只不过前者为泛指，后者为定指。由例(30)c 句可知，明代已出现了指称事物的“大大小小”，在实例中指若干车的各种大小类型。

(30) a. 贰若体焉，上下左右，以相心目，用而不倦，身之利也。(《国语》) | 善哉，子之问事。愚者难正，自若乱人治，令德君愁。故投行书于前，令使上下大小，自相拾正，其俗人无孤言辨士之害。(《太平经》) | 当时，潘道士别了太尉，先到西圆韩夫人卧房，上上下下看了一会。(《元代话本选集》) | 他又上上下下都使了钱物，早晚间要教包节级牢里做翻他两个，结果了性命。(《水浒传》)

b. 事事物物，大大小小，一齐到恰好处。(《朱子语类》) | 只见走出一千僧人来，大大小小，老老少少，长长矮矮，

一个人一个白瓢帽，一个人一身麻衣，一个人腰里一条草索，一个人脚下一双草结的履鞋。(《三宝太监西洋记》)

c. 如地可容若干车为一城，大大小小，多多寡寡，长长短短，曲直偏弯，只以地方为准，并不相拘。(《练兵实纪》)

4. 反义名词相互组合和再整合的语用动因

4.1 句式精简需要连用式

多项 NP 的连用是一种语法手段(储泽祥，1999)，反义名词连用与此不同，是一种语用整合，根据句式表达需要从不同的角度进行整合，使句式更加紧凑和精简，如例(30)a 句、例(27)a 句、例(1)c 句等例中的连用式。再如：

(31) a. 使各国不分大小、强弱、富贫，都能够平等相待，和平相处。

b. 宽容不是不分是非善恶，宽容学生不是容忍学生的缺点和错误。|有这种眼神的人，十有九成个性都非常刁钻古怪、我行我素，但绝非不分是非黑白、狠厉残忍之人。

当然，当对言或对举结构比连用结构表达效果更佳时，则可能使用前者(这是连用结构比重叠和单用结构要少得多的主要原因吧)。例(32)a 句中的反义名词，若改为“无论男女老少”，“不分是非善恶”，并不是绝对不可以，只是其强调性别和年龄都无差别及刻意区分是非、区分善恶的语用效果有所降低。例(32)b 句中的“上下”包括“老少”，“老少”中也有上下之别，因此若撇开“上下”不与“老少”连用的因素，其选择的分述比合述(“上下”“老少”连用于同一谓词前)更经济，语义内涵更为丰富。可见，无论是连用还是分用(间接连用)反义名词，都可以使句式表达更精简和有效。

(32)a. 人类进步到40年代，广岛、长崎两声巨响，不分男女，不论老少，全吃了原子弹的大锅饭。|不分是非、不分善恶，一味讲团结、讲友善，这不是正确的态度。

b. 只有上下总动员，老少齐努力，才能创造惊世伟业。

4.2 罗列与同一动作相关的多个名词也需要连用式

例(16)d句中列出的“主次”“大小”“先后”“急缓”“密疏”“繁简”“刚柔”等7个反义名词，所指称的是艺术整体的各个有机部分和因素，它们之间需要一一配合，因此不宜分用。例(33)中的反义名词也是不宜分用的，因为“性别”“大小”“强弱”是分群饲养的综合性标准。当然，也可以说，这些划分标准都与同一动作相关。

(33)将种羊按性别、大小、强弱进行分群饲养。

4.3 重叠式满足了任指性周遍义表达的需要

反义复合词的周遍义分为全称性、任指性和统指性三类(张金竹，2018)，反义名词分别如“前后、父母、男女、日夜、是非”“大小、长短”和“买卖、开关”等，其中“大小、长短”等反义名词又兼有全称性和统指性。在动态的表达过程中，非任指性反义名词满足不了表述具有延续性的多量实体的需要。例(34)a句中，“男男女女”“大大小小”改为“男女”“大小”并不是绝对不可以，因为其基本意思没有改变。但是，“男男女女”“大大小小”等有其特定的语用意义，即强调任指性和多量性，这一点从其上下文“千千万万”“8个劳力”“四五个”(从树上许多个橘子中)“选择中意的橘子”等词语中可以看出。当然，量多不是选择“男男女女”等重叠式的唯一条件，例(34)a、b句中的“男女”上下文都有表示多量的词语，却不能改为“男男女女”，因为其所在句式需要表达的是全称性的周遍义，而不是任指性周遍义。至于例(34)b句“一家大小”似乎可以改为“一家大大小小”，然而，从表达的重点来看，此句需要的是全称性的周遍义，并不需要强调多量义。可见，重叠式与单用式各有其句法语义功能，不可随意替换。

(34)a. 这里，乡愁不再是一枚邮票，也不是一座桥、一条河、一棵树、一间房，而是经历千百年，延绵数万里，被千千万万的男男女女、老老少少踩踏过的那条湿漉漉的石板街。|记得他读小学时，有一个星期天，孩子说要和几个男女同学一起去野游。他母亲不同意：让四五个男男女女上山上去玩，这有什么好处。|如果我们一家男男女女8个劳力都挤在田里打土块，只能混个养家糊口。|众人都是照规矩动手，在树桠间爬来转去很费事，且大大小小都得摘。

b. 男女8个个人项目中的其他银牌和铜牌均被韩国选手摘走。|无锡城，惠山高，十个男女九个巧。|一家大小都在痛哭。

总之，“大小”“长短”等类反义名词重叠后消除了其非任指性，“前后”“男女”类反义名词重叠后消除了其全称性，获得了任指性，“开关”“买卖”等类反义名词具有统指性，重叠后虽然也具有任指性，但无法再整合为名词性成分。反义名词的重叠式是基于表达延续性和多量义的实体的需要而再整合的结果。

5. 结论

除了单用式，不同的反义名词还可相互组合为连用式，出于表达任指性周遍义的需要，一小半反义名词可再整合为叠用式。单用式和连用式在上古时期先后产生，叠用式至宋代才出现。使用频率上：连用式<重叠式<单用式，单用式使用率远高于其他两类。两个单音节形容词的反义叠结与“大小”“长短”类反义名词的重叠式形式相同，前者主要用于陈述和描写，后者主要用于指称。延续义强的重叠式还有较弱的述谓性。象似性是反义名词相互组合和再整合的认知共性。反义名词的单用式、连用式和叠用式都各有其句法、语义和语用功能。句式和篇章表达的需要是反义名词相互组合与再整合的基本动因。汉语反义名词的连用是一种语用手段，而重叠是一种语法手段。

除本文所述，制约反义名词组合和再整合的因素还有哪些？反义名词的连用式与一般名词的联合式有哪些差异？连用式、重叠式和单用式在篇章功能方面又有哪些不同？因精力、水平及篇幅的限制，这些问题有待以后研究和论述。

◎参考文献

[1]储泽祥：《“连用”手段下的多项NP》，载《中国语文》1999年第2期。

[2]储泽祥等：《汉语联合短语研究》，湖南大学出版社2002年版。

[3]段益民：《句法规约与反义形容词》，华中师范大学出版社2004年版。

[4]华玉明：《汉语重叠研究》，湖南人民出版社2003年版。

[5]马庆株：《顺序义对体词语法功能的影响》，载《中国语言学报》1991年第4期。

[6]沈家煊：《句法的象似性问题》，载《外语教学与研究》1993年第1期。

[7]束定芳，黄洁：《汉语反义复合词构词理据与语义变化的认知分析》，载《外语教学与研究》2006年第6期。

[8]王寅：《论语言符号象似性》，载《外语与外语教学》1999年第5期。

[9]王红厂：《复合方位词“前后”“左右”“上下”研究》，南开大学出版社2009年版。

[10]邢福义等：《形容词AABB的反义叠结》，载《中国语文》1993年第5期。

[11]曾常红：《汉语名名并列序列的弱势词序原则》，载《语言研究》2007年第1期。
[12]曾常红：《现代汉语中“S不NP”的分类和句式义》，载《汉语学习》2018年第4期。
[13]曾常红：《“不NP”结构的历时演变及成句功能》，载《语言研究》2019年第3期。
[14]曾常红：《谈社论标题复句的适应性》，载《汉语学报》2020年第2期。
[15]张金竹：《反义复合词内部语义表达及概念层级》，载《汉语学习》2018年第4期。

流行语中的表人词语模“X 人”
——兼论“人”的类词缀化

朱玉洁
（曲阜师范大学文学院）

1. 引言

2020 年底，《青年文摘》与《咬文嚼字》编辑部相继盘点发布了“2020 年度十大网络热词”和“2020 十大流行语”，“打工人”因用法上的创新位列其中。在《青年文摘》盘点的“2020 年度十大网络热词”中，更是出现了三个“X 人”结构的词语。“打工人”一词从 2020 年 9 月 22 日在网络上出现，到 10 月底已彻底引爆网络并逐渐开始衍化新词，诸如“律师人、尾款人、丁工人、教师人、共享单车人……”。与“成人、大人、男人、女人……”固有的“X 人”相比：第一，音节上新“X 人”式词语多为三音节词；第二，语义上新“X 人”式词语有更强的主观性与更丰富的感情色彩，语义重心在“X”，其产生原因不仅仅是区分类别，更主要的是为了满足使用者在语用上的主观表意与表情的需要；第三，新“X 人”式词语能产性极强，仅用一个月左右的时间就已广泛传播并大量衍生新词语，已经形成了词语模（李宇明，1999）“X 人”，并且“人”的意义发生了一定程度的虚化，表现出类词缀的特点。

“人”使用频率高并且极富个性，在运用时不仅可以“独当一面”，还能与其他词组合成“X 人”结构使用。杨安红、蒋华(2005)关注到了“X 人”中的一类“N 人”(如“上海人、北大人”等),并对“N 人”的个体义、集合义及可接受性进行了较为充分的研究。赵艳梅、杨文全(2018)对当代汉语新词语中表人词语模的主观性进行了解析。但是目前还很少有人对新产生的“X 人”式词语及“人”的构词能力进行研究。本文将以该类“X 人”式流行词为研究对象,依据相关理论,从语义、语法和语用三个方面对词语模“X 人”进行分析,进而分析“人”的类词缀化现象;最后,对类词缀“人”与其他表人类词缀的关系以及“X 人”的流行原因进行分析。

通过对新浪微博、百度贴吧和豆瓣三个网友活跃度较高的网站进行检索,共收集到 202 条语料,时间范围为 2020 年,大多数语料集中在 2020 年下半年。也有部分用例来源于当代报刊作家文摘及当代文学作品。为节省篇幅,不再一一注明出处。

2. “X 人”的语义类型

李宇明(1999:146)指出,“词语模是具有新造词语功能的各式各样的框架。这种框架由‘模标’和‘模槽’两部分构成。模标指词语模中不变的词语,模槽指词语模中的空位。”新产生的这类流行词来自词语模“X 人”的不断复制,并且都是体词性的,表示具有某种社会特征的人或人群。大多数“X 人”的意义比较透明,语义重心是“X”,只要能够理解“X”的意义,再套用词语模“X 人”的意义就能够理解。但也有少数“X 人”的意义由于隐喻或事件情境等因素的影响而较为隐晦。以下分别介绍。

2.1 语义透明的“X 人”

在我们调查的 202 条语料中,语义透明度较高的“X 人”共有 187 条,占绝大多数。按照其指称对象的不同,又大致可以分成如下几类。

①表示使用某种工具的人。该类词语中,模槽“X”一般为某种工具,模标为“人”。例如:

(1) 下着大雨，骑着自行车去打工，冷吗？冷就对了，温暖是留给小轿车人的！加油！共享单车人！

(2) 如果给打工人分个层级，地铁人大概是最难的了，每天早晚高峰在夹缝中挤到瑟瑟发抖。

(3) 贵吗？贵就对了，免费是留给那些小轿车人的。加油！滴滴拼车人！

(4) 电脑人需要一碗“养眼”汤——明目鲜菇猪肝汤。

(5) 今天也是一名合格的保温杯人。

(6) 白金细字尖通常需要一段“驯笔”的过程，所以只适合真正喜欢写字的钢笔人。

(7) 春遇见花，冬遇见雪，我是风雪中的地铁人。爱心雨伞和我都在，一起等你。

“小轿车人”指有私家车的人；“共享单车人”则是没有私家车、出行时骑共享单车的人；“地铁人”指出行时挤地铁的人；“滴滴拼车人”指同他人一起拼单搭车的人；“电脑人”指使用电脑办公、学习的人；“保温杯人”指用保温杯喝水的人；“钢笔人”指用钢笔写字的人。上边提到的这些例子中，有的在使用时常常成对出现，如“小轿车人”和“共享单车人”，通过对比凸显了“共享单车人”的弱小与无助，由此反衬其坚持与坚强，进而传递正能量。

需要注意的是，当模槽“X”为公共交通工具时，“X 人”还可以表示从事与“X”相关职业的人，如例(7)中的“地铁人”，指地铁部门的工作人员。其他的还有“电动车人、摩托车人、公交车人、出租车人、自行车人、船人、飞机人、鼠标人、键盘人、铅笔人”等。

②表示从事某种职业或工作的人。该类词语中，模槽“X”一般为职业或行业名称，模标为“人”。例如：

(8) 靠别人的是被告，靠自己，才是光荣的律师人！

(9) 明天的我们是初心不渝，忠诚担当的税务人！

(10) 不写诗的广告人不是好小说家。

(11) 明后两天篮球赛，裁判人又要开始工作了。

(12) 在今天这个时代，翻译人经常怀疑自己存在的价值。

“律师人”指从事律师工作的人；“税务人”指从事税务工作的人；“广告人”指广告行业的从业者；“裁判人”指体育竞赛中执行评判工作的人；“翻译人”指做翻译工作的人。需要注意的是，“X 人”在概念上表示从事某职业或者工作的人，但是在具体使用过程中，其指称范围扩大、泛化，可以表示未来将要从事或希望从事该职业的人。其他的还有“学生人、教师人、税务人、警察人、护士人、记者人、新闻人、公务员人、股东人、演员人、导演人、歌手人、导游人、模特人、作家人、画家人、审计人、音乐人、推销人、教练人、消防人、喜剧人、键盘人、吉他人、古筝人、跨境人、电商人”等。

③表示喜欢某事物的人。该类词语中，模槽“X”一般为事物名称或转指事物的品牌名称，模标为“人”。例如：

(13) 三月的柳州，不光有紫荆花，还有紫荆花下忙碌的柳州螺蛳粉人。

(14) 今天是一个快乐的面包人，昨天是一个快乐的米粉人，每天都是快乐的果汁人。

(15) 在三十秒内从床上弹跳起来准确在混乱桌面找到充电器并连接上，是本华为人的基础素养。

(16) 看了这本传记，明白了华为人的坚持和狼性文化。

(17) 在微博热搜总能看到一些有社会责任感的抖音人。

(18) 凌晨走在大街上，好冷，果然温暖是属于羽绒服人的。

(19) 吉他人不配拥有美甲。

(20) 大国灵韵、国乐未央，古筝人名家音乐会 2020 即将开启。

“面包人”“米粉人”“果汁人”分别指喜欢吃面包、喜欢吃米粉、喜欢喝果汁的人；例(15)中的“华为人”指喜欢、支持华为产品的人；“抖音人”指经常从抖音软件看小视频的人；“羽绒服人”指穿羽绒服的人；“吉他人”指爱好弹吉他的人。需要注意的是，在这一类词语中，绝大多数表示喜欢某事物的一类人，但有的也可以表示生产某产品的人，如例(13)中的“螺蛳粉人”指生产螺蛳粉的人。一个词前面的修饰限制成分越长，其整体的语义指称就越具体、准确。模槽“X”作为修饰限制成分，其音节长度受限，受此影响，词语模“X 人”可能存在多种合理的指称义，所指模糊。因此，其具体的指称义还需依据前后语境判断。如依语境可以判断出例(16)中的“华为人”指在华为公司工作的人，与例(15)中的“华为人”有别；例(20)中的“古筝人”指喜欢弹古筝并有一定艺术造诣的人。根据模槽“X”的语义类别，可以对该类“X 人”进行以下更为细致的分类：

食品类：可乐人、百事人、果汁人、咖啡人、拿铁人、奶茶人、酸辣粉人、螺蛳粉人、西瓜人、面包人、甜品人、坚果人、酸奶人、牛奶人、薯片人、泡面人、泡芙人、鸭脖人、拉面人、地瓜人、玉米人、饼干人、火锅人、烤肉人、海底捞人。

游戏类：阴阳师人、王者荣耀人、电竞人、英雄联盟人、消消乐人。

运动类：足球人、篮球人、乒乓人、羽毛人、排球人。

品牌类：联想人、戴尔人、阿迪人、苹果人、华为人。

网站类：新浪人、百度人、豆瓣人、淘宝人、抖音人、快手人、头条人。

服饰类：短裙人、汉服人、羽绒服人、秋裤人、风衣人、手套人、围巾人。

乐器类：键盘人、吉他人、古筝人、钢琴人、二胡人。

④表示与某类考试或某学科领域相关的人。该类词语中，模槽“X”一

般为考试名称或学科名称，模标为“人”。例如：

(21)没有困难的题目，只有勇敢的考研人！

(22)教资人被逼成什么样子了？

(23)哭完明天又是能干一天的雅思人了。

(24)现在的学习是为了21小时以后更快乐地玩，线代人加油！

(25)计算机人共战“疫”，众志成城打赢疫情阻击战！

“考研人”表示准备研究生入学考试的人；“教资人”表示准备教师资格证考试的人；“雅思人”表示准备雅思考试的人；“线代人”表示准备线性代数考试的人。由于模槽“X”的指称泛化，某些“X人”式词语在具体语境下可以表示某学科领域的人，如例(25)中的“计算机人”表示计算机领域的专业人士。其他的还有“考研人、ACCA人、托福人、雅思人、六级人、四级人、专四人、专八人、教资人、期中人、期末人、高数人、测绘人、汉硕人、电子人、经济人、金融人、科研人”等。

⑤表示进行某种行为活动或处于某种情形、状态的人。该类词语中，模槽“X”多数为表示某种行为的谓词性词语或短语，少数为表示某种情形、状态或事件的体词性词语。例如：

(26)身为熬夜人，应该怎么护肤才不会老得更快？

(27)早睡人，有精神，明天再来赶论文。

(28)2019年初至今，消费扶贫已帮助贫困地区销售特色农产品近5000亿元，这份扶贫“成绩单”的取得，离不开每一个“拼单人”的助力。

(29)双十一当晚“尾款人”熬夜下单时，今年世界互联网大会现场展出的阿里云第三代神龙服务器正加速运转，支撑了双十一当晚58.3万笔每秒的订单峰值。

“熬夜人”指到深夜还不睡觉的人；“早睡人”指睡觉时间较早的人；“拼单人”指进行有组织性的集体购买活动的人；“尾款人”指付完预付款

后，在规定时间内结算剩余款项的人。其他的还有“痛经人、社恐人、追星人、猫头鹰人、晚睡人、作业人、混子人、外卖人、秃头人、首付人、打冰人、军训人、盖楼人、干饭人、赖床人、打字人、遛狗人、比赛人、跑步人、签到人、兼职人、授业人、定金人、算术人、能干人”等。

⑥表示具有某种性格或品质的人。该类词语中，模槽“X”多数为表示人的性格、品质属性的形容词，模标为“人”。例如：

(30)小奶音是可爱人！

(31)这是只有出来早操的勤劳人才能看到的天哦！

(32)自从“高级化”到现在，干活一窝锋，分配一拉平，兴过“革命分”，照记“坐地工”，美了二流子，坑了勤劳人。谁还有心下力！

(33)分包地亩、包投工、包产量，定产数交队里按工分统一分配，超产归己，减产赔偿，不埋没勤劳人，不便宜懒人、奸猾人。

(34)61 岁的印度尼西亚总统苏加诺看上了这位聪颖标致的可爱人儿。

“可爱人”指讨人喜欢的人；“勤劳人”指辛勤做事的人；“懒人”指懒惰的人；“奸猾人”指耍小心思、圆滑狡诈的人。需要注意的是，这一类中有的词里的“人”可以儿化，增添喜爱的感情色彩，如例(34)中的“可爱人儿”。其他的还有“懒惰人、善良人、美丽人、聪明人、孝顺人、开朗人、活泼人、豪爽人、外向人、稳重人、吝啬人、阴险人”等。

2.2 语义隐晦的“X 人”

在我们搜集的语料中，这类“X 人”共有 15 条，又可以大致分成以下三类。

①有的“X 人”是在特定的情境或者事件中形成的，不能从字面上理解。例如：

(35) 双 11 的末班车，抄车人还不赶紧上车？

(36) 前几个星期还很热，现在就变成加绒人了。

(37) 双十一过后，“丁工人”你们还好吗？

(38) 从起床到进入早八课堂你用几分钟呢？早安，早八人！

“抄车人”“丁工人”是在淘宝“双十一”购物节的大背景下产生的。“抄车人”指看别人淘宝购物车里加了什么便照搬过来的人；“丁工人”的来源和语义更加曲折隐晦——将“打工人”中“打”字的“扌”旁去掉变成“丁工人”，意指“双十一”“剁手”疯狂购物的“打工人”；“加绒人”指穿加绒裤子的人；“早八人”指早上八点上班或上课的人。其他的还有“真香人、弹舌人”等。

②有的“X 人”属于隐喻类，表意曲折。例如：

(39) 蝙蝠人可以有片天，但老鼠人只能在肮脏的下水道苟且偷生。

(40) 由于从小就在美国长大的关系，很多“香蕉人”学不好中文。

(41) 努力的意义大概是为了不做一个工具人，平等真实地被看见，被尊重，被欣赏。

(42) 还贷款的第一个月，吃土人预定。

“老鼠人”指像老鼠一样躲在阴暗角落里生活困难的社会底层，转指没有心气儿、没能力改变现状的人；“蝙蝠人”与“老鼠人”相对，由于蝙蝠会飞，比老鼠高级，所以指地位相对较高的自由人；“香蕉人”又叫“ABC”(American-Born Chinese)，最初指出生在美国的华裔，他们虽然是黄皮肤的华人，但不识中文，说一口地道的美国英语，与白人无异，类似于香蕉的外黄内白，故名。“工具人”指对他人任劳任怨，在情感上或经济上却始终不能得到平等对待，一直被对方当工具使唤的人，用“工具”的特点来转指人；“吃土人”指大肆透支购物，未来生活无着的人，用“吃土”来转指生活水平下降。

③有的“X 人”的书面形式容易产生歧义。例如：

干净人：①内心干净、清净的人；②身体干净的人。

打工人：①可以作偏正式理解，即打工的人；②也可以作动宾式理解，即殴打工人。

美团人：①在美团工作的人；②经常使用美团点外卖的人。

外卖人：①送外卖的人；②点外卖的人。

香蕉人：①出生在美国的华裔人；②爱吃香蕉的人。

需要说明的是，语义透明表示喜欢某事物的“X 人”中，有一部分可以做两种理解，即“喜欢某物的人”或者“生产、售卖某物的人”。由于前者在使用上占绝大多数，所以容易产生歧义的这一类中没有单列此类。

3. “X 人”及其组成部分的语法语义特征

3.1 “X”的音节数量

由于“X 人”能产性较强，无法进行穷尽式的语料收集，本文仅通过对样本的分析来归纳其规律。语料中模槽“X”的音节数量情况，见表 1。

表 1　模槽“X”的音节数量表

“X”音节数量	数量	比例
单音节	2	1%
双音节	176	87.1%
多音节	24	11.9%

由表 1 可知，模槽“X”多为双音节词，只有少部分是单音节词或多音节词。模槽“X”为单音节的词语只有“懒人”“船人”两个，如例(33)(43)

所示。多音节的“X”全部为专有名词，如“共享单车”“海底捞”“王者荣耀”等。绝大多数“X”为双音节词，这符合汉语双音节词占优势的特点，也符合多数新产生的词语在构词上“2+1”音步占主流的规律。

(43)船人的骄傲！新闻联播再提@中国船舶。

3.2 模槽“X”的词性

语料中模槽“X”的词性分布，见表2。

表2 模槽“X”的词性分布表

词性	数量	比例
名词	158	78.2%
动词/动词短语	31	15.3%
形容词	7	3.5%
其他①	6	3%

由表2可知，模槽“X”的词性多为名词，仅有一小部分为动词或动词短语，形容词与兼类词所占的比例非常小。

3.3 “X”的语义选择限制

由于流行语“X人”的广泛流行与传播，且模标“人”本身就有表示“一类人”的意思，所以给我们造成一种错觉，似乎所有的双音节实词都能进入模槽“X”，从而实现对“人”这一群体的次范畴化，用于指称具有“X”相关特征的某类人。但实际情况并非如此。

例如，表示职位类的词一般不可以进入模槽“X”，如“校长”“市长”“省长”“主席”“厂长”“院长”“处长”“厅长”“书记”等。我们认为，这可能

① 其他指兼类词。

有以下两个方面的原因：首先，受中国谦卑文化的影响，在公众场合中国人习惯自谦而不习惯自夸，因此这类词不会与“人”组合用于自指；其次，“X 人”用来指称一类人，而“校长、市长、省长、主席”等职位词常规情况下都用来他指且指称个体，一般不构成集合。我们习惯用职位词直接指称这一类人，表示身份地位较高、受人尊敬，客观性强。而“X 人”为一般性的指称，口语化程度高，职位类词与“人”组合后[+尊敬]的语义特征弱化，因此直接用职位词指称更符合社会交际需要。但如果在某些特殊的语境中，把很多市长看成一类人，也不排除会有“市长人”的说法。

亲属称谓词如“爸爸”“妈妈”“爷爷”“奶奶”“哥哥”“姐姐”“嫂嫂”“妹妹”“弟弟”“叔叔”等也较难进入模槽“X”与模标“人”进行组合，但也不排除特殊情况，例如：

(44) 家里迎来一位新生“小公主”，又做舅舅啦！做妈妈人真的不容易啊。

该句中的“妈妈人”指的是新生“小公主”的母亲。“妈妈人”整体强调一类人的身份，不能像“妈妈”一样用于面称。

表恐怖义的词如“白骨、胆寒、害怕”等也很难进入模槽“X”。首先，在我们所搜集到的语料中，当“X”为消极义时，“X 人”多用于自嘲。因此，能用来形容言者自身性质的“X”一般情况下可以与“人”组合，表示具有“X”特征的一类人，如“寒酸人”“吝啬人”。而“白骨”“胆寒”“害怕”意指他人给言者造成的感受，并非对言者自身性质的界定，因此这样的词很难与“人”组合指称“一类人”。其次，由于“X 人”主观性强，口语色彩较浓，所以口语表达中不常使用的词语以及书面性强的词语很难进入模槽“X”与“人”组合指称“一类人”。

3.4 “人”的类词缀特征

①“人”的构词能力强，具有能产性，使用范围广。从衍化时间上看，“打工人”从进入大众视野到“X 人”式词语开始复制、传播仅仅用了几个星

期的时间，足以看出其能产性极强。从内部构词上看，模槽“X”为食物、饮料、学科、游戏、职业等的“X人”式词语种类、数量极多，足以看出其构词能力之强。

②“X人”中“人”的位置正在固定，构成附缀式“X人”。与此同时，“人”有明显的语法标志作用，与“子、头、者、化”等词缀的语法功能类似。不管“X”是什么词性，一经与“人”组合都变成名词性结构。如“熬夜”“打工”“早睡”“吃土”都是动词或动词短语，“可爱”是形容词，与“人”组合后都成为名词性结构。

③“X人”中“人”的意义逐渐虚化，增加了表强调和口语化的色彩，如“会计人”“律师人”“警察人”“教师人”等。在这些词语中，“会计”“律师”“警察”“教师”本身就表示一类人，加不加“人”字其意义并无太大变化。这说明“人”的意义开始虚化，加上“人”字，只是增加了口语化和主观性，突出个体存在于某集体之中的意味，多了几分强调的含义。

同时也要注意，与固有的表人的名词如“男人”“女人”相比，新兴的“X人”类词除了给某类人定性分类之外，由于模槽“X”的多样性，有了更加丰富的会话交际含义与情感义，形象生动，有的甚至极具画面感。

3.5 “X人”的句法功能

“X人”为体词性词语，与其他体词性词语相同，“X人”主要充当主语和动词宾语，也可以做介词宾语，有时也可以做定语。例如：

(45)打工人不论工作多么辛苦，也依旧可爱地面对生活。(做主语)

(46)我的双十一还没有结束，因为还没有找到拼单人。(做动词宾语)

(47)比打工人更惨的是早起作业人。(做介词宾语)

(48)打工人的血和泪都在一篇稿子里了。(做定语)

以上例句中，例(45)中“打工人”做主语；例(46)中“拼单人”做动词